语言学及应用语言学名著译丛

语言与全球化

LANGUAGE AND GLOBALIZATION

〔英〕诺曼·费尔克劳 著

田海龙 译

Authorized translation from the English language edition:
*** Language and Globalization ***
© 2006 Norman Fairclough
published by Routledge, a member of the Taylor & Francis Group
All Rights Reserved

根据英国卢德里奇出版公司2006年英文版译出

The Commercial Press, Ltd is authorized to publish and distribute exclusively the Chinese (Simplified Characters) language edition. This edition is authorized for sale throughout Mainland of China. No part of the publication may be reproduced or distributed by any means, or stored in a database or retrieval system, without the prior written permission of the publisher.

本书中文简体翻译版授权由商务印书馆独家出版并限在中国大陆地区销售，未经出版者书面许可，不得以任何方式复制或发行本书的任何部分。

Copies of this book sold without a Taylor & Francis sticker on the cover are unauthorized and illegal.
封面如无Taylor & Francis的防伪标签均属未经授权的非法版本。

语言学及应用语言学名著译丛
专家委员会

顾　问　胡壮麟

委　员　（以姓氏笔画为序）

马秋武　　田海龙　　李瑞林

张　辉　　陈新仁　　封宗信

韩宝成　　程　工　　潘海华

总　　序

　　商务印书馆出版的"汉译世界学术名著"丛书在国内外久享盛名，其中语言学著作已有 10 种。考虑到语言学名著翻译有很大提升空间，商务印书馆英语编辑室在社领导支持下，于 2017 年 2 月 14 日召开"语言学名著译丛"研讨会，引介国外语言学名著的想法当即受到与会专家和老师的热烈支持。经过一年多的积极筹备和周密组织，在各校专家和教师的大力配合下，第一批已立项选题三十余种，且部分译稿已完成。现正式定名为"语言学及应用语言学名著译丛"，明年起将陆续出书。在此，谨向商务印书馆和各位编译专家及教师表示衷心祝贺。

　　从这套丛书的命名"语言学及应用语言学名著译丛"，不难看出，这是一项工程浩大的项目。这不是由出版社引进国外语言学名著、在国内进行原样翻印，而是需要译者和编辑做大量的工作。作为译丛，它要求将每部名著逐字逐句精心翻译。书中除正文外，尚有前言、鸣谢、目录、注释、图表、索引等都需要翻译。译者不仅仅承担翻译工作，而且要完成撰写译者前言、编写译者脚注，有条件者还要联系国外原作者为中文版写序。此外，为了确保同一专门译名全书译法一致，译者应另行准备一个译名对照表，并记下其在书中出现时的页码，等等。

　　本译丛对国内读者，特别是语言学专业的学生、教师和研究者，以及与语言学相融合的其他学科的师生，具有极高的学术价值。第一批遴选的三十余部专著已包括理论与方法、语音与音系、词法与句法、语义与语用、教育与学习、认知与大脑、话语与社会七大板块。这些都是国内外语言学科当前研究的基本内容，它涉及理论语言学、应用语言学、语音学、音系学、词汇学、句法学、语义学、语用学、教育语言学、认知语言学、心理语言学、社会语言学、话语语言学等。

尽管我本人所知有限，对丛书中的不少作者，我的第一反应还是如雷贯耳，如 Noam Chomsky、Philip Lieberman、Diane Larsen-Freeman、Otto Jespersen、Geoffrey Leech、John Lyons、Jack C. Richards、Norman Fairclough、Teun A. van Dijk、Paul Grice、Jan Blommaert、Joan Bybee 等著名语言学家。我深信，当他们的著作翻译成汉语后，将大大推进国内语言学科的研究和教学，特别是帮助国内非英语的外语专业和汉语专业的研究者、教师和学生理解和掌握国外的先进理论和研究动向，启发和促进国内语言学研究，推动和加强中外语言学界的学术交流。

第一批名著的编译者大都是国内有关学科的专家或权威。就我所知，有的已在生成语言学、布拉格学派、语义学、语音学、语用学、社会语言学、教育语言学、语言史、语言与文化等领域取得重大成就。显然，也只有他们才能挑起这一重担，胜任如此繁重任务。我谨向他们致以出自内心的敬意。

这些名著的原版出版者，在国际上素享盛誉，如 Mouton de Gruyter、Springer、Routledge、John Benjamins 等。更有不少是著名大学的出版社，如剑桥大学出版社、哈佛大学出版社、牛津大学出版社、MIT 出版社等。商务印书馆能昂首挺胸，与这些出版社策划洽谈出版此套丛书，令人钦佩。

万事开头难。我相信商务印书馆会不忘初心，坚持把"语言学及应用语言学名著译丛"的出版事业进行下去。除上述内容外，会将选题逐步扩大至比较语言学、计算语言学、机器翻译、生态语言学、语言政策和语言战略、翻译理论，以至法律语言学、商务语言学、外交语言学，等等。我

总　序

也相信，该"名著译丛"的内涵，将从"英译汉"扩展至"外译汉"。我更期待，译丛将进一步包括"汉译英""汉译外"，真正实现语言学的中外交流，相互观察和学习。商务印书馆将永远走在出版界的前列！

胡壮麟

北京大学蓝旗营寓所

2018 年 9 月

汉译版序

译者热情地邀请我为《语言与全球化》中文版作序，我欣然应允。该书写于2004至2005年间，2006年出版，而我写这个序言时已是2018年。2006年以来，全球化发生了很大变化。当然，对于全球化及其变化的方式，世界不同地方的人会有不同的经历。这里我要探讨的是我的世界所经历的这些变化的某些方面及其对批评话语分析的启示。本书第二章的"结语"部分详细说明了本书的主要内容；读者若先读该部分，将会有助于理解本序言的内容。

英国、欧盟以及大西洋对岸的美洲，包括美国，都是我生活的地方，这大致就是我说的"我的世界"。美国总统唐纳德·特朗普2018年9月25日在联合国发言时说："我们反对全球主义的意识形态，我们拥抱爱国主义的信条。"2016年"脱欧"公投中，英国民众选择脱离欧盟。这两件事反映了全球化演变的方式，我的世界里的人们对此非常关注。

本书所采用的全球化话语分析路径是批评话语分析与"文化政治经济学"的"联姻"，这一联姻"有助于理解和改变结构、实践和全球主义话语三者之间的辩证关系。"引号里的句子是朗·斯科隆（Ron Scollon）对本书的评价，印在英文版封四上面。我不知道特朗普的"全球主义"是什么意思，但我说的全球主义是引导全球化的一种策略，这种策略在一定程度上就是全球主义话语。这个观点来自于文化政治经济学：当经济和社会危机出现时，为了摆脱危机，通常会出现不同甚至对立的引发社会变革的策略，而这些策略在某种程度上就是各种话语。全球主义是一种新自由主义策略，20世纪70年代的经济和政治危机之后，它战胜了其他策略并取得主导地位；它的新自由主义特征之一就是要推行"私有化"，如缩减国家的体量和权力，将国有资产出售给私有企业，以及减少国家在社会福利上的开支，等等。新自由主义策略必不可少的一个部分就是全球主义话语；策略主要以话语的形式出现，喜欢不同话语的人们彼此竞争，让自己的话语击败其他话语，最终使霸权话语成为霸权策略的必要成分。话语"被操作"，即把话语付诸实施，变成实践，形成物质方面的变化。认可这种观点，也必然认为全球化不能简化为全球主义；全球主义只是全球化的诸多可能形式中的一种，全球主义的消亡并非意味着全球化的终结。

本书出版以来全球化发生了很多变化，其原因主要是2007—2008年我的世界里发生的金融和经济危机。这场危机被广泛认为是全球主义的失败所致，证明新自由主义经济学和新自由主义形式的全球化是行不通的。这一认识还引发了比金融危机和经济危机更严重的政治危机，因为在全球主义被认为无效的情况下还要为它辩护并维持它的现状，这无疑会引起愤怒。特朗普在政治上是反对全球主义的，尽管方式有些古怪，而他竞选总统时的左翼对手伯尼·桑德斯也是反对全球主义的。仅就政治中心左翼与右翼之间的对立而言，极左翼与极右翼之间不仅彼此对立，还与全球主义的某些方面对立。但是，像美国的特朗普这样的极右翼，他反对全球化的某些方面是因为主张复兴民族主义，而不是反对新自由主义，而左翼对全球主义的批评却主要是针对新自由主义。

在新自由主义者即经济自由主义者的话语中，也日益在政治自由主义者的话语中，如此反对全球主义被贴以"平民主义"的标签，而对左翼或右翼不加区分。对于全球主义所遭受的批评，自由主义者通过抨击"平民主义"给予还击，指责平民主义针对诸如传统产业衰退和移民等复杂问题提出的解决办法过于简单。这些解决办法可能会让一些人喜欢，如认为这些问题给自己造成了痛苦并在寻找解决办法的人，他们会投票给恰巧提出这些办法的政客们。我认为"平民主义"这个词有一定的误导性：它被用来宣称千差万别的事情彼此相等，而就其作为政治分析的一个固定范畴和术语而言，这些千差万别的事情中只有一部分具有平民主义的特征。

这种（新）自由主义话语似乎只体现出政治运动和政治领导人反对全球主义，而没有关注民众的呼声，没有关注那些投票给特朗普或投票赞成脱欧的人们，他们中的许多人感觉自己在全球化时代吃亏了或被忽视了。（新）自由主义话语如此反对全球主义，我不赞成。我认为，可以对这一自由主义话语进行批评性分析，要让世人知道，政治上如此重要的对全球主义的抨击完全被"平民主义"政治家的思想、行为和语言覆盖了，而选民和公民（以及民众）的思想、行为和语言却没有被体现。然而，理解并详细分析民众对全球主义的抵触，包括分析和批评民众的话语和论据，并且认真评估和建设性地回应这种抵触，可能会有助于克服政治危机。这要涉及美国、英国和其他国家已经出现的严重的社会分裂。批评话语分析可以为这样的分析和批评做出重要贡献。

据2018年2月"舆观"民意调查显示，赞成脱欧者的诉求是，"希望英国离开欧盟以便能够收回一些掌控权，如总体上对自己法律的掌控，以及更具体的诸如对移民和对那些交给欧盟的钱的掌控。"用本书里的术语来说，他们反对的是全球主义的某些方面，特别是欧盟内部业已成型的新自由主义全球化形式——尽管大多数赞成脱欧者自己并非如此表述。他们反对的是现存秩序、现状以及那些努力维持现状并应该为现状恶化负责的政客们和社会势力。这种反对有一定的经济属性：反对的是日益加剧的经济不平等、低收入和不稳定的工作、大量人口享受不到现状带来的好处因而感觉被排斥和忽视，等等。它也有更强的社会和文化属性，这在要求控制移民方面表现得最为清楚。

要理解这一点，我们需要考察我的世界更久以前发生的变化。卡尔·波拉尼（Karl Polanyi）把资本主义社会看作是市场化与社会保障之间的持续矛盾①。第二次世界大战至 20 世纪 70 年代期间资本主义的主导形式是社会民主，它以市场化与社会保障之间的调和为基础。但在 70 年代，资本主义的形式转向了新自由主义。要清楚地了解这一转变，我们需要区别社会这边的两个问题：社会不仅包括社会保障，还包括解放——妇女的解放、包括黑人在内的少数民族的解放，以及同性恋群体的解放，等等。南茜·弗雷泽（Nancy Fraser）认为，向新自由主义的转变不仅带来经济转变，也带来社会政策的转变：社会保障（如"福利国家"）减少了，但支持社会解放的政策增加了②。对于现代资本主义的合法性（如被认同的"公平"）而言，社会这边的优势至关重要③；上述两种形式的资本主义选择依赖不同的优势。这样，每一种形式的资本主义都会产生某种失衡；理想的状态是，促进社会公平的政策和促进社会解放的政策应该更加均衡地实施。社会民主形式的资本主义的失衡集中体现在 20 世纪 60 年代我的世界中的民众抗议上面。而新自由主义采纳了民众的部分诉求，把自己与社会解放联系起来。新自由资本主义的失衡集中体现在近些年英国、美国和其他国家的选举以及英国脱欧公投上面。例如，在英国出生的一些人认为近些年的移民比自己享受了更多的社会福利，抱怨说这不公平。

失衡也表现在近些年对当代资本主义社会某些方面的政治反对和学术批评上面，包括批评话语分析的话语批评。可以说，社会身份与身份政治、性别主义、种族主义和同性恋恐惧症等问题被单方面强调，而社会阶级和阶级政治等问题相对来讲被忽视了。例如，英国脱欧事件近年引发了对脱欧赞成者们在移民问题上的排外主义和种族主义的深刻反思，而新自由主义的缺陷和社会政策的失败这些本次公投真正抗议的问题却很少被反

---

① 见 Polanyi, K. 1944. *The Great Transformation: The Political and Economic Origins of Our Time*. Boston: Beacon Press.

② 见 Fraser, N. and Jaeggi, R. 2018. *Capitalism: A Conversation in Critical Theory*, ed. by Brian Milstein. Cambridge: Polity Press. 第四章，第 165—223 页。

③ 见 Boltanski, L. and Chiapello, E. 2013. *The New Spirit of Capitalism*, trans. by Gregory Elliott. London: Verso.

思。的确，移民们经常为那些系统性的、有时是由种族主义虐待造成的问题蒙受不公平的指责，这一现象也确实应该批评并且在政治上加以反对。但是，在移民问题上的争议不能如此简化；例如，提倡在移民问题上有所控制本身并不是种族主义。

如果此时，2018年，我要写一本关于语言与全球化的书，我会把这些变化以及其他变化都写进来。原书第六章（"自下而上的全球化"）的内容应该大幅扩充，作为重点章节，放到更靠前的位置。如前所述，本书聚焦于全球主义的新自由主义策略和话语，以及它是如何在20世纪70年代危机之后取得霸权地位的。但是现在，2007—2008年的金融和经济危机进而政治危机发生之后，又发生了新的策略斗争，这些策略斗争如我所示也是试图确立霸权话语的话语斗争。写本书时，我可以回顾那时发生过的策略斗争，其结果已经非常清楚，但现在正在进行的新的斗争，还无法预测结果。现在是"新时代"，经济、政治和社会环境都发生了变化，这就要求我们重新审视目前的理论、方法和研究议程，必要时甚至需要加以修改。本书的2006年版本主要批评全球主义和新自由主义，但如果现在写这样一本书，则还需要批评已经出现的反对全球主义和新自由主义的强大势力；对反全球主义的批评性分析，既要包括政党和政治领袖，也要包括民众的反对意见，例如那些投票给特朗普和赞成脱欧的人对全球主义的反抗。

我认为还要将这种批评加以扩展，在学术领域对新自由主义和全球主义占主导地位的社会，以及近期出现的反对这两个主义的声音进行分析和批评。这一观点我在前面质疑将反对全球主义的声音冠以"平民主义"时有所表述，而这种情况在包括批评话语分析在内的学术分析和批评中非常普遍①。我认为批评话语分析研究领域需要发起一场辩论，回顾其研究议程近几年的发展变化、讨论"新时代"有何要求，并且探讨相关的理论和

---

① 如 Wodak, R. 2015. *The Politics of Fear: What Right-Wing Populist Discourses Mean*. London: Sage.

方法。我在最近发表的论著中已经尝试着发起这个辩论①。除了质疑"平民主义",我还认为,尽管批评话语分析天生与政治相关(批评起于政治斗争,批评所用的批评性分析方法又可以用于政治斗争),但批评与政治行为是不同的活动,批评性分析应该小心谨慎,不要依附于或者宣扬某种政治立场或宗旨。例如,不公平、压迫和歧视是批评话语分析及其他形式的批评性分析的主要焦点,但分析者们应该确保他们的批评具有包容性,例如,要确保不要朝"身份政治"的方向偏得太多,不要在充分关注性别主义、种族主义、排外主义和同性恋恐惧症之类的问题时,却没有足够关注贫困、失业、低工资、住房条件差、社会保障不足等问题。

诺曼·费尔克劳

2018 年 12 月

---

① 如 Fairclough, N. and Fairclough, I. 2018. A procedural approach to ethical critique in CDA. *Critical Discourse Studies* 15 (2): 169—185.

译者前言

《语言与全球化》是批评话语分析领域一部重要的学术著作,作者是该领域的领军学者诺曼·费尔克劳。有机会翻译这本著作并将其介绍给中文读者,实乃译者之幸事。借此译者前言,对该书作者、书的内容和翻译中的一些做法向读者做一简略介绍和交代。

一

诺曼·费尔克劳(Norman Fairclough,1941—),早年毕业于英国伦敦大学学院,之后一直在英国兰卡斯特大学执教,直到 2005 年退休,转任荣休教授。几十年来,费尔克劳持续活跃在批评话语分析领域,从话语的角度研究新资本主义在英国的发展变化,著书立说,不断推出新的学术思想和研究方法,是批评话语分析领域与范戴克、沃达克、邱尔顿齐名的领军学者。

费尔克劳最早的著作是 1989 年出版的《语言与权力》(*Language and Power*),该书系统阐释了作者关于语言与社会之间辩证关系的独特见解,并提出进行批评话语分析的三维分析框架,成为众多学生和学者遵循的从事批评话语分析的范本。在之后的 30 多年里,费尔克劳发表的论文不计其数,出版的专著和主题文集等身,代表性独立撰写的有包括《话语与社会变革》(*Discourse and Social Change* 1992)、《话语分析——社会科学研究的文本分析方法》(*Analyzing Discourse: Textual Analysis for Social*

Research 2003)、《语言与全球化》(*Language and Globalization* 2006)、《批评话语分析》(*Critical Discourse Analysis* 1995, 2010)。1991年，费尔克劳作为主要成员，参加了在荷兰阿姆斯特丹大学召开的批评话语分析的专题学术会议，与多名批评话语分析学者共同讨论相关议题与项目，奠定了批评话语分析发展的基础。2004年，费尔克劳创办现已成为批评话语分析领域重要成果发表平台的学术期刊《批评话语研究》(*Critical Discourse Studies*)，关注并推动新力量和新观点的成长，引领新动态和新趋势的方向。可以说，费尔克劳对批评话语分析这一话语研究的语言学范式在理论原则和研究方法方面都做出重要贡献，对这一研究范式的形成和发展起到关键作用。

费尔克劳的学术思想主要体现在以下几个方面。了解这些，有助于理解费尔克劳写《语言与全球化》这部著作的初衷与意图。

费尔克劳在长期的研究中形成了较为系统的概念体系，包括"话语（discourse）""社会实践（social practice）""话语实践（discursive practice）""媒介（mediation）""话语秩序（order of discourse）""话语技术化（technologization of discourse）""互文性（intertextuality）""互语性（interdiscursivity）""再情景化（recontextualization）"等一系列涉及理论和操作层面的概念。在他看来，"话语"是社会实践的一个成分，而"社会实践"则是习惯性、程式化或机构化的社会活动，介于具有抽象和较为稳定的社会结构与社会生活中发生的具体社会事件之间，受社会结构制约并遵循一定社会规约，通过选择社会结构中的某些可能性并排除其他可能性促使抽象的社会结构引发某些具体的社会事件。将话语看作社会实践的一个成分，费尔克劳所要强调的是，话语可以被看作具体的语言运用，它与语言运用相关的其他成分（如物质活动、社会关系和社会程序、心智现象）共同构成社会实践。在一个社会实践中，语言运用与其他与语言运用相关的成分彼此有所区别，但是又辩证统一在一起，你中有我，我中有你，二者不能分离。正是社会实践中语言运用与其相关的社会因素之间动态变化的相互作用构成了社会实践的不竭动力，导致社会结构引发具体的社会活动，推动社会变化与发展。

　　如果说"话语""社会实践"等概念体现出费尔克劳批评话语分析"辩证-关系"路径的理论原则，那么他对于"互文性""互语性""再情景化"等概念的阐释则更多的体现出这一路径的操作方法。"互文性"和"互语性"被费尔克劳看作是文本和话语创造性产生的源泉，是其连接外部世界的重要形式之一。通过分析不同领域中文本与文本之间、话语与话语之间的联系，既可以探究文本或话语被创造的方式和内在机制，又可以探究文本和话语之间的联系与互动对于社会实践网络形成与变化的建设性作用。对于"再情景化"，费尔克劳则更是将其应用到观察文本之间具体的相互作用过程之中，强调通过观察文本被从一个情景移出并同时被移入另一个情景这样的再情景化过程，探究话语的生产及其与社会实践的辩证关系。

　　费尔克劳在批评话语分析研究中重视文本分析，认为文本是社会实践的痕迹，体现社会关系、社会身份等的生产过程，因此文本分析能够揭露社会结构中的权力关系、意识形态等因素。费尔克劳认为文本将带来因果效应，将导致变化的产生：这种变化可以是即时的，如知识、态度、信念的改变；也可以是长期的，如广告不断塑造的"消费者"身份。文本可能带来精神的改变，也可能造成物质世界的改变，但他强调文本并非直接产生因果，而是在与其他社会因素的联系中、在意义的动态生成中发挥作用。因此，将文本分析与社会分析相结合才能更好地解释其因果效应的产生过程。费尔克劳强调文本结构与社会结构之间并非是简单的一一对应关系，而是通过中介体相联系。在进行文本分析时，费尔克劳注重语言学分析方法，包括系统功能语法和传统修辞学，观察各层次语言结构在实践中的具体运作并分析话语内部的逻辑推理，关注意义生成的过程分析，强调文本分析对社会科学研究的贡献。

　　虽然文本分析是批评话语分析案例研究的基础，但是，费尔克劳认为从社会学、政治学、哲学等角度对文本特征进行阐释也非常重要。费尔克劳吸收借鉴福柯的话语理论、巴赫金的互文理论、哈贝马斯的批评理论、布尔迪厄的社会学理论、韩礼德的系统功能语言学等,在理论基础和研究方法上实现了学科融合、兼容并蓄。费尔克劳的批评话语分析研究路径的跨学科性还体现在以社会问题为导向,注重观察话语在社会变革中的作用,如关注新工党、反恐战争、知识经济、全球化等社会议题中的话语问题。费尔克劳提倡的跨学科性是一种"超学科"视角,不仅像"多学科"和"跨学科"研究那样将两个或多个学科的研究方法融入到一个研究之中,而且通过两个或多个学科之间的对话,彼此将对方的合理内核吸收到自己的研究之中并发展出自己的新理论和新方法。这一特点非常明显地体现在费尔克劳的实际研究中,如在《语言与全球化》这本书中,费尔克劳将批评话语分析与文化政治经济学相结合,研究全球化这个实际发生的过程与再现这个过程的话语之间的辩证关系,深刻揭示政治经济全球化由话语变化所导引的规律。

二

在《语言与全球化》这部著作中,费尔克劳从批评话语分析与文化政治经济学结合的超学科视角审视语言与全球化的问题,指出全球化不仅是一个实际发生的全球化,而且是一个通过话语建构的全球化;因此,实际发生的全球化是一回事,如何再现这个全球化过程则是另一回事。基于此,作者认为话语对全球化过程的再现可以反映这个过程,也可以建构这个过程,使其向着某个预定的方向发展;在这个建构过程中,社会主体的话语策略发挥了巨大作用。

《语言与全球化》由导言、结语及七章正文组成。前三章进行理论探索,后四章进行应用研究,结语部分对全书的主要观点进行归纳。

在"导言"里,费尔克劳指出本书以语言为中心研究全球化问题。语言在本书中体现为语体(genre)和话语(discourse),前者指交际或交流的方式,如美国有线电视新闻网(CNN)传播新闻的方式,后者指对世界某个方面进行再现的方式，如将市场运作再现为"自我调节、政府只是帮助而不是干预"的新自由主义经济话语。全球化一方面指跨大洋、跨地区的社会关系和社会活动的流通和转型过程，一方面指现代社会所特有的迅速发展和日益加深的复杂的联系和彼此的相依。经济领域中财和物的流通以及国际金融和贸易的网络联系，即是全球化的一个例子。全球化在一定程度上也是语言的全球化和被全球化：流通在一定程度上包括话语、再现和叙事的流通，而网络、联系及其相互作用也需要特定的语体等交流形式。语言与全球化的这种密切关系确定了以语言为中心研究全球化的必要性，而研究的一个重要内容就是区分实际发生及将要发生的全球化过程和论述全球化过程的话语，并且要探索二者之间的关系。费尔克劳认为，关于全球化的话语并非仅是再现实际发生及将要发生的全球化过程，而且可以在一定条件下造成全球化过程的实际发生并决定其进程。

第一章介绍语言与全球化研究的相关文献，总结了五种话语在全球化中发挥的作用：1）话语可以正确再现全球化；2）话语可以错误再现全球化；3）话语可以被用来叙述一种关于全球化的观点，这种观点可以使某个社会机构的行动、政策、策略合法化；4）话语可以帮助构成、传播和再生产意识形态，这种意识形态具有保持全球化的形式和这种形式中权力关系的系统功能；5）话语可以产生世界将是什么样子和应该是什么样子的想象性再现，一旦这些想象成为理所当然就会被操作变成现实。在这一章，费尔克劳还论述了这五种话语作用彼此之间的联系。

第二章阐述作者研究语言与全球化的方法。首先讨论了文化政治经济学观点，可归纳成四点：1）经济体制、经济组织、劳动力分配、国家、管理形式这些经济学和政治学研究的客体，在社会中构成和确立；2）这些研究客体的构成也有"主观"因素，即构建这些客体的同时也构建了与这些客体相关的主体；3）在客体的构建过程中，由于有了主体的作用，这些客体同时也处于文化之中，如经济制度和国家形式取决于特定的意义、价值观和态度，被特定的话语解释和叙述；4）因此，这个构建过程也包含了话语，如被构建的"客体"和"主体"在一定程度上是话语建构的结果。之后,作者进一步指出,实际发生的社会变化是复杂的,其中多种社会群体运用各种手段和策略操作、控制变化因素使其向一定方向发展。这些手段和策略具有话语的特性,如再现和叙述已发生和正在发生的社会变化,包括解释那些失败的制度的失败原因以及预测、鼓动新的社会变革和可能发生的政治、经济、社会、文化体系。费尔克劳以"再情景化"为例,说明社会机构和组织的话语策略促成了话语变化以及这些话语变化如何被"操作"成实际的社会变革:当一个外部事物扩张到一个新地区(领域)时,这个地区现存的实践体系(话语秩序)会对其进行抵制;外部事物之所以能够进入这个地区,是因为这个地区内部的社会机构成功地实施了其话语策略才使得这些外部事物被"带进来",同时,被成功"操作"的话语策略将形成一个新的话语秩序。

第三章讨论全球化的话语以及导致全球化的话语策略。全球化是一个客观存在的事实,而对这个事实的不同再现形成了各种各样的关于全球化的话语,如全球主义话语、政府机构和非政府机构话语等等。在这些关于全球化的不同话语中,全球主义话语处于主导地位,但是它的霸权地位也不断受到其他关于全球化话语的挑战。这些话语通过话语策略相互制约、相互抗衡,形成对主流话语的挑战。费尔克劳在这一章分析了一些关于全球化的话语,大致总结了一些话语策略,如语体以及语体混杂、话语及话语混杂、争论及具体的争论语体、叙事、对社会主体及其活动的不同再现、假设、情态、名词化、推理、"我们"的用法、文本的区分、修辞及说服手法,等等。

第四章研究政府机构在全球化和区域化过程中的地位。作者以罗马尼亚在全球化过程中的变化为例,讨论政府机构如何操纵话语变化使其向着特定方向发展。费尔克劳借用文化政治经济学的术语,将全球化理解为"层级以及层级之间关系的变化"。所谓层级指一个特殊的空间体,如一个村庄,一个城市,或者一个国家或跨国境的地区,而国际化则是这些层级之间关系被重新确定的过程,称为"再层级化"。以此为出发点,费尔克劳在这一章特别研究了罗马尼亚的高等教育改革,如"导师制""质量保证"等,分析了布加勒斯特大学质量控制手册的文本,讨论了欧盟的话语策略在罗马尼亚"再情景化"的问题,指出欧盟的新策略和新话语并非自然而然地"流入"罗马尼亚这个"层级",而是被罗马尼亚的内部机构(以及对内部机构有影响的外部机构)"带入",这个过程充满了矛盾、不平衡和不可预测的结果。

第五章继续沿着"再层级化"的路径讨论全球化问题,只不过关注的重点转向大众传媒,研究媒体在全球化过程中的作用。媒体依仗自身的合法性,在借助各种媒体传播话语、报道、思想、价值观的同时,其本身也是实践,并在重新确定各"层级"相互关系中起着重要作用。费尔克劳在这一章通过讨论媒体与政治品牌、媒体与都市女性以及媒体与"9·11"事件三个案例,再一次阐述了"再情景化"的概念。例如,作者分析了《大都会》杂志上发表的一篇关于教导女性如何做决定的文章,指出,这些广泛受到年轻妇女青睐、代表西方价值观的话语和生活方式能否对罗马尼亚年轻妇女产生影响,并非是一个胸有成竹的问题。就这个例子而言,《大都会》杂志这一外部媒体所引入的"西方话语"要在罗马尼亚产生文化影响力取决于这些话语在罗马尼亚的"再情景化",即当地的社会、文化、历史等特征和环境决定着这些外部话语被接受和解释的方式,也最终决定它们对当地文化的影响。

第六章研究普通百姓对全球化的态度和反映,关注的重点是"自下而上的全球化",即某一地方的普通人群抗衡全球主义话语的策略问题。作者认为,全球化给这些地区带来新的话语、语体和文体,成为当地民众活动的资源;如何操纵这些资源,使之本地化,以消除全球化带来的负面影响或利用全球化带来的新机遇,是一个话语策略的问题;然而,全球化与地方利益总是一对矛盾,这又是一个辩证问题。费尔克劳通过讨论英国失业者抗衡全球化带来的失业压力的话语策略、匈牙利和泰国村民抗衡全球化带来的污染问题的话语策略,阐释了普通民众将全球化的话语"本地化"以求在全球化中生存这样一个百姓在全球化过程中面临的问题。例如，失业工人用自由经济中经常使用的"灵活"这个词来给自己打黑工的行为正名，即是把全球主义话语"本地化"为自己的话语、使自己的行为合法化的一个案例。地方民众抗衡全球主义的话语策略在将外部资源本地化的过程中发展起来，同时形成新的活动模式，在全球化过程中发挥作用。

第七章讨论反恐战争的话语问题。之所以将反恐战争与全球化联系起来是因为作者认为全球主义需要新的话语策略来达到全球化过程中一个新的平衡。作者认为，自上世纪 90 年代末以来，亚洲和拉丁美洲国家因为经济危机而对全球主义方式的全球化产生怀疑并对全球化带来的负面影响非常不安；面对这些挑战，美国的国际政策由"软"向"硬"转变，而在这个过程中反恐战争则是一个重要时刻。通过分析美国前国务卿赖斯和英国前首相布莱尔的讲话文本，作者指出，反恐战争的话语实际上是美国军事和安全策略变化的一个部分，是将其强硬政策合法化的一个步骤：如果像布什所讲"我们处于一个历史车轮倒转的时代"，那么政治家还有什么理由不采取非同一般的手段对付恐怖主义呢？因此，费尔克劳认为反恐战争及其话语只是全球主义及其话语策略通过变化而不断延续的一个新阶段。

在"结语"部分，费尔克劳对书中的观点进行了概括性总结。读者若需要了解该书的基本内容，也可以先阅读书的"结语"部分。但是，关于该著作的学术贡献，作者并没有在"结语"部分明确表明。对此，译者认为有必要在此罗列一二，既是和读者交流翻译和阅读该书的体会，也是为那些并不十分了解费尔克劳学术思想发展脉络的读者提供一个理解该书内容的路径。

译者认为，该书最值得关注的学术贡献是费尔克劳关于社会实践的主体通过话语策略来导致话语变化、进而实现社会变革的论述[①]。在此之前的著作中，费尔克劳重视话语在社会变革中的作用；但是，这种对话语作用的强调也容易把社会变革当作一个纯话语的过程，将复杂的社会变革简

[①] 关于译者的这一认识，可详见《当代语言学》2010 年第 4 期刊发的译者对这本书的评价。

单化。在《语言与全球化》中，费尔克劳依然强调话语在社会变革中发挥作用，但同时强调了社会主体等非话语因素，提出"话语变化只有在社会主体的'操作'下才能导致社会变革的实际发生"这样一种观点，并认为这种操作是通过社会主体运用"话语策略"来实现的。正如费尔克劳在该书中使用的隐喻所示，就像新设计出来的引擎只有被"物质化"之后才能成为真正的引擎一样，话语变化产生的新话语也只有被"操作"并"变成"其他物质的东西，才可能成为实际生活中的社会变革。这样，社会主体操作话语变化的"话语策略"和话语本身的变化一样，成为研究话语在全球化过程中发挥作用的焦点。在这个意义上认识全球化，就会发现话语对全球化过程的再现可以反映这个过程，也可以建构这个过程，使其向着某个预定的方向发展。在这个建构过程中，社会主体的话语策略发挥了重要作用。

三

在翻译《语言与全球化》这本书的过程中，译者所坚持的一个翻译原则是忠实再现费尔克劳的学术思想。这尤其体现在术语翻译方面。前面提到，费尔克劳在从事批评话语分析研究的几十年里，发展出一系列的术语概念，体现出他独特的学术思想。因为独特，所以一些术语即使与批评话语分析领域其他学者使用的术语相同其含义也有所不同[①]。所以，翻译这些术语时需要对费尔克劳的批评话语分析研究路径有非常专业的理解。

例如，在翻译"media""mediated""unmediated""mediation""mediatization"这几个术语时，既从词汇学有关构词结构角度考虑其词汇意义，又从费尔克劳的学术思想里寻找其在批评话语分析领域的确切含义。具体来讲，"media"这个词翻译成"媒体"，如"新闻媒体"，是因为这个词

[①] 例如，费尔克劳在其提出的一个批评话语分析框架中使用了"interdiscursivity"这个术语，沃达克在她的分析框架中也使用这个术语。虽然都译成"互语性"，但各自所指的内容是不一样的。

具体指那些报道新闻的不同"媒体",如电视、报纸、互联网,等等。在"media"前后面加上词缀,生成"mediated"和"unmediated"这两个词,用以表达"间接的"这样一种特定的含义,则形成术语。例如,"mediated life"翻译成"经媒介的生活",表明我们现在过的生活并非都是直接经历的,许多事情都是经第三方间接经历的;而"unmediated life"翻译成"未经媒介的生活",则表明排除第三方(即没有中间体做媒介)而亲身经历的生活。这样翻译是因为费尔克劳在《语言与全球化》这本书中讨论"经媒介的生活"就是要强调在世界政治经济全球化的过程中,媒体以及媒体每天产出的大量话语,充斥着人们的生活,同时也干预和引导着人们的生活方式,使人们的生活呈现出"经媒介"的特征。延续翻译"mediated"和"unmediated"这两个术语参考其词根的抽象意义(媒介)和在费尔克劳学术思想中的含义,译者将"mediation"翻译成"媒介"。然而,"mediatization"这个词可以被认为源自词根的具体意义(媒体),即那些"可见和可触摸"的意义,所以翻译成"媒体化",表明"mediatization"这个术语体现出其他领域跨入媒体领域这种随处可见的现象,如"政治的媒体化"体现出政治活动需要通过媒体来实现,或曰媒体成为政治活动的场所。

《语言与全球化》一书的汉译本就要呈现在读者面前了。译者要感谢商务印书馆对引进和翻译学术著作事业的大力投入和支持。还要感谢本书的作者费尔克劳教授,他在百忙之中为汉译本作序,并提出关于语言与全球化的一些新思考。译者的博士生陈勇、乔拓新、梁娜、刘璇、李志远做了译文校对工作并提出了建设性意见,在此一并表示感谢。

虽然致力于专业的翻译质量,然受译者水平所限,书中疏漏和错误之处在所难免,敬请读者批评指正。

田海龙

2019 年 10 月

目　录

致谢 ··· xxv

导言 ··· 1
第一章　学术文献述评 ··· 17
第二章　我的研究路径 ··· 32
第三章　全球化的多种话语 ··· 46
第四章　民族国家的再层级化 ··· 74
第五章　媒体、媒介和全球化 ··· 112
第六章　自下而上的全球化 ··· 141
第七章　全球化、战争和恐怖主义 ······································· 163
结语 ··· 189

参考文献 ··· 203
索引 ··· 214

致　　谢

本书的出版商及编辑感谢以下人员和组织允许转载版权材料：

R. MacDonald, 'Fiddly jobs, undeclared working and the something for nothing society', *Work Employment and Society* 8. 4 (1994); Z. Gille, 'Cognitive cartography in a European wasteland: multinational capital and Greens vie for village alliance', in M. Burawoy *et al.* (2000); Greenpeace Australia, *Map Ta Phut: A New Market for Australian Coal*, 2005, http://www.greenpeace.org.au/climate/pdfs/MapTaPhut.briefing.pdf; Greenpeace International, *Stop Climate Killing Coal Plants in Thailand,* 2005, http://www.greenpeace.org/international/press/releases/stop-climate-killing coal-plan; Romanian Ministry of Communications and Information Technology, '*Outsourcingul*' Press release, 22 November 2005; T. Friedman, *The Lexus and the Olive Tree*, New York: First Anchor Books (2000); S. Eizenstat, '*The threat to a more open global system*' 1999, http://bogota.usembassy.gov/wwwse909.shtml; Department of Trade and Industry, *Our Competitive Future (UK Competitiveness White Paper,* (1998)), http://www.dti.gov.uk/comp/competitive/; ECLAC (UN Economic Commission for Latin America and the Caribbean) *Globalization and Development*, (2002), http://www.eclac.cl/cgi-bin/getProd.asp?xml=/publicationes/xml/5/10035/P10035.xml&xsl=/tpi-i/p9f.xslebase=/tpl/top-bottom.xslt; Dr Mahathir bin Mohamad *Renewing Asia's Foundations of Growth*, East Asia Economic Summit, (2002), http: www.larouchpub.com/other/2002/2940.mahathir.html; Coaching and Mentoring Website, *What are Coaching and Mentoring?* (2005), http: www.coachingnetwork.org.uk/Resource-Centre/WhatAreCoachingAndMentoring.htm; Council of the European Union, *Presidency Conclusions, Lisbon Council Meeting*, (2000), http://ue.eu.int/ueDocs/cms_Data/docs/pressData/en/ec/00100-rl.eno.htm; University of Bucharest, *Manual of Quality Control*, (2004), http://www.unibuc.ro/ro/; Commission of the European Communities, *Communication from the European Commission on the Social Agenda*, (2005), http://europa.eu.int/comm/employment_social_policy_agenda/spa-en.pdf; Romanian Ministry of European Integration, National Development Plan 2004—2006, (2002), http://www.mie.ro/Pdr/Romana/mdp_ro/dezvoltare/pnd2004/download/cuprins.htm; Romanian Commission against Poverty and for Promotion of Social Inclusion, *National Action Plan Against Poverty and for Social Inclusion,* (2001), http://www.capsis.ro/pagini/ro/pnainc.php; Cosmopolitan, 'Ghidul Cosmo al marilor decizii (Cosmo guide to big decisions)', *Cosmopolitan (Romanian edition)* April 2005; Bush, *Address to the Nation*, 11 September 2001, http://www.whitehouse.gov/news/releases/2001/09/20010911-16. html; President G. W. Bush, *Address to a Joint Session of Congress and to the American People*, 20 September 2001, http://www.whitehouse.gov/news/releases/2001/09/20010920-8.html; President G. W. Bush (2003) *Remarks in Commencement Address to US Coast Guard Academy,* 21 May 2003, http://www.whitehouse.gov/news/releases/2003/o5/20030521-2.html; Condoleeza Rice, 'The president's national security strategy', (2002) in I. Stelzer (ed.) *Neoconservatism*, London: Atlantic Books; John Ashcroft, Prepared remarks for the US mayors' conference, 25 October 2001, reprinted in R. Jackson *Writing the War on Terrorism. Language, Politics and Counter-terrorism*, Manchester: Manchester University Press, (2005); Tony Blair,

Doctrine of the International Community, Chicago, 22 April 1999, http://www.number-10.gov.uk/output/Page1297.asp; Tony Blair, Speech in the George Bush Senior Presidential Library, Washington, April 10 2002, http://www.number-10.gov.uk/output/Page1712. asp; Tony Blair, Speech at the Foreign Office Conference, London, 21 January 2003, http:www.number-10.gov.uk/output/Page1765. asp; Václav Havel, Fulbright Prize Address (1997), http://www.fulbrightalumni.org/olc/pub/FBA/fulbright_prize/havel_address. html.

衷心感谢布加勒斯特的话语分析研究小组成员与我讨论罗马尼亚"再层级化"的方方面面；感谢露丝·沃达克（Ruth Wodak）与我就《博洛尼亚宣言》对奥地利和罗马尼亚高等教育的影响进行的合作研究；感谢鲍勃·杰索普（Bob Jessop）和安德鲁·塞耶（Andrew Sayer）与我就符号活动（semiosis）在批判现实主义中的地位进行的合作研究，感谢他们贡献了许多讨论与想法；我尤其要感谢我的妻子伊莎贝拉·耶特库（Isabela Ieţcu）为此书提供了有关罗马尼亚的材料，感谢她与我就罗马尼亚变革问题展开的讨论，以及在我撰写本书整个过程中给予我的爱和支持。

导　言

这是一本关于全球化的书，但却特别关注语言。它在某种程度上也涉及战争，因为我认为所谓的"反恐战争"与近些年的全球化发展有着密切联系。在随后的介绍中我将具体解释它们之间存在着何种联系。但我首先想提这样一个问题：为什么要以语言为重点讨论全球化？

我们来看一个具体的例子。以下是一段罗马尼亚通信和信息技术部部长在2005年11月期间举行的以"外包（Outsourcing）"为主题的全国会议上演讲的内容（Ministry of Communications and Information Technology 2005）：

> 外包是罗马尼亚信息和通信技术的一个成功领域。这个市场的竞争已经变得激烈起来。在这个地球村里，罗马尼亚不仅要与欧洲国家竞争，而且还要与远东和拉丁美洲的国家竞争。一个精心设计且目标长远的营销和品牌战略才能帮助我们在全球竞争中处于领先地位。

此类商业话语（我们或许可以称之为"行话"）对于西方世界是耳熟能详的，但是在罗马尼亚和其他中欧以及东欧的"后社会主义"国家，此类话语在过去的几年中才刚刚出现。我的英文翻译来自下面这段罗马尼亚语原文，我觉得读者应该能认出我用斜体表示出来的大多数词语：

Outsourcingul este un domeniu de *succes* al *IT&C—ului* romanesc. *Competitia* pe aceasta piata a devenit una foarte stransa, Romania fiind nevoita sa concureze in *satul global* nu doar cu tarile europene, ci si cu cele din Orientul Indepartat sau America Latina. Doar o *strategie* de *marketing* si de *branding* bine structurata si gandita pe termen mediu ne va ajuta sa ne situam pe un loc fruntas in aceasta *competitie globala*.

2 我们可以把这一官方声明作为当代全球化在某个地区的标志——罗马尼亚，一个直到1989年都还是社会主义经济体制和一党制的国家，现在却在资本主义"全球经济"的经济体制中运转，并且还正在向所谓"西方民主体制"逐步靠近。罗马尼亚的这一变化还可以在罗马尼亚语的变迁中得以一见：上文中一些被标为斜体的词汇是最近直接从英语中借过来的（"marketing""branding""outsourcing"；"outsourcingul"的后缀"-ul"在罗马尼亚语中是定冠词，就像英语中的"the"），还有一些词（"success""competitia""global""strategie"）本就已经存在于罗马尼亚语中且与我们熟知的英语单词同源（只是由于两种语言的不同，这些单词在拼写、发音和形态上有所差异），但是，现在这些词却以现代商务英语的形式和意义出现，这在罗马尼亚语中是新现象。译文中还出现了一个从英语的"global village（地球村）"直译过来的短语"satul global"，这个短语已经成为再现全球化时的一个套话。但是对于罗马尼亚而言，这个现代且新奇的商务话语与另一个如今听上去非常陈旧的词语一起出现："un loc fruntas"。我把它翻译成"a leading position（领先地位）"，而这个罗马尼亚语词汇在1989年之前是一个社会主义时代的套话。

因此，罗马尼亚出现的新商务话语是由受到英语深刻影响的罗马尼亚语来表达的，准确地讲是用英语中的商务话语表达的。但是，对罗马尼亚产生影响的经济全球化与新商务话语之间的关系却更为紧密。经济全球化在某些经济领域已经真实显现了。真实的人在全球范围内正在参与真实的经济活动，但是，这些经济活动相较以前已经发生变化，参与者的身份也已发生变化——现在活跃在罗马尼亚的一些从事经济活动的人员（如管理人员和营销人员）同1989年之前相比，从某种意义上说是完全不同的两类人。然而，如果没有话语上的变化这一切都不可能发生——话语的变化实际上是经济变化的一个内在的固有要素。我们可以从历史的角度看两者之间的关系：正是话语开始在罗马尼亚流通和传播后，它为罗马尼亚预言和规约的（或许可以说是为罗马尼亚"想象的"）新经济活动、新经济制度、新经济组织以及新的经济活动参与者才开始出现，成为事实。经济变化在话语被操作、被实施以及付诸实践之后才开始发生。在上文的商务话语中，一些术语和范畴（特别是"外包"和"营销和品牌战略"）从某个层面来说是一些理念，但是，它们是可以产生影响的理念，这种影响只有当理念通过机构活动和组织结构方面的变化被实施时才能产生。然而，我在上文中提及的那个陈旧的罗马尼亚语词语"领先地位"（"un loc fruntas"）也稍微诠释了本书的一个重要主题：全球化，更广义上讲是社会变迁，不是简单地摈弃过去——相反，变迁与延续共存，并且其在特定地方发生变化的方式取决于社会和历史背景。让我从这个例子开始，从更为宽泛的角度就"为什么要以语言为重点讨论全球化"这一问题展开讨论。3

全球化过程中的语言

这里有两则被广泛认为是关于"全球化"这一系列复杂变化的表述："全球化是一个过程（或一系列过程），它体现了在社会关系和社会运动的空间组织中发生的变革，它使活动、互动以及权力运行在洲际或区域之间产生流动和形成网络"（Held *et al.* 1999: 16）；"全球化是一个复杂的连接体，是快速发展和日趋密集的网络，它体现出现代社会相互联系和相互依赖的特征"（Tomlinson 1999: 2）。这些"流动""网络"和"相互联系"通常被视为性质不同的概念，包括：在经济领域中有货物与金钱的流动，以及国际金融和贸易网络；有政府间网络，以及国际组织之间的相互依存、相互作用和相互联系，如联合国、国际货币基金组织、世界贸易组织和各国家和地区的政府机构；有作为移民、旅行者，或商业或政府组织成员的人口流动；有图像、表征以及互动通过当代媒体和通讯技术而产生的流动，等等。

让我以我的理解方式就全球化过程中的语言提出三点看法。

首先，跨越空间界限和边界的网络、连接以及互动主要包括，也可以说是依赖于，一些专门用于跨国和跨区域互动的特定交际形式（我称之为**语体**（genre）），而"流动"则包括表征（representations）、叙事（narratives）和**话语**（discourse）的流动。因此，在一定程度上语言在全球化和被全球化。（"语体"和"话语"将是本书的重要概念，我将会在下文具体阐述。事实上，语体是一种传播或互动的方式，话语是对世界某部分或某方面进行再现的方式。）我所指的交际语体包括跨国新闻媒体的语体，如美国有线电视新闻网（CNN）的新闻节目，它以一种独特的（但被广泛模仿的）方式来传播新闻，这种方式被全世界熟知且容易识别。另一个关于语体的例子是一些国际组织的网站版式。这些国际组织有联合国、欧盟，像美国国际商用机器公司（IBM）这样的跨国公司，或是像绿色和平组织（Greenpeace）这样的运动性组织。虽然各个组织机构不同，但是网站的设计和架构仍然涉及在国际上被使用和认可的交际语体。关于话语的例子是"新自由主义（neo-liberal）"经济话语，该话语的许多主张就包括市场是"自我调节"的，并把国家和政府的作用表述为是"促进"而不是寻求干预市场运作。另一个关于话语的例子是流行文化（如流行歌曲），这些话语借助网站和年轻人阅读的杂志在全球范围内广泛传播。

其次，一方面是全球化的实际过程与趋势，另一方面是关于全球化的各种话语，对二者加以区分是很重要的。我们无法回避这样的事实：尽管"全球化"是世界上正在实际发生的一系列变革（虽然这些变革的内容饱含争议），但它同时也是一个**词汇**，一个因这些变革需要用文字再现而在最近变得十分抢眼的词汇。然而，这是对问题的简单化；"全球化"一词在更为复杂的话语中被赋予各种意义，这些话语在一定程度上以一些特色词汇为特征，其"关键词"包括"现代化""民主""市场""自由贸易""灵活性""自由化""安全""恐怖主义""文化""世界主义"等等，而"全球化"同它们有着特别的（但又是不同的）联系。这些话语不仅仅只是词汇，它们还有不同的语法特征（例如仅在某些话语中，"全球化"一词被再现为一个自身引起世界变革的能动者，如在"全球化开拓了新的市场"这个例句中），不同的叙事结构，不同的论辩形式等等。

最后，基于以上的区分，我认为考虑全球化的真实过程与全球化话语之间存在何种**关系**也同样重要。广义上讲，全球化话语不仅仅只是对独立发生的全球化过程和趋势进行再现，在某些条件下，它们也有助于创造和塑造全球化的真实过程。例如，上文提及的新自由主义经济话语在对全球经济过程和关系的特殊塑造方面极具影响力。全球化作为一系列实际发生的变革过程，正如我在上文所指出的那样，是非常复杂和多方面的（如它有经济、政治、文化、环境以及军事的多面性），而且它还是一个很"大"的现象，任何一个机构都无法控制。但是某些机构（如有权势的政府和企业，以及一些像国际货币基金组织这样的国际机构）的确试图推动并调整全球化的一些层面朝着特定的方向发展，并取得了一些成功，而新自由主义经济这样的话语则是他们为达到这一目的所采取的策略的重要组成部分。

我这里想简单地提及由我刚才所说的内容引起的一个棘手的认识论问题。我先认为我们必须对全球化的真实过程和关于全球化的话语加以区分，后来又说话语有助于创造和塑造全球化的真实过程。还请注意的是，一旦我们开始谈论后者，我们就不可避免地采用特别的话语以某种方式对它们进行再现。这样我似乎提出了两种自相矛盾的论述：我们需要对真实过程和话语进行区分，但是我们却不能真实地分开它们。实际上我的观点是：（1）全球化过程（如经济全球化）真真切切地**存在**，不以人们是否能够辨识它们为转移，也不以人们如何再现它们为转移；（2）但是，一旦我们开始反思和讨论这些真实过程，我们**不得不**需要对其进行再现，而且我们的再现方式不可避免地采用此类而非彼类话语。因此，我们也许可以这么认为，问题现在变成了我们该选择使用**何种**话语来反思和讨论这些真实发生的过程——我们如何确定某种话语是否以及在何种程度上为我们提供了足以用来对这些过程进行再现的表达方式。

换句话说，我们如何用塞耶（Sayer 2000）提出的"实用充分性（practical adequacy）"来衡量这些不同的话语？这包括：这些话语是否是可靠的行动指南；如果我们以某些方式行动，那么这些话语提示或暗示即将发生的事情是否**确实**发生。我们可以用各种社会科学证据来支持这些判断。但是另一方面，我们可以发现，虽然某些话语（按理说我上文提及的新自由主义经济话语就在其中）不能"满足实用"，且不适合用于再现真实发生的过程，但是它们仍然被用来创造和维持不公正或不民主的地位和权力关系，在这个意义上，我们可以认为这就是**意识形态**（ideologies）（Eagleton 1991, Larrain 1979, Ricoeur 1986, Thompson 1984）。因此，我认为我们**能够**区分真实过程和话语，但这是一个比看起来复杂得多的问题。

关于全球化的不同声音

此前已有大量关于全球化的论述和写作，这就使其成为一个困难的、有时甚至是令人困惑的写作对象。如果我们不弄清谁说过或写过什么，不对这些说或写的内容的主要来源进行区分，这个话题就会更加令人困惑。下面我将这些言说者大致分为五组：

- 学术分析
- 政府机构
- 非政府机构
- 媒体
- 日常生活中的人

学术分析不同于其他机构和行为者,因为它对全球化的研究取向主要是学术理论和分析(包括描述、阐释、解释及理论);而其他机构和行为者则对全球化采取了比较广泛的务实取向,是冲击社会生活的实际行为,因而是一种行动方向和行动策略。这并不是说学术分析不能与务实取向进行整合——在某些情况下,学术界也在寻求推动全球化朝着特定方向发展的策略,而且他们的理论和分析有时也服务于策略目标。媒体和其他务实机构有所不同;媒体在一定程度上代表了后者的行动和策略,但这并不妨碍媒体机构拥有自己的务实取向和策略,也不妨碍其成为其他机构实现它们务实取向的手段。

我使用广义上的"政府机构"指代国家政府、政治领导人、国家政府下设的机构(部门、委员会等)、地方政府以及我们可以称之为国际政府的机构如联合国、世界银行或世界贸易组织。"非政府机构"同样广义上泛指商业公司、政党、如乐施会那样的慈善组织以及诸如绿色和平组织或公司监测这种运动性或监测性组织。媒体(media)包括报界、广播、电视和互联网,以及普遍意义上对"媒介(mediation)"这一社会重要过程有所贡献的所有实体。我们可以把媒介理解为在一定程度上跨越沟通的距离进而与"远距离他者"所进行的交流。但是当人们与"远距离他者"进行交流时他们会使用特定的媒体,如电视,这些媒体有它们自己的编码、规约、格式、语体等等,并且以特定的方式影响着交流的特征(Silverstone 1999, Tomlinson 1999)。媒介具有社会意义,因为不论人们居住在何处,也不论人们在生活中做了什么,他们的经历是一个复杂的混合体,其中既有直接的、未经媒介的(unmediated)经历(如与他人面对面的交流),也有经媒介的(mediated)(如通过看电视)经历。"日常生活中的人"是对其他信息源**公共**特征的重要矫正:人们在日常生活中以及在作为组成部分的各个社区中(这还包括他们在电视上看到的内容),都有自己对全球化的体验。他们以特有的(而且不同的)方式对全球化作出反应,并基于这种反应采取相应的行动,以此产生自己对全球化的再现,成为关于全球化所有言谈和写作的重要组成部分。

如此对信息源进行分类,有两点值得注意。首先,他们不是完全分离的。在这些机构和行为者之间会产生流动,例如,学术分析会直接或间接地在语言使用方面对政府和非政府机构以及媒体提供帮助,甚至可以被吸收并纳入全球化的流行再现方式中(如麦克卢汉关于"地球村"的概念就已经被广泛传播,McLuhan and Fiore 1967)。在一些情况下学术分析自身也会从其他渠道获得信息,如从关于全球化的管理文献中。其次,仅对这五个主要信息源加以区分不可避免地是一种简单概括,因为正在进行的关于全球化的"对话"中有许多不同的声音;然而,这至少会使我们记住这个重要的问题:"这是**谁**说的?"

本书的结构

本书的七个主要章节在一定程度上对应着这些不同的声音。第一章回顾了学术文献中关于话语作为全球化的一个方面或成分的观点。第二章阐述了我将采取的研究全球化和语言的方法,这是一种嵌入到政治经济学之"文化"研究方法中的批评话语分析(我将在下文简要介绍这种方法)。在第三章我将讨论政府和非政府机构关于全球化的不同策略和话语,专注于在国际上占主导地位的策略以及"全球主义(globalism)"话语或新自由主义全球化话语(见下文)。在第四章我将从"再层级化(re-scaling)"的角度讨论全球化过程对特定空间"实体"的影响(民族国家、城市、地区等)。"再层级化"是指改变社会活动与互动在地方、国家和国际(包括"全球")层级之间的关系。我将通过一些来自政府机构的材料关注国家实体(罗马尼亚)及其在全球层级以及欧盟的"宏观区域"层级内的重新定位。在第五章,我将关注媒体和媒介问题,我在第四章中没有提到它们,但这显然是再层级化过程的一个重要方面,也对再层级化过程有重要影响。基于这种观点,第五章将会关注公共机构,但是在第六章我将讨论过着普通生活的人们在特定的地方（城市、城镇、村庄）发展出的应对和顺应正在全球化的世界的策略，以及这些策略对全球化的影响——我们将称之为"自下而上的全球化"（Falk 1999）。

第七章涉及战争与恐怖主义，所举的案例来自政府机构。我上面提到，我对"反恐战争"的看法与全球化的近期发展密切相关。在一本有关全球化的书里讨论这样的问题也许令人惊讶，因此，我要简要地解释一下，并在此基础上阐明我对全球化及其语言体现所采取的特定立场。和其他书一样，这本书对于像全球化这样的宏大主题的处理是有选择性的——它囊括某些事情，排除其他事情，突出某些事情，也将其他事情背景化。该章的主要议题是被斯蒂格（Steger 2005）称为的"全球主义"（另见 Saul 2005）。"全球主义"既是全球化的策略也是全球化的话语，它已变得最有影响力，也对实际变革过程产生了最大影响，并与最强大的国家、国际机构和公司联系在一起。"全球主义"的重要特征是它从新自由主义视角阐释全球化，认为全球化主要是市场在某种"（西方）民主"特定版本的传播伴随下而出现的自由化及其在全球范围的整合。而与"全球主义"相关的策略则被用来改变和影响全球化的发展方向，使其朝着新自由主义方向发展。更具争议性地说，这是一种**劫持**全球化以服务特定国家和公司利益的策略。

人们常常把"反恐战争"的导火线描绘成 2001 年 9 月世界贸易中心大楼和五角大楼遭到的袭击，这里面显然有些道理；但是，"反恐战争"也可以解释为是在宏观框架下美国方面在一帮同盟国（特别是英国）的支持下，从"软实力"转向"硬实力"的长期计划中的核心部分，以应对产生于上世纪九十年代中期的"全球主义"带来的压力（Steger 2005）。这些压力包括一个反对全球主义的国际运动正在形成，以及在亚洲和拉丁美洲发生的经济危机，这些危机导致对以全球主义形式出现的全球化能否"履行诺言"产生怀疑，而这种形式的全球化带来的负面影响（包括贫富差距加大、国际债务危机、世界贸易不平等）也越来越令人担忧。从"软实力"转向"硬实力"，就是从劝说以及对变革相对间断和间接的需求，转向公开诉诸经济和军事力量。

"反恐战争"中的"敌人"不只是恐怖分子集团和组织，还包括那些不能适应全球主义议程的民族国家（"流氓国家""混乱国家"）。与这种转向相关的美国的"新保守主义"一方面要求开放，如果需要的话甚至是单边使用美国的军事优势来实现其国家利益，另一方面则一直对新自由主义和早期全球主义议程的核心内容作出承诺。伊拉克战争和其他军事干预因此在一定程度上被认为是正当的，因为它们传播了"自由"（意即"经济自由"以及政治自由或民主）和"开放的市场"。所以，"反恐战争"可以被解释为是美国维护自己霸权地位的策略要素，是对以全球主义形式出现的全球化受到威胁的某种激进应对，因为美国认为这种形式的全球化符合其利益。虽然我们可以说这些威胁确实包括大多数人都会认同的恐怖主义，但在道德上无可辩解的是恐怖主义只在这些威胁中占了相对很小的部分。我还想指出的是，最近"恐怖主义"这个词的使用非常矛盾：鼓吹"反恐战争"的人用它来一概而论各种形式的在他人看来只是道德差异的暴力事件（如反抗以色列统治的巴勒斯坦武装暴动，以及在马德里和伦敦的公共交通工具上布下炸弹的事件，见 Honderich 2003），而对于那些国家形式的暴力（如以色列政府对巴勒斯坦平民实施的暴力）就不在这个词的词义范围之内了。

本书包含了相当多的具体案例和文本，体现出我在上文提及的五种"声音"，而且它们也代表很多国家和跨国机构，例如，欧盟、联合国、美国、英国、罗马尼亚、匈牙利、马来西亚、奥地利和丹麦，使这本关于全球化的书名副其实。

批评话语分析

我把"全球化和语言"作为一个研究课题，通过"批评话语分析"的方法进行研究。批评话语分析（critical discourse analysis，CDA）是跨学科研和分析的一个领域,大约25年前(1980年左右)开始作为一个独特的学术领域发展起来并拥有许多不同的研究方法(Fairclough and Wodak 1997)。这些研究方法的共同之处在于,批评社会研究将"话语"视作社会生活的一个层面,这种观点在批评话语分析中得到更令人满意的关注,同时"话语"与社会生活其他层面之间的联系也得到重视,而在此之前并非如此。所谓"话语",是一种认识和研究语言以及诸如视觉图像或"肢体语言"(面部表情、手势等)等符号的特殊方式。"话语"的批评分析者把语言视作同社会生活其他层面紧密互联(我称为"辩证"互联,见下文)的一个社会生活层面,因此在社会科学研究的所有重大问题上成为一个重要的(虽然通常有些被忽视的)方面。这些社会科学研究包括经济体制、社会关系、权力与意识形态、制度、社会变迁、社会身份等等。

像其他趋于社会路径的语言研究方法一样,批评话语分析的分析对象是具体使用中的语言(包括口头演讲、书面语、电视用语或网络语言),我们称之为"文本"。这是一种广义的命名,因为"文本"按常规都以书写形式出现。让我们以从某文本中截取的一段文字作为例子来说明:

> 在背后驱动全球化的思想是自由市场资本主义——越是让市场力量统治,越是向自由贸易和竞争开放经济,经济就越有成效。全球化意味着自由市场资本主义向全世界几乎每一个国家蔓延。因此,全球化也有自己的一套经济规则——这些规则围绕经济开放、放松经济管制以及经济私有化发挥作用,以使经济更具竞争力,对外国投机更具吸引力。
>
> (Friedman 2000)

这一节选的段落展示了我已经提及的一些"全球主义"话语的特征。它直白地把全球化定义为"自由市场资本主义向全世界几乎每一个国家蔓延"(尽管有人可能会问"几乎"是否意味着有例外存在)。它假定或预设——直接想当然地认为——全球化是由"思想"("自由市场资本主义")"驱动"的。大多数关于全球化的严谨的文献都把它描述得如此复杂和多层面,以至于把它看作是某种思想的效应似乎很奇怪。但这就是"全球主义"话语的作用:它把全球化这一高度复杂的现象简化地再现为一种纯粹的经济现象,一种资本主义的特定形式,一种资本主义应该是也必须是什么样子的特定看法。因此,全球化受到"规则"的支配(这本身似乎是难以置信的),但这仅仅是经济新自由主义的格言和开出的药方("开放经济、放松经济管制以及将经济私有化,以使经济更具竞争力,对外国投机更具吸引力")。但是请注意,这一节选段落在行动者和责任问题上非常模糊,而这些要点是很有必要弄清楚的:这是谁的"想法"?它从哪里来?谁或者是什么在使自由市场资本主义到处"蔓延"?谁制定并执行了这些"规则"?全球化在这里被再现为一个没有行动者的过程,然而,正像我在上文中指出的,"全球主义"策略很显然是某些有权力的行动者的策略,它把全球化推入其声称的全球化应该**拥有**的形式之中。关于该节选还有很多方面可以分析,但以上分析对我当前的目的来说已经足够了。

但是,批评话语分析(接下来要讨论的是我在本书中专门使用的研究方法,见 Chouliaraki and Fairclough 1999, Fairclough 2000a, Fairclough 2003)并不满足于分析单个的文本,它还关注我们之前提及的各种话语和语体,它们超越了单一的文本,并且涉及更大范围内文本间的"互文"关系。在上面这段节选文本中我们能够看到"全球主义"话语的特征,但是这类话语(实际上任何话语或语体)只能根据大量文本中反复出现的特征来确定,而且这些特征还要在一段时间里显示其稳定性。"话语"和"语体"的范畴不属于单一的文本,但存在于"社会实践"之中,这是一些与相对稳定和持久的社会生活的特定领域相联系的行为方式(像学校或私人公司这种组织的社会实践)。批评话语分析也同样关注这些不同层次的话语(这是个抽象概念,是社会生活的一个层面)与社会事件和实践的其他因素之间的**关系**,关注这些其他因素是如何被话语塑造并同时又塑造话语的。例如在这个例子中,批评话语分析就会关注"全球主义"话语、推动全球化朝某个特定方向发展的"全球主义"策略、使世界产生物质变革的

导　　言

"全球主义"话语的"实施"以及它们之间的关系。批评话语分析还会关注新的行动和互动方式，新的身份认同，等等。

因此，这种研究方法具有很强的**关系**特征，它并非仅关注话语（或者文本）本身，也关注话语同社会生活其他要素之间的联系。这种研究方法的焦点在于关注随着时间的推移而发生的过程和变革，具体说是关注全球化过程中话语与其他社会要素的关系。这种研究方法的关系特征还体现在：社会变迁可以被设想为各种社会要素之间关系的变迁，这是一种可以把社会要素带进新的关系之中的"再链接（re-articulation）"。例如，全球主义的一种后果是把商业、政府、媒体以及社会生活中其他主要领域间的关系进行再链接。这种关系的变化包括与这些领域相关的各种话语间关系的变化——试想政府如何倾向于以一种"商业"的方式把公众当成消费者而非公民来沟通，或试想商业企业和政府如何利用公共关系并越来越多地通过他们的"沟通"部门"为"媒体提供媒体话语。此外，在某些情况下，至少这些不同领域之间关系的再链接似乎首先发生在话语变迁中，然后才在更为普遍的变迁中发生。最后要说明的一点是，话语与社会生活其他要素的关系具有**辩证**的特征（Fairclough 2001）。也就是说，尽管社会实践中的各种成分彼此不同，一种成分也不能化简为另一种，但是它们并非彼此不相关，其间的界限也并非固定。当话语变迁在更为普遍的变迁中得以实施，话语可以说就"变成了其他的东西"——例如，对一个国家经济的新自由主义式的表述"变成了"新自由主义经济实践，这种转变影响了对金融和投资流动的管控。我们可以说话语被内化于实践之中（Harvey 1996），就像一个新汽车发动机的设计被内化于发动机之中并以发动机实物的样貌呈现出来。这些关于批评话语分析各个方面的简要介绍将在第二章中详细阐述。

在这本书中，"话语"一词与它的普遍用法一样，有两种不同的意义，这可能会产生混乱。在上文中这两种意义我都用到了。"话语"用作"抽象名词"（不可做复数名词，在英语中没有定冠词或不定冠词），表示

13

我们所称之的"符号"（包括语言和其他符号形式）是"社会"的一个部分或一个层面——抽象名词以一种很抽象的方式被使用。"话语"还可用作"具体名词"（英语中用不定冠词修饰，如"一个话语"，也可做复数名词，如不同的"多个话语"），表示再现世界不同方面的特定方式（如不同的政治话语：自由主义话语、社会民主主义话语、马克思主义话语等等）。

方法论

这里我要谈谈从语言角度分析全球化诸多方面的方法。我认为所谓"方法论"就是我们在探讨"全球化""全球化和语言"等研究课题时为达到"研究目标"而采取的路径（Bourdieu and Wacquant 1992），或是以理论上系统和连贯的方式解决问题的路径；我们或许可以说，就是使课题变得可以研究的办法。对于任何特定的研究课题而言，有许多不同的研究方法。因此，开发一种适合特定理论和实践关切以及研究目标的研究方法成为必要。这涉及研究课题所需的一系列特定的理论视角、范畴和分析方法，而具体选择哪些则要根据更广泛的关切和目标确定。这里没有什么正确的答案，只能依靠我们学界的同事和学生，或许还有在现实世界中工作的人（比如政治家或活动家）告诉我们这些特定的研究方法是否富有成效或者有用——用我之前的话来说就是，看它们是否可以"满足实际需要"。

正像我已经指出的，批评话语分析在我的研究方法论中占据了核心地位。但是批评话语分析本身已经发展成（其不同的研究方法也有不同的发展方式）由不同学科的理论观点、范畴和方法构成的综合体，包括语言学、社会学、政治学、哲学等学科（Fairclough and Wodak 1997, Chouliaraki and Fairclough 1999）。因此，任何一个基于语言研究的批评话语分析研究方法实际上已经趋向社会科学中的某些理论立场、关注点和分析方法。我采取的是"超学科的（transdisciplinarity）"研究方法（Fairclough 2003），这是一种跨学科视角（interdisciplinarity），在不同学科和理论之间建立对话，并通过对话让彼此易于作出适当的调整，最终将它们整合到一起研究同一课题。因此，我在本书中使用的批评话语分析方法是一个特定的、带有前期研究成果痕迹的综合体，因为在前期研究中我已经吸收了来自不同学科的理论思想和范畴。基于这些前期研究，本书将进一步对研究方法进行整合，包括从批评话语分析和"政治经济学"的整合视角研究"全球化和语言"这一课题。政治经济学不同于传统经济学，它坚持认为经济的过程、关系和制度均有其政治前提。我现在关注的是其中一个称为"文化政治经济学"的分支（Jessop 2004, Jessop and Sum 2001），它更进一步认为经济必然嵌入包括文化和话语在内的其他社会领域（并以这些领域为条件）。它还声称话语可以（在某些条件下）对作为物质现实的政治经济产生因果效应，即有助于促成社会构建的形成。我会在第二章更为全面地阐释"文化政治经济学"，并解释我选择它作为研究方法的理由。对研究方法论的总体关切是为了在文化政治经济学对全球化的研究中获得一个更令人满意的处理话语的方法。

既然谈到了方法论，我还想更简洁地阐明我的本体论和认识论立场。从本体论角度看，我采用的是一个声称社会关系和"客体"（如经济制度、国家、管理或治理实践）具有物质性的批判现实主义的版本（Fairclough et al. 2004），这种物质性不以事实或人们对其认识的性质为条件，而是体现在这些社会关系和"客体"的社会建构和相互构建之中，对此话语起到一定的作用。从认识论角度看，我拒绝接受实证主义者关于经济和社会事实的说法，因为他们把社会构建和话语构建排除在外；我也同样拒绝接受唯意志论者关于话语分析的说法，因为它们没有意识到具有社会建构特征的话语受到某些非话语条件的制约。我所提倡的研究方法，强调的是包括话语在内的社会各要素之间关系的辩证性特征。

结　　语

我在"导言"部分所阐述的主旨归纳起来有以下几点：
- 全球化在某种程度上是一个话语过程，涉及不同的语体和话语。
- 很容易混淆实际过程中的全球化和话语中的全球化，而弄清这两点至关重要。
- 正因为全球化具有非常重要的话语特征，因此分析话语同其他与全球化变革相关的要素之间的关系也很重要，这其中包括话语对物质世界变革所起到的建构作用。
- 批评话语分析把话语与其他社会要素之间的关系视作一种辩证关系，成为进行相关研究的一种有价值的资源。其中一个优势在于它可以把文本分析和关于全球化的社会分析整合起来。
- 我采取超学科方法对全球化进行研究。我将把批评话语分析同"文化政治经济学"相联系，目的是在文化政治经济学对全球化的研究中获得一个更令人满意的处理话语的方法。
- 在关于全球化研究的争论中大体上辨别出不同的"声音"是有用的。我区分了来自学术分析、政府机构、非政府机构、媒体以及日常生活中的人这五种声音。

第一章
学术文献述评

有关全球化的学术文献很多,而且数量还在增长。在这些文献中,客观主义、修辞主义、意识形态主义和社会建构主义四个立场认为话语是全球化的一个因素或一个方面。在这一章,我将首先对这四个立场进行初步区分。**客观主义**(objectivist)立场简单地将全球化视为客观事实,而话语既可以使这一事实清晰,也可以使其模糊,可以再现它,也可以误现它。**修辞主义**(rhetoricist)立场专注于研究诸如政治家等群体如何利用各种全球化话语说服公众接受某些(有时令人难以容忍的)政策。**意识形态主义**(ideologist)立场专注于研究特定的全球化话语如何系统地推动某一特定全球秩序的合法化,而这一全球秩序包含国与国之间以及国家内部存在的权力不对称关系。最后,**社会建构主义**(social constructivist)立场通常承认社会生活的社会建构特征,尤其是认可全球化形式的社会建构特征,并且认为话语在社会建构过程中可能存在显著的因果效应。

之后,我将更为详细地讨论一些采纳社会建构主义观点的著作,这种观点我已在"导言"中有所论及。一方面,我将把现有文献用作产生话语思想和研究方法的源泉,并讨论这些文献如何拓展关于全球化的当代话语范围,另一方面,我将论证话语作为全球化的一个方面,其重要性总体上还没有得到充分的重视,因而需要更为系统地加以论述。关于这一内容,我将在第二章中向读者介绍我自己的观点。

全球化话语：四种立场

在有关全球化的学术文献中，对研究路径的分类有许多（Held *et al.* 1999，Hay and Marsh 2000，Cameron and Palan 2004）。由于我特别关注那些倾向于话语的分类，因此在这一部分，我将首先简要总结赫尔德等人（Held *et al.* 1999）在更广泛的基础上区分出的三种观点，即"超全球主义""怀疑论"和"转型主义"。超全球主义者将全球化等同于一个单一的全球市场，它正在取代民族国家成为主要的经济和政治单位。一些人（新自由主义者）认为这是人类的积极进步，而其他人（激进派和新马克思主义者）则消极地认为这是全球资本主义的胜利。另一方面，怀疑论者认为，当代经济独立性的程度并非新鲜，19世纪后期，全球经济一体化的程度比现在高，而现在的证据表明当今不是全球化，而是体现为（以欧洲、东亚和北美为主的三大经济体的）区域化，同时也显示出民族国家的持续经济力量。转型主义者同意超全球化主义者的观点，即当代全球化史无前例，但是他们认为当代全球化比出现一个全球市场要更复杂，维度也更多（例如，政治、文化、军事以及经济维度），而且，虽然民族国家的性质（以及其他许多方面）发生了根本性变化，但它们并没有被取代，全球化的结果是偶然且不可预测的。

如此对高度多样化的文献进行非常笼统的分类显示出一些主要的争议点。一个争议是全球化是否导致了民族国家这一主要的经济和政治单位的终结。另一个争议是全球化是否是过去几十年特有的现象，抑或是几个世纪以来的周期性现象。第三个争议是全球化是否主要是一种经济现象，抑或是一组多领域（经济、政治、文化、军事、生态）的现象，尽管这些现象之间相互联系，但本质上却又是自发的。第四个争议是全球化是否趋于同质化，或者相反，全球化与其囊括的各种现象所呈现的多样性相吻合。

我在本章开篇区分了客观主义、修辞主义、意识形态主义和社会建构主义这四个认为话语是全球化一个方面的立场；这四大立场和超全球主义、怀疑论和转型主义三种观点之间并不直接匹配。然而，超全球主义者有成为客观主义者的倾向；怀疑论者倾向于采纳修辞主义或意识形态主义的立场，而社会建构主义立场则有可能在转型主义者中变得更为突出。但需要强调的是，这些只是大致存在的关联而已。

客观主义立场

我之所以使用"客观主义"这一术语（Bourdieu and Wacquant 1992：7—9），是因为那些采用这一立场的人简单地将全球化视为真实世界中的客观过程，而描述客观过程是社会科学家的任务。客观主义者并不认为全球化也存在明显的"主观"方面，这和罗伯逊的观点形成对照。例如，罗伯逊（Robertson 1992：8）认为全球化既是"世界的压缩"（"客观"），同时也是"将世界视为一个整体这种意识的强化"（"主观"）。认识到话语是全球化的一个方面即是谈论全球化"主观"方面的一种方式——毕竟，关于世界的意识也是对世界的再现，因此也是话语。

客观主义的一个精致的例子是我曾提及的赫尔德等人（Held *et al.* 1999）有影响力的著作。这并不是说他们对全球化的描述中完全没有提及话语。例如，他们提到了"全球化的流行辞令"（Held *et al.* 1999：1），并在学术文献中将全球化看作是一种"分析构成"和"历史叙事"（这两者都隐含着学术理论分析的话语特征）。然而，当他们提出分析框架时（Held *et al.* 1999：14—16），话语并未被看作是全球化的一个方面，而且，整本书也没有认识到话语是全球化的一个重要方面。

例如，下面是他们定义全球化的一种方式（1999：16）：

> 全球化是一个（或一套）过程，它体现出在社会关系和交易的空间组织方面发生的一种转变，并生成跨洲或跨区域的流动以及活动、互动和权力实施的网络。评估这种变化的方面包括广度、强度、速度和影响力。

全球化在这里以客观主义的方式被定义为（仅是）"一套过程"，而且其"导言"第一页的开篇评论也表示，如果话语妨碍对这些过程进行科学的社会分析，全球化则"面临成为陈词滥调的危险：这个重大思想包含了方方面面"，而且，"虽然全球化的流行辞令可能会捕捉到当今时代精神的各个方面，但是，如果全球化由分析生成，那么，在探索如何清晰理解对日常生活中社会-政治现实具有塑造作用的历史力量方面，全球化是否具有更大价值，这在学术界正引发一种争论"。虽然"将世界视为一个整体这种意识"对罗伯逊来说是全球化不可或缺的一部分，我们发现他的论述有一个泾渭分明的区分：一边是"流行辞令"和"时代精神"（可能包含"将世界视为一个整体这种意识"），另一方面是社会科学家理解真实（客观）过程如何被再现的"分析概念"。

修辞主义立场

一般来讲，专注于修辞的人关心全球化的再现方式如何在特定的论辩中被用来支持行动和政策并使其合法化。这方面的一个例子是海和罗莎蒙德（Hay and Rosamond 2002），他们宣称"有大量证据表明，活动者采用特定的全球化修辞手段试图证明某些通常令人难以接受的社会和经济改革存在合理性"。例如，全球化经常被赋予"不可协商的外部经济约束"含义，而这种约束对个别国家却"符合对市场的放松管制"，正如托尼·布莱尔（Tony Blair）所言，"新工党经济政策的关键是承认英国……（不得不）在日益国际化的市场地位中展开竞争"（1996年在德国工业联合会的演讲）。实际上，"国际市场地位"是一种预设，正如对在这一"市场地位"中主动展开竞争的国家（这里指英国）优先的后续政策是一种预设一样。随之而来的"令人不快的"改革包括减少福利体系的"安全网"。

实际上，海和罗莎蒙德将"全球化话语"与"全球化修辞"区分开了。前者指的是"全球化已经成为提供认知过滤器、框架或概念透镜或范式的途径，社会、政治和经济发展可通过这种方式进行排列并使其易于理解"。这里关注的重点是全球化对人们可用的"话语资源库"的影响。相比之下,"全球化修辞"指的是"这些话语的策略性和说服性运用……,以使特定行动方针合法化"。作者继续表明,欧盟主要国家(法国、德国和英国)之间在全球化修辞方面存在着有趣的差异,英国在国内和在欧洲以及在国际上也有类似修辞上的差异:在国内和欧洲全球化被表述为一种必然趋势,而在国际上全球化被表述为有可能出现且需要保护以免受阻。

请注意,他们视"全球化为话语"是基于全球化对界定(以及改变)现有话语库所产生的影响。针对"全球化自身的影响"与"对全球化通常的建构进行内化产生的影响"之间的区别,作者进行了讨论,并且认为,决策者"完全可能会做点事……以产生某些结果",这些结果与其内化的话语保持一致,且"忽略其真实性"。这指向了社会建构主义者的观点,即话语可与产生真实全球化过程的因果过程密切相关,但是该文并未清晰阐明这种立场,这也不是该文的主要焦点。

意识形态主义立场

专注于意识形态的人在一个更系统的层面关注话语如何帮助实现并维持某些策略和实践的主导或霸权地位,关注提倡这些策略和实践且自身利益从中受益的社会活动者的主导或霸权地位。斯蒂格(Steger 2005)对此有所论述。

斯蒂格把全球化看作是一套物质过程,也是"在公共领域传播的一系列思想体系,这些思想或多或少是一连串试图定义、描述和评估这些过程的故事"。这些"故事"中最有影响的是斯蒂格所说的"全球主义"(我在"导言"中曾简要提及)。这是一个有关新自由主义的故事,它将全球化看作或简化为新自由主义者倡导的"自由市场"在全球范围内的传播(我将在第三章更为全面地讨论全球主义作为一种话语的问题,这种话语构成了强势政府及非政府机构所追求的部分策略)。全球主义在里克尔(Ricoeur 1986)看来是一个极具争议的术语,是一种意识形态,它扭曲了事实(全球化不能简化为"自由市场"），使有权力的社会活动者的行为和政策合法化，并有助于增强"个人和集体身份聚集在一起"所产生的综合效应。因此，借用葛兰西的术语（Gramsci 1971），它是一种霸权意识形态（hegemonic ideology），因其不断受到挑战，所以有人（Gray 1999；Saul 2005）断定它业已成为一种霸权意识形态。所谓霸权意识形态即是一种超越社会群体、社会领域和国界，在一定程度上被广泛认可或至少被默许的意识形态。

作为全球化一个方面的话语具有意识形态特征，专注于此的人由于对意识形态的理解存在差异，在对意识形态是否是社会建构的一个重要方面的认识上存在分歧。对某些人来说，引人注目的是意识形态的扭曲效应，意识形态对全球化现实产生一种"虚假意识"，但对改变现实却漠不关心。不过，斯蒂格确实认为全球主义的霸权地位正在产生真正的影响，并且正在改变全球化的特征。他谈到巴特勒（Butler 1996: 112）的观察，即不断重复、公开背诵和"表演"意识形态的核心主张往往有可能使他们宣称的事件发生。

社会建构主义立场

最后，**社会建构主义立场**更加清楚地强调社会现实的社会建构特征，以及话语在社会建构中的重要性。我应该清楚地表明，我在这里讨论的并不是作为一种特殊哲学的"社会建构主义"（Gergen 1999）。这种社会建构主义"以其强有力的形式宣称知识的对象或指称只不过是社会建构而已"（Sayer 2000），这就意味着，现实没有独立于我们对其认识的属性（我们是否了解它们，或者我们如何再现它们）。对社会现实的社会建构特征的认识常见于社会科学中的许多立场之中，并且它通常与现实主义相一致（Sayer 2000）。正如我在"导言"中所解释的那样，我在本书中采用现实主义这个版本。

如我已经指出的那样，在关于话语是全球化的一个方面这个问题上主要采纳其他立场的人中，也有某种共识，认为话语对全球化的社会建构具有重要作用，这表明学术研究往往需要多种立场的组合。对此，卡梅伦和帕兰（Cameron and Palan 2004）也指出，即使是一些"客观主义"的文献也隐约地承认全球化是话语建构的，那些仅用来描述全球化事实的学术叙述也被用来支撑为全球化变革所做的鼓动，如赫尔德等人（Held *et al.* 1999）的学术研究对"世界主义民主（cosmopolitan democracy）"鼓动的支撑。然而，我将关注那些认为话语在全球化的社会建构中具有重要意义的研究人员。

全球化社会建构中的话语：选择性评论

卡梅伦和帕兰（Cameron and Palan 2004）认为，关于全球化的叙述对全球化的实际过程和机构具有建构性影响。对于很多人而言，可行且可信任的叙述引导他们将其时间、精力、金钱和其他资源投进这些叙述所展现的想象中的未来，而且这些叙述通过在叙述中对投资（广泛意义上的"投资"）进行承诺，可以把投资变成现实。（这让人联想起布尔迪厄和瓦康（Bourdieu and Wacquant 2001）的观点，即新自由主义话语"被赋予施为力，可以实现它宣称所能描述的事实"。）这里存在两个重要的附带条件。首先，并不是每一个叙述对人们来说都是合理的，而且叙述要受"现实检验"的支配（Cameron and Palan 2004：8）。卡梅伦和帕兰并没有完全说清楚他们在这一问题上的立场，这里给出的建议是，叙述若要被看作是合理的，且被人们接受并投资，则需要与人们对真实世界的经验产生共鸣（Fairclough *et al.* 2004）。这是对强式社会建构主义的纠正，因为它表明，不仅叙述，既使是通过实际参与日常生活而体会到的现实世界的"不及物"属性（即独立于我们的理论或叙述或话语而存在的属性），对世界的真实变化也存在因果效应。

第二个限制条件是，"通过试图提出一种理论而最终产生……的'现实'可能与（人们）实际预测和期待出现的现实没有什么相似之处"，尽管如此，"理论和观念必须被认为是存在于我们所目睹的变化中的重要诱发因素"（Fairclough et al. 2004：4）。虽然这是一个较为重要的问题，但两位作者仍然没有详细说明，也没有阐释清楚。如果我们将因果关系视为一种非单一因果关系的复杂关系，即变化总是多种原因的结果，那么我们可以把这个问题说得清楚一些（Fairclough et al. 2004）。诱发因素可能包括带有某些策略的叙述，这些策略以某种方式导引变革，然而，拒绝单一因果关系就意味着这些策略会产生意想不到的后果。现实世界的不及物特性，包括它的结构特征、结构和制度的惯性、个体和集体社会行动者的现有身份等等，也是现实世界变化方式的诱发因素。在以上这些针对卡梅伦和帕兰的评论中，我预先提出了我自己研究路径的一些方面，稍后我将详细阐述。

卡梅伦和帕兰提出了一个观点，这一观点与我在"导言"中所说的类似，即对不同程度参与全球化的社会机构和社会活动者加以区分是重要的。具体而言，他们认为对于学者来说不太合理的全球化叙述，可能对参与全球化过程的商人、政治家以及其他实际的社会活动者和机构而言是非常合理的。这样，在后一种叙述中，最有影响力的叙述就是赫尔德等人所称的"超全球主义"叙述，用我的话来说就是"客观主义"，特别是在形式上这种叙述对于大多数学者来说是无法想像的粗糙。在斯蒂格看来，"全球主义"是其中最有影响力的。而且，正是这些叙述和话语对真正的变化影响最大。

卡梅伦和帕兰如此给出他们自己对全球化的叙述，即全球化被表述为三种不同的"想象"的（以及部分已实现的、机构化的）经济和"空间体"之间的相互联系："海外""私有"和"反"经济。这些都是分等级的，因为"海外"（或"全球"）经济对另外两种经济具有很强的规范性内容。"私有经济"也被指定是"竞争状态"，而"反经济"是一种"社会排斥"的空间，与另外两种不同，它处于新兴的全球秩序之外。这些"想象的经济"分别起源于他们自己的叙述，但这种对全球化的"主导意象"或"图解"却是"似非而是，若隐若现"——事实上，关于三者之间相互联系的叙述是卡梅伦和帕兰自己的观点。他们提出的关于全球化（的叙述）和"社会排斥"之间的联系的观点很有趣，我们可以将这三种"经济"相互关联的方式总结如下：国家实施"私有化"，削减其对本国公民的责任，并成为"竞争国家",这种必要性的起因是新自由主义形式的全球化"不可避免",因此"海外"经济中各个国家经济体之间为生存而进行竞争性斗争也"不可避免";国家以"社会排斥"和"包容"政策这一苍白无力的托词为幌子,"无力"解决贫困问题,也是由于竞争国家的一些优先考虑(包括提供竞争性劳动力,但不包括对全球化受害者给予超出限度的关怀)。

杰索普(Jessop 1999,2002)将全球化视为"多中心、多层级、多时间、多形式和多因果过程的超复杂系列",这一系列同时具有结构性和策略性两个时刻(moments)。在结构层面,全球化正在使不同"功能子系统"(经济、法律、政治、教育等)或"生活世界"领域(即体系之外的那些社会生活部分)中行动、组织和机构之间在全球范围的相互依赖逐渐增强(如在空间扩展和/或速度加快方面)。在策略层面,全球化表现为众多行动者试图在全球范围内协调其在生活世界的特定子系统中的活动。话语在全球化社会建构中的作用被纳入杰索普的"策略"层面。在他的理论中,结构和策略(或者更抽象的说是结构和能动)之间存在辩证关系:结构约束但不决定策略;结构由策略产生和再产生;结构可通过策略进行转化。社会机构和社会活动者形成集团,为结构性变革制定出可替换且具有竞争性的策略,特别是在不稳定或危机时期。但是,策略"总是在话语中或通过话语进行阐述的",通过"不同的叙述,通过将当下的问题构建为过去的失败和未来的可能性来赋予这些问题以意义"。

话语和叙述"简化"(哈维(Harvey 1996)称之为"转化"和"凝缩",见 Fairclough and Thomas 2004)经济和政治关系,而后者非常复杂,任何有经济和政治倾向的行动都需要"话语简化",即在什么被包括进来和什么被排除在外之间做出选择,这便是作为"想象"的话语建构。哪些竞争性话语(叙述、想象)以及哪些策略能够成功地确立自己的地位并获得主导和霸权,取决于很多因素。首先是"结构选择性":结构对于某些策略来说要比对其他策略更开放。其次是话语(叙述)的范围和"所及"。例如"全球化"或"知识经济"的话语可被看作是"结点话语(nodal discourses)",它言说许多其他话语(如带有"终身学习""社会排斥""灵活性"等标签的话语)。第三，社会活动者的能力和权力存在差异，在"使信息通达"方面，这些人的策略表现在可接触和控制大众媒体和其他渠道以及网络的传播。第四，话语与人们对世界的体验存在"共鸣"，话语要有动员人员的能量。

话语（和叙述）具有非话语效应。因此，"经济作为监管对象，被看作是一个富有想象力的叙述体系"，"国家体系被当作一个想象的政治实体"，而话语"对经济、政治和其他体系总是带有倾向性的建构，并在其巩固过程中起着关键作用，即塑造其机构的区分形式以及随后的表达方式"。话语可以帮助修饰机构的物质属性，但这并非就意味着经济和国家都"只是话语"。然而，在另一方面，这确实意味着体制的累积和国家的类型是由话语（叙述、想象）与其他（非话语性的构成因素一起）"共同建构"。话语也起到修辞的作用。例如，全球化的新自由主义叙述利用其虚构功能使削减"社会工资"这类不受欢迎的政策合法化。

全球化被认为是社会活动和互动所在"层级"发生的变化，以及这些层级之间关系的变化。它与新层级的出现有关，这不仅指"全球"层级，还包括诸如国际区域经济集团（特别是北美、欧洲和东亚的"三个"区域）层级，以及将不同民族国家的地区整合起来的跨境区域层级。新兴层级是否能够制度化，是否得到规范和治理，视具体的权力技术而定。全球化并不完全与全球层级相关，考虑到特定的子系统（经济、法律等）或子系统组合，它还与全球层级和其他层级以及特定空间实体（民族国家、国家内的区域、城市等）的"再层级化"之间的一套新关系有关。全球层级是"行动的终极"，也是较低层级"行动导向的动因"。层级和层级之间关系的实际变化可以被看作是运用策略成功操作想象的结果，即将想象付诸实施或实践，如此便是话语和叙述。层级不是自然给出的，它们由社会构建而成。

杰索普的分析特别提及新自由主义经济全球化，视其为主导形式，是资本主义固有矛盾的特殊形式，这样便凸显了全球化的结构性矛盾，以及社会活动者必然面临的策略困境。这些策略困境是如何在文本中表现为矛盾和冲突的，这是在后面几章我要讨论的一个主题。

哈维（Harvey 1996）关于全球化的观点基于将空间和时间设想为社会建构体，而且，既然是"**同时构建**"，我们可以用一种聚集方式来谈论"时-空"。对"时-空"进行社会建构也是制图，是测绘，不同的"时-空"依彼此之间的特定关系被建构起来。时空制图的构建与分布在不同时空，且与随时空变化的全部社会实践、社会关系、权力关系、社会身份（如性别）以及价值观同步。因此，时间和空间的社会建构是社区社会生活建设的基本方面；所以，无论是从封建主义向资本主义过渡时期，还是在当代全球化过程中，时空建构的变化同样是社会变革的基本方面。

哈维关于时间和空间社会建构的论述的基础，是话语和其他社会过程中的"时刻"或成分之间关系的辩证理论。他对话语的理论阐释（1996：77—95）极其清晰和精明，这在有关全球化的文献中非常明显。他将话语视为社会过程中六个彼此不同且具辩证关系的时刻之一：话语、权力、信仰和价值观以及欲望、社会关系、习俗和仪式以及物质实践。这种关系是辩证的，即"每一时刻都构成与其他时刻的一种内在关系"，例如，话语"在某种意义上内化了作为其他时刻出现的所有一切"，而"话语效应也弥漫和浸透在其他所有时刻之中"。但是，"内化总是一种转化或变形……而不是一个确切的复制品或完美的模仿"，不同时刻之间总是存在"间隔"，这就是为什么极权主义试图"缝合"社会生活的努力不能完全成功的原因所在。不仅如此，每个时刻在转化其他时刻时都会"内化异质性"，例如信仰、价值和愿望的多样性转化为话语中的异质性，并形成彼此不同、有时相互冲突的话语共存的局面。哈维的辩证理论把过程、流动和关系放在首位，但他认识到流动会结晶成相对的"永久性"，人们可以将其看作是那六个成分的相对稳定的结合体，无论是民族国家，还是城市景观或社会机构，对于居住在那里的人来说，这看起来都是永恒的，不可动摇的。这种永久性很容易（且已经常）导致误导的印象，即看上去似乎是确定的实体之间存在着简单的单一因果关系。如下的口号表述着这种印象："全球化导致广泛的不安全感"，或"新自由主义话语使国家屈从于市场"。

时空话语是时空社会建构及再建构的重要时刻或方面。但作为这些过程的一部分,话语并非空穴来风。我们可以用各种奇特的方式来构建空间和时间,但是,在这些建构和再建构中颇为有效的话语受到我之前提到的"现实检验"的支配,——话语"转化"和"浓缩"(这在本质上是有选择的)社会过程中的其他时刻,以致它们投射到时空制图上的"想象"要以人们在世界上实际经历的空间和时间的真实建构为基础。对时空及其相互联系的新建构本质上拥有一个话语时刻,然而这个话语时刻被转化为其他时刻,被实施于社会关系和权力形式之中,并被制度化、物化和内化于信仰、价值观和愿望之中。话语具备建构性,但不是决定意义上的建构性。用威廉姆斯的话说就是(Williams 1977:37—38):

> 然后,我们没有发现一个具体化的"语言"或"社会",却找到一种活跃的社会语言。这种语言也不仅仅是对"物质现实"的"反映"或"表达"。我们所获得的只不过是通过语言来抓住这一现实;如同实际意识一样,这语言已经浸透在并充斥于包括生产活动在内的所有社会活动之中。

其他有关全球化的文献

关于全球化仍然存在大量文献,其中一些极具影响力,如赫尔德等人(Held *et al.* 1999)通常称为的"变革主义",其倾向于社会生活的社会建构特征,但对话语却提及甚少。汤姆林森(Tomlinson 1999)在这方面是个例子,他的研究涉及全球化和文化。汤姆林森对全球化文化方面的探讨主要集中在"去疆域化(deterritorialization)"这一概念上,表达文化与地域之间的纽带在削弱,以及"全球性文化"的过程,但这一过程完全不等同于同质化"全球文化"的出现。全球范围发生的事件"可能会进一步延伸个人的'现象世界':由于对媒体的实质性依赖,人们'观察日常经历的视野也越来越宽',因而会更常规性地将遥远的事件和过程纳入他们对自己个人生活具有重要意义的事物的看法中"。去疆域化对自我认同具有"矛盾效应",一方面去疆域化将自我认同从特定地点的有限限制中解放出来,另一方面去疆域化破坏因依附于某个特定地点而产生的安全性和确定性。去疆域化往往与文化"混杂"相关,即与"来自不同地域的文化混合"相关联(一个很常见的例子是,随着世界各地食物和菜肴的可接触性和熟悉程度的增加,"饮食文化"也随之变化)。反对专门将混杂性与全球化联系在一起的观点是,混杂性有时意味着最初存在有"纯粹"文化,尽管有人声称文化从来都不是"纯粹的",它们总是受到"混合"的影响,而混杂性也"总是被接受"。然而,目前的混杂程度和规模可以说是前所未有的。尽管如此,还存在两个附带条件。第一,去疆域化与"再疆域化(reterritorialization)"存在辩证联系,即文化混合能够趋于稳定;其次,权力关系可以以某些方式来架构这种混杂,这些方式可使某些文化因素与其他因素相比更为突出。

汤姆林森在形成这一论点时几乎没有提及话语。然而,似乎很清楚的是,话语是文化的去疆域化和再疆域化的一个重要方面。在讨论"媒介"以及在特定"地方"区域的去疆域化过程中所获得的间接和直接经验的组合时,汤姆林森评论道,"远距离视频的经历……不仅在技术决定形式方面具有高度间接性……而且就它所采用的复杂的符号代码集、规范、格式和生产值而言也同样如此",并且他还指出了"媒介的文本特征,如说话方式、叙述策略等"。在这一点上,话语被提及,但其叙述笼统且没有展开。然而,去疆域化(包括电视的影响)肯定会改变我们所说的那些当地人掌握的话语资源"库",例如话语范围(人们对再现世界各个方面的新方式的体验,包括其直接体验到的方面)、语体(互动和沟通的新方式,其中一些可能会变得很常见,如电话交谈、电子邮件、短信等)以及文体(身份的新形式以及身份交流的方式)。人们可以得出两个结论。首先,关于去疆域化,以及一般意义上的全球化的文化方面,还有很多涉及话语的问题没有谈到。其次,鉴于汤姆林森的著作中包含的有关全球化文化方面的洞见具有重大的话语意义（尽管这些内容在他的书中并未进行深入探讨），他对全球化文献的贡献确实对研究作为全球化一个方面的话语具有价值，并使人感兴趣。例如，"话语杂糅（interdiscursive hybridity）"（文本中不同话语和/或语体和/或文体的组合）的类别在批评话语分析（Fairclough 1992, Chouliaraki and Fairclough 1999）中一直很突出，这也表明汤姆林森的见解可以被用在话语分析的研究之中。

有关全球化的学术文献以一种合理而系统的方式将话语纳入其理论和分析之中，但总体来讲，在对待作为全球化一个方面的话语时，并非一定只有这些文献对于开发一个更满意的方案是有价值的；其他文献也包含可能被"转化"为话语分析术语的观点和范畴。另一个例子是鲍曼（Bauman 1998）。鲍曼一开始认为"全球化"是一个"流行字眼"（"越是假装使自己透明，就越变得不透明"），并为自己制定了一个任务，即试图"驱散这一词汇周围的薄雾"。但他的著作主要强调的是与全球化有关的社会分化的新形式，一方面是"全球人士（globals）"，他们自由地漫游世界，享受所有"杂糅"创造的可能事物，却对其原籍（以及祖国）的义务感逐渐减少；另一方面是"地方人士（locals）"，他们被限制在（有时被有效地监禁在）特定地点，如果他们拥有"流动性"，那就是"流浪者"的流动性。该书确实包含了许多有关全球化主流话语的批评性评论（如"流动性"和"灵活性"等术语）。但是，有很多见解都是在没有或很少提及话语的情况下表述的，因而也就谈不上被有效地"转化"成有关话语分析的问题。如果说"全球人士"和"地方人士"如鲍曼所说在地点（空间）和时间上存在不同的关系，那么我们是否可以通过在文本中对空间和时间进行不同和新的再现来展示这一点？如果说"流动性"对"全球人士"和"地方人士"（以及那些"介于两者之间"的人士）具有迥然不同的意义，那么我们如何谈论对这些"移动中"不同类别的人的再现，他们是商人和精英，还是迁徙劳工，抑或难民？如果"全球人士"与"地方人士"的区别越来越大，他们之间的交流形式如何变化,交流的"障碍"又在何处?例如,在"公共领域"进行交流会发生什么?在公共和媒体话语中,鲍曼确认的对"安全"和"犯罪"越来越多的焦虑如何在公共和媒体话语中体现出来?

全球化中的话语:总结

让我总结一下我在学术文献中已经识别出的关于话语与全球化其余几个方面之间关系的主要观点:

- 话语可以再现全球化,为人们提供关于全球化的信息并促进他们对全球化的理解。
- 话语可能会歪曲全球化并使其神秘化,给人以困惑和误导的印象。
- 话语可以修辞性地用来投射一种特定的全球化观点,这种观点可使特定(通常是强大的)社会机构和社会活动者的行动、政策或策略正当化或合法化。
- 话语可以对意识形态的建构、传播和复制做出贡献,这也可以被看作是神秘化的形式,但它对于维持一种特定形式的全球化以及(不平等和不公正的)权力关系具有至关重要的系统性作用。
- 话语可以在寻求变革的策略内生成关于世界将如何或应该如何的想象性再现,这种再现如果成为霸权,可以被操纵以使想象变为现实。

我们不须在这些观点之间进行选择;相反,这些观点都有可取之处。然而,现有文献中普遍缺乏的是一种系统的方法,有了这种方法,我们可以对作为全球化一个方面的话语进行实际分析和理论提升,也可以显示话语的各种效应及这些效应之间的关系,并可以对其进行解释。在第二章中,我将概述一个我希望能够填补这一空白的路径。

第二章
我的研究路径

在本书的导言以及关于批评话语分析和方法论的章节中，我简单谈到过我的研究路径。接下来我要对这一路径进行更为详细系统的解释。正如我在"导言"中指出的那样，探索作为全球化一个方面的话语，采用一个"文化"政治经济学（Jessop 2004, Jessop and Sum 2001）的形式是非常有收获的，这其中便包含了下面我将描述的批评话语分析的版本。因为文化政治经济学是包含批评话语分析的更加宽泛的框架。下面我会先从前者入手，之后再对后者进行解释说明。

文化政治经济学

政治经济学不同于古典经济学，它认为经济制度和经济变革受政治影响并镶嵌于政治之中——它们依赖于政治形式和政治制度，并与其密切相关（Polanyi 1944）。文化政治经济学认为，经济和政治的"客体"是社会建构的。"客体"这个术语在这里意义非常宽泛，包括经济制度、经济组织、劳动分工、国家、管理和治理语体，等等。文化政治经济学也强调这种"客体"的建构有"主观"的一面——在客体的社会构建过程中，不仅"客体"本身被建构，与客体相关联的社会"主体"也被建构出来，即主体和客体的"共同构建"。将人引入这个概念的同时，文化也被带了进来：经济和政治的"客体"也受文化的影响并镶嵌于文化之中。例如，特定的经济制度或国家形式取决于特定的意义、解释、叙述、价值观、态度、身份等等,并与这些因素密切相联。不仅如此,这些社会建构的过程本质上也涉及话语——它们部分地具有话语特性,所建构的"客体"和"主体"在某种程度上即是我们所说的话语的**效应**。

与被再现为发生的事情不同,实际发生的事情,也就是我所说的全球化的实际、真实过程和趋势,是非常复杂的、多样的、不均衡的和多层面的(包括经济、政治、社会、文化、生态等层面)。这个过程和趋势十分复杂,以至于任何人为干预都无法完全掌控。然而,正如任何重大社会变革发生时那样,各种组织会通过制定策略来试图规范、指导和控制这些现实过程中的要素;而且,如果这些策略成功的话,它们可能会影响并部分改变实际全球化的轨迹。这些策略本质上具有话语特性:它们涉及的话语既再现和叙述过去发生的事情,又再现和叙述当下正在发生的事情,包括对先前制度体系失败原因的叙述,而且这些话语还猜想和倡导可替换未来发展的可行性方案以及能够克服现有问题、提供更好未来前景的经济(以及社会、政治、文化)秩序。即使这些策略主要是致力于经济变革,如全球主义策略,但是,我所提及的那些与经济体系、对象和过程相关的非经济的影响和介入因素却意味着,一个策略只有致力于普遍的社会和文化变革才有可能成功。

在迷失发展方向和面临经济危机的情况下,为经济、国家和社会设想各种组织替代形式的话语层出不穷。这种情况曾经出现在20世纪70年代开始的经济危机中,当时出现了对二战后一直处于主导地位的"福特主义"经济体系和与之紧密相联的"凯恩斯主义"(以经济学家约翰·梅纳德·凯恩斯之名命名)福利国家的质疑(Jessop 2002)。正是这种危机为新自由主义和全球主义的出现奏响了序曲,并在一定意义上为其奠定了基础。文化政治经济学的一个核心问题是关于话语的变异、选择和保留,即如何在经济危机时期流传的诸多话语中作出选择,如何将这些选定的话语保留(或制度化)下来,以便能够对实际的经济、政治和社会进程产生建构性影响。可供选择的话语有许多，这并无多大意义。只有那些通过了选择和保留的机制和过程的话语才能对社会（再）建构有所贡献。全球主义话语是如何从众多备选话语中被选中并被保留（制度化）的？——这是一个针对全球主义话语的提问。

当然，我们也要问，全球主义话语是怎样塑造全球化的实际过程和趋势的，换言之，它是如何"被操作"和被实施的。"操作化（operationalization）"的概念使我们认识到话语内部关系以及话语与社会其他要素或时刻之间关系的辩证特征。某个话语被操作，它要以活动和互动的方式被激活，而活动和互动本身部分地具有话语特征，因为它们包括各种语体（交际互动的方式），例如工作、管理、治理或执行政策的方式；话语被操作，还要以存在的方式被培养，不论是以个体身份还是社会身份存在，而存在也部分地具有话语的特征，因为它们包括文体（在具体交流或话语方面而非身体或肉体方面的存在方式），例如工人、企业家、管理者、政治家、教师的身份；话语被操作，还要被物质化于技术、基础设施、体系结构之中。从话语分析的角度看，一个被成功操作的策略构成一个新的话语秩序（Fairclough 1992），即一个新的、包含话语、语体和文体在内的结构化（虽然其结构灵活）的构型。全球主义，新自由主义的全球化，在某种程度上即是这种意义上的一种话语秩序。但是，有一点必须补充，如此因策略被成功操作而形成的主导地位或霸权永远不可能是完整的或最终的，因为实际过程还会继续，既使对这些过程的解释是一种成功的建构，它也会被超越，因为总会有起替代，甚至是相反作用的策略和话语出现，还因为任何成功重构的事实都是矛盾的、易出现危机的事实（Jessop 2004）。

将批评话语分析嵌入文化政治经济学框架内，其优势在于它既能确保我们系统地关注作为全球化一个方面的话语，并以此方式研究全球化这一主题，又能使我们避免关注话语时脱离语境这一危险。说其是危险，是因为这种倾向忽略了一个事实，即话语只能在一定条件下才能在全球化社会建构过程中发挥作用。这些条件并不单单只具有话语特性，它们还有特定社会的结构特点、这些社会的机构特征和历史问题，以及与这些社会中人群的信仰、态度和价值观相关的其他因素。简言之，将批评话语分析与文化政治经济学结合，可以规避真正的危险，使我们在纠正以往研究经常忽略经济、政治、社会系统及过程中的话语方面的问题时，不至于把洗澡水和婴儿一起倒掉，不至于过分强调话语的因果效应，不至于把全球化这样的过程当作纯粹的话语来对待。

作为社会过程时刻的话语

虽然我将批评话语分析嵌入文化政治经济学的框架内，但是，在这本书中我的关注点仍然在话语，我的目的也是展示批评话语分析的一个特定版本对于分析全球化的价值。我希望，通过开发一个让我觉得特别富有成效的批评话语分析的版本，并将其应用于分析，让这本书对文化政治经济学也有所贡献。我将展示的批评话语分析的版本（见 Chouliaraki and Fairclough 1999, Fairclough 2000a, 2000b, Fairclough 2003, Fairclough et al. 2004, Fairclough 2005a, 2005b），比我前面展示的更为详细系统。我已经在"导言"以及上文对文化政治经济学的讨论中引用了一些内容，所以下面的某些内容读者应不会陌生。

和哈维（Harvey 1996）一样，我把话语看作是社会过程的一个成分或"时刻"（"时刻"完全等同于彼此为辩证关系的成分），它与其他"时刻"辩证相关。说时刻之间具有辩证关系，意味着它们虽然彼此有差异而又不能相互还原，但是它们并不是离散的，即它们之间的边界是流动的，彼此之间可相互"流入"。正如哈维所描述的那样，话语"在某种意义上内化了作为其他时刻发生的所有一切"，并且"话语效应也弥漫和浸透在其他所有时刻之中"。因此，当话语的变化被操作之时，话语就可以说"变成了其他东西"，例如，对一个国家的新自由主义式的再现，或为其作的新自由主义设想，有可能"变成"新自由主义的政治经济、各种不同的实践、新的身份以及新的物质现实。

我将在社会分析方面区分出三个抽象程度不同的层次：社会结构（social structures）、社会实践（social practices）和社会事件（social events）。让我们从最具体的社会事件层面开始。我用"事件"这个术语来大致概括社会生活中所有的"发生之事"，即构成哈维所说"社会过程"的所有行为和事情。话语是社会活动的一个时刻，它与其他时刻辩证关联。我们可以用"文本"这个术语来表示社会活动的话语时刻，这不仅仅指书面文本（即日常意义上的"文本"），还包括作为活动成分或时刻的言语，以及复杂的"多模态"式的电视和互联网文本，在此语言与其他符号语体（电影和照片的视觉图像、声音效果、包括面部表情和手势等的"身体语言"，等等）结合使用。因为"文本"与书写的媒介密切关联，所以它并不是一个完美的术语，但它已在这个扩展的意义上广泛使用，也就很难想出一个更恰当的术语。

在最抽象的层面上，社会结构是社会最普遍、最持久的（但仍然仅是相对持久的）特征，作为一种生产方式的资本主义、阶级结构或性别关系体系，都属于此。这里，也有我们可以泛称为符号层面的东西：特定的语言可被看作是一种特殊类型的社会结构。我们可以说，虽然社会结构可以界定什么是可能的（例如，在英语语言中，界定哪些英语句子是可能的、哪些是不可能的），但社会事件是实际发生的事情——二者截然不同，因为并不是所有可能的事情最终都会发生。但是，结构与事件之间的关系，可能发生与实际发生的关系，并不是直接的。这种关系具有**中介**的性质，由"社会实践"充当媒介来调节。

如果社会结构限定了什么可以做或什么会发生，而社会事件是实际完成或发生的事情，那么，社会实践便是在社会生活特定领域一般做事的方式。社会实践是习惯性、仪式化或习俗化的"行动"方式，与特定机构（例如法律或教育）相关，在更具体的层面也与特定的组织（如学校或企业）相关。个人社会实践的例子有面试、教学或购物。实际上，任何机构和组织都不会局限于单一的社会实践，而是具有一个特定的社会实践网络的特征。例如，一所学校不仅是一个教学组织，还包括测试、课程规划和其他管理性实践。社会实践网络中的机构和组织可以被看作是社会结构化中的中间层，没有我说的"社会结构"那么抽象，也更接近实际活动。社会实践也有它们的符号（或话语）时刻，我将之称为"话语秩序"。我们认为，学校这样一个组织的话语秩序具有学校的符号或话语时刻（构成它的社会实践网络的部分）的特征，这个时刻与其他时刻辩证关联。

话语秩序是由话语、语体和文体构成的组合体。在"导言"中我已经简要区分了话语与语体。话语是表达社会生活某些方面或某领域的特定方式，而语体是一种交流的特定活动（相当于人们之间的**互动**）方式。文体是"存在方式"的话语时刻，亦即社会身份或个人身份的话语时刻。一个特定的话语秩序将包括许多不同的话语、不同的语体和不同的文体。它们彼此相互补充（例如，构成实践网络的各个单独的实践可以有自己的语体），它们有可能相互替代，也可能是相互冲突的（例如，某个特定的学校可能包括不同的教学语体，这些教学语体在有些情况下可能是冲突的焦点）。还是以学校为例：一个学校的话语秩序通常包括一系列不同的话语（与所教授的各个科目、对其成员社会实践的期待、学校的管理等等相关），一系列不同的语体（与教学、学校集会、员工会议、课外活动等有关），以及一系列不同的文体（学生、教师、行政和辅导人员、管理人员的不同身份）。由于这是话语的一个"秩序"，而不仅仅是一个资源库，所以这些不同的话语、语体和文体以一种特定的关系铰接在一起。例如，在可选择（彼此冲突的）话语、语体和文体时，其中一种就有可能成为主导，即官方认可并批准的那种。

因此，话语、语体和文体是社会实践和话语秩序层面的范畴。然而，正如我在"导言"中所说，它们在社会事件的层面上也属于文本范畴，这同样也有道理——我们通常可以在特定的文本中识别特定的话语、语体和文体。让我们回顾一下我对社会实践和社会事件的描述，社会实践指事情在相关机构或组织中通常发生或被实施的方式，而社会事件则指事情的实际发生或被实施。即使有关事件完全可以发生在特定机构或组织之中（然而许多事件并不能），在具体事件中实际发生的事情和在机构或组织中通常发生的事情之间的关系也显然是错综复杂的。人们有能力以意料之外或非传统的方式能动地规划事物和开展活动（尽管有时人们以十分传统的方式行事）。这意味着，就对话语的关注而言，文本与话语秩序之间存在较为复杂的关系，文本也不仅仅是话语秩序的具体体现。但这又并不能说明什么。文本依赖于话语的秩序，所以我们大致可以认出那些习惯性的或被机构化的话语、语体和文体；但是，文本与话语秩序的关联可能是通过复杂和非常规的方式实现的，例如，将不同话语秩序中的话语、语体和文体进行混合，将源自同一话语秩序但彼此不同且常规上也不相容的话语、语体和文体进行混合（如学生有时会将学生的话与老师的话混杂在一起）。这就是我所说的文本的"话语杂糅"。

　　批评话语分析对文化政治经济学的一个贡献是对文本的详细分析。确切地讲，这也是对广义的社会科学分析的一个贡献。虽然我们已经看到一些关于全球化的文献以有趣和精细的方式涉及作为全球化一个方面的话语问题，但事实是，在大部分对话语的科学分析中普遍缺乏文本分析的内容。然而，如果我们没有一个方法分析话语在全球化过程中所体现的具体形式，即我以上所说的广义上的文本，那么，我们就无法充分领会话语在全球化过程中充当一个时刻的意义。因此，这本书将包括对具体文本的大量分析。文本分析本身就是一个单独的研究领域，本书无法对其进行系统的介绍。读者可以参阅费尔克劳（Fairclough 2003）的研究；这部著作将文本分析作为批评话语分析的一个要素介绍给社会科学研究者，同时还介绍了关于文本分析其他研究的参考文献。文本在很多层次（从整篇文章到主要章节、段落、句子、短语，再到单个单词）上有非常多的特征，都可以进行分析，而且任何具体的分析都具有高度的选择性。我将重点关注与全球化这个大主题最为相关的那些特征，同时关注从文化政治经济学和批评话语分析的角度进行分析所引发的具体议题和问题。当一些分析范畴第一次出现并被后续分析提及时，我将用黑体字将其标出；分析中的引用主要来自费尔克劳（Fairclough 2003）这本书，我将在每章的结论中对分析的类别作出小结，并在本书"结语"中做一总体归纳。

话语与社会变革

现在让我们把时间和历史考虑进来。社会变革包括社会活动特征的改变、社会实践和社会实践网络的改变，以及（长远来看）社会结构的改变；这些变革同时带来文本特征方面的变化、话语秩序以及（长远来看）语言方面的变化。让我们暂时先不考虑那些（"长远来看的"）社会结构，将关注点集中在社会实践上面，围绕全球化来考虑其余的几个层面。

当一个特定的社会实体（如一个特定的民族国家）被卷入到全球化过程中，我们会看到其机构和组织发生改变，即其社会实践发生变化、其彼此联系发生变化、话语秩序发生变化以及话语、语体和文体发生变化，会出现新的机构、实践以及话语等等。以话语为例，尽管都有出处，新话语仍层出不穷；当人们在与世界的具体接触过程中经历这些话语时，这些新话语会"转化"并选择性地"压缩"社会过程的其他时刻。用威廉姆斯（Williams）的话来说，它们是"通过语言来抓住现实"，或是为了抓住现实而进行的诸多努力，且被证明或多或少地对于现实来说已"实际上够用"了（Sayer 2000）。

但我想采用一种确实体现彼此关系的研究路径。也就是说，我认为机构、组织、实践、话语秩序、话语、语体和文体之间的**关系**变化至关重要。这并不意味着它们不会在内部发生变化，也不是说新的事物不会出现（我刚刚提到这一点），而是意味着它们内部的变化可以被解释为对它们之间关系变化的影响。让我们来考虑全球化的一个特殊方面——西方管理技术和模式的全球化倾向,并让我们关注"新公共管理"。新公共管理是某些私人领域管理模式在公共领域组织中的应用,包括将这些组织当作市场上运作的私有公司来对待,以及把公众当作消费者来对待。这种模式被"再情景化"到某些社会实体中,这实际上是一个复杂的过程,其后果不可预估,我下面要谈到这一点。但让我们暂时将其简单化。新的公共管理本质上涉及社会领域之间关系的变化,一方面是政府,另一方面是私营企业。政府组织在某些方面开始更像私人商业组织。我们可以预测政府组织中社会实践网络的变化,这变化也许在政府官方行事方式和市场运作方式之间出现一些新的铰接(或许是妥协)。在某种程度上,这些铰接可能会是话语秩序的变化:新的市场话语(例如,将公民可能再现为服务的"消费者"的话语)与现行话语之间的关系变化,新的市场语体(例如,与公司"品牌构建"活动相关联的语体)和旧的市场语体之间关系的变化,新的市场文体(例如,经理和"领导者"使用的新文体)和旧文体之间关系的变化。随着社会领域、机构、组织、话语秩序、话语、语体和文体之间的关系发生根本性变化,新机构、新组织、新实践、新话语等等也将应运而生。我以这种非常简明的形式给出例子,其目的非常单一,就是使理论观点更加具体。

让我们回到"再情景化(recontextualization)"的讨论上。当全球化过程影响到某个特定的社会实体(如民族国家)时,该实体的"外部"与"内部"之间就建立了一种关系。这包括存在于该实体"外部"(例如,存在于其他国家或地区)并与其"内部"接触的实践、实践网络、话语秩序、话语、语体和/或文体。外部和内部之间的关系可以被看作是再情景化的关系,外部的东西被再情景化和被重新放置在一个新的环境中。但这里有一个重要的限制条件。再情景化可以被看作是一种辩证关系,即同时包括殖民关系和挪用关系。一方面,外部事物可能会扩展到一个新的空间;另一方面,这是一个预先构建的空间,它有自己的现存实践、话语秩序等等,再情景化可以是一个挪用外部事物的主动过程。对外部事物的接受与否，可能或多或少是被动的，也可能或多或少是主动的，要依具体情况而定。此外，外部事物不是自然流入新的空间，可以说它们是被"携带"进来。更确切地讲，外部事物被再情景化，需要接受方"内部"的社会机构和社会活动者提出有效的策略并被这些策略成功挪用。这让我们回到了杰索普关于话语是策略的要素的观点，并将再情景化置于接受再情景化对象一方社会实体内的策略斗争和权力关系之中。

在许多情况下，社会实践的再情景化在其初始阶段是某个或多个憧憬更广泛社会变革话语的再情景化。只要这些话语被成功的策略所挪用，它们就可能被操作，以新的活动和互动方式被实施，被培养成新的"存在方式"，变成新的个人或社会身份，并被物化在现实世界。我们可以从哈维所设想的话语与社会过程的其他时刻之间的辩证关系角度来看待这些过程。话语被"转换"成社会关系、权力形式、仪式和习俗、信仰和价值观与欲望，以及物质实践。但我需要强调这些再情景化过程的偶然性。社会变革不是单一因果关系的变革，它们涉及各种因果因素和力量之间复杂的相互作用。作为具有诱发力的话语，其对社会变革的影响因各种因素而变化：它们是否被有效的策略所挪用，与现有社会实践和话语秩序的关联程度有多深，与人们社会生活中的实践经验产生怎样的共鸣，是否存在某些经济、政治和文化先决条件（Fairclough *et al.* 2004）。

我们可以将这些关于话语的评论扩展到一般意义的全球化上面。全球化不应被视为一种同质化的过程，也不是（主要来自西方的）社会实践、经济结构和政治结构在全球范围内逐步传播的过程。正如杰索普指出的那样，全球化可以被认为是发生在层级上和层级间关系上的变化，对于民族国家这类的社会-空间实体来说，它们被卷入到"再层级化"的过程，并期望进入全球层级这一"行动的极目之界"。我们可以认为，层级变化确实涉及"外部"实体被再情景化并进入"内部"这个过程，但其中也涉及"内部"对外部话语或其他因素的积极和动态的反应和回应。这个观点不好解释"全球主义"这个强大话语，因为它将全球化建构为一种不断前行的相互协调，特别是对新自由主义自由市场经济而言。事实上，一个更为现实的假设是：再层级化的结果可能非常多样，有很多可能的方法可以调节通向全球层级这一"行动的极目之界"的路径。再情景化可能会导致在社会实践和话语秩序方面出现多种形式的"融合"（Robertson 1992：93—94）形式，比如混合的、杂糅的，本地向着外部主导实践调整的，以及外部主导实践自身出现变体的。

  为使这个相当抽象的讨论更为具体，我将纲要式地简要提及一个例子。卡梅伦和帕兰认为，我们已经看到全球化牵涉到一个关于离岸经济、私有经济以及"反"经济（"社会排斥"空间）之间一套新的想象的/机构化的空间关系集合。这意味着像罗马尼亚这样想通过再层级化来寻求与全球层级（尤其是"全球经济"）接轨的国家，必须自身调节至全球层级这个"视界"，并以此参与新的空间化进程。事实上，在罗马尼亚进入欧盟的大环境下，其目前正在再情景化进来的外部事物就包括（与公立的福利国家相对的）私有化的竞争国家，以及将贫困问题转化为社会排斥问题。"社会排斥"话语已经被挪用进政府战略，并出现在政府内外，转化为政策。但是，在罗马尼亚，过去十年活跃劳动力不断下降，其20%的劳动力是流动劳工，农业劳动力大量膨胀（2001年占劳动人口的42%）；在这种情况下，其加入欧盟后的经济竞争力（预计在2007年）实在令人感到怀疑。不仅如此，在30%的人口根据官方的标准生活在贫困之中的情况下，若想通过抗击"社会排斥"及实现"社会包容"来解决贫困问题及社会剥夺问题，尚不具备策略和话语操作的前提条件。并且一些策略和话语因对该国存在的社会问题的性质认识不充分而被拒绝（Stănculescu and Berevoescu 2004）。政府确保人民的体面（也许是最低）福利标准的义务与其优先提升国家经济竞争力的责任之间的矛盾，使其陷入深深的困境。在这方面，再层级化的问题如何得到解决还不是很明朗。但是我们清楚，关于社会排斥/包容的策略和话语的再情景化绝不是一个简单的过程。我将在第四章更详细地讨论这个例子。

结语：其余几章的主要内容

我在"导言"部分简要描述了本书的框架。在本章的结尾，我来说明一下前文中阐述的研究全球化问题的路径是如何应用于本书其余各章的。

在第三章中，我将讨论全球化策略问题及与之相关的话语问题，重点讨论公共机构的策略，包括政府机构和非政府机构，目的在于确定与不同策略相关的话语的一些范围，并且分析源自这些话语的文本。考虑到全球主义话语已处于国际主导地位，我将对其特别关注。我将对美国政府的一位高级官员的演讲进行文本分析，进而说明支持这一话语的、有权势的社会活动者和机构如何应对变化中的事件和环境，而这种变化对这种话语构成挑战。话语（和策略）的主导地位总是具有偶然性和不稳定性，并且需要不断地维护或重建，文本分析有助于说明这一过程是如何实现的。此外，策略和话语都不是固定不变的：虽然它们可能在一段时间内具有足够的连续性，并被视为相同的策略或话语，但是它们也随着时间的推移和事件及问题的更新而发生变化。像全球主义话语这样的话语可视为一种结点，周围有一串不同的话语与之相连，我将参考全球主义话语与"知识经济"话语之间正在出现的联系，讨论这些话语随时间推移产生的变化。我还会回到有关话语的变异、选择和保留的问题，回到全球主义话语与知识经济话语的铰接赖以被选中、保留和制度化的机制和过程上面。

在第四章，我的关注点从对全球化策略的一般性讨论转向全球化过程，并观察其对一个特定的特殊实体——罗马尼亚这个东欧"后共产主义"国家的影响。无论是国家、城市还是地区，这些特定空间实体的全球化可以被看作是"再层级化"的问题（Jessop 2002），即这些实体被重置于"多个层级"（如国家、地区和本地）之间的关系变化之中，这些变化包括新出现的层级，如欧盟或北美自由贸易区这样的全球层级和"泛地区"层级。罗马尼亚的再层级化涉及一系列特定的策略和话语的再情景

37 化,包括全球主义话语和知识经济话语,但还包括许多源自于欧盟的更被人们关注的策略和话语。该章的一个核心主张是,像罗马尼亚这样一个国家的再层级化,策略和话语的再情景化以及它们被机构化、被操作和实施的过程,本身就是充满问题和令人焦虑的过程。其结果取决于作为再情景化场景的罗马尼亚的具体结构、机构、社会及文化特征,这个过程无法被准确地预测,也不能被精确地管理。为补充对全球主义和知识经济的一般性讨论,我将聚焦两个与罗马尼亚"欧洲化(进入欧洲这个层级)"相关的策略和话语的再情景化过程:一个是与"博洛尼亚进程(Bologna process)"相关的高等教育改革,另一个是抗击"社会排斥"争取"社会包容"的欧盟策略。

第五章将关注媒体和媒介问题。如今的大众传媒是知识、信息、新闻、信仰、价值观和态度的主要传播者,而且政治过程和政治合法化也很大程度上是通过媒体实现的。国际政治经济交流的变化,特别是鲁珀特·默多克(Rupert Murdoch)的新闻集团等强大的跨国公司所主导的全球通信行业的兴起,已成为全球主义策略和话语取得相对成功的重要因素。这些公司通过其直接或间接的影响主宰着国际媒体。它们传播着全球主义的话语、主张和假设,以及价值观、态度和身份;所有这些都在成功实施全球主义的文化条件之列,更何况这些公司与其他商业部门、公共关系行业、政府和其他机构保持着密切关系。在这一章中,我将首先关注第四章的议题,继续以罗马尼亚为例,讨论和说明媒体和媒介在国家层面再层级化过程中的重要性。接下来我将讨论媒体是如何通过构建甚至是抛出一个全球公共领域来帮助构建一个全球层级的,我将提及2001年9月11日对纽约和华盛顿袭击事件的国际报道,包括对布什(G. W. Bush)总统一篇演讲的分析。

第六章关注"自下而上的全球化"(Falk 1999)。和前几章一样,我仍会关注策略,但现在是关注个体或具体地方(如城镇、村庄、地区)的人群使用的策略,他们适应社会变革,从社会变革中获得收益,或抵御其负面影响，他们利用新资源实施地方行动，也利用全球化带来的策略，其中也包括话语（以及语体和文体）。我将讨论当代全球化如何影响体现所谓普遍与特殊之间辩证关系（Harvey 1996）的形式。这包括在特定地点具有地方色彩的行动和斗争如何越来越多地利用在更高层级（例如欧洲或全球层级）使用的一般资源（技术、技能以及话语等），这些资源在地方层级现在也容易获得，它们可以帮助发展和追求策略，但也会模糊社会斗争的独特地域特征；同时也包括在环境问题上（如我的两个案例所示）采取的地方行动如何越来越多地涉及不同层级机构和组织的联盟与结盟，其中包括像绿色和平组织等参与新的"跨国激进主义（transnational activism）"（Tarrow 2005）的全球性组织。

第七章将接着第三章讨论视全球主义话语为一个结点的观点，围绕这个结点群聚着其他其话语，它们随着时间的变化而变化。具体来讲，我将重点讨论全球主义话语与"反恐战争"话语的结合，我们会看到这种结合构成了全球主义策略和话语的重大转变。我将对美国国家安全顾问（时任布什政府的国务卿）康多莉扎·赖斯（Condoleeza Rice）关于美国国家安全战略的演讲进行文本分析，并以此来说明这一转变。我还将讨论"反恐战争"话语，指出其显著的特征。我将参考我在有关全球化的文献梳理（见第一章）时确定的话语与全球化其他方面存在的不同关系，指出这种话语使维护和延续美国全球化或全球主义霸权的策略合法化，因而明显具有意识形态特征。这种话语在言辞上对于说服人们接受对公民自由的限制也是有效的。它同时还具有建设性的作用，包括对安全体制和机构的国际化重组，以及对发展政策与安全政策的融合（Duffield 2001）。

第三章
全球化的多种话语

在本章，我将观察促进全球化的策略，进而讨论有关全球化的话语，重点在包括政府和非政府机构在内的公共机构的策略与话语上面。我的研究方法是基于文化政治经济学就策略问题所形成的理论，即我在第一章和第二章中讨论过的认为策略"总是在话语之中并通过话语来体现"（Jessop 2002）这一观点。本章中，我将确定几个与各种策略相关的话语，并对体现这些话语的文本进行分析。但是，鉴于全球主义策略已处于主导性的国际地位，我将首先重点考虑关于全球化的全球主义话语。20世纪90年代末东亚发生经济崩溃，之后美国副国务卿斯图尔特·艾森施塔特（Stuart Eizenstat）于1999年向民主党领导委员会（Democratic Leadership Council）做了一次演讲，我将据此对全球主义策略进行讨论。根据讨论，我将回答一个问题：这种话语是如何在对其构成严重威胁的各种事件和形势面前再次确立其主导或霸权地位的？换言之，这也是此类话语具有还原力的问题。

理解为什么具有如此规模和权威的话语具有还原力和适应能力，有必要将这些话语看作有其他话语环簇其周围的"结点话语（nodal discourses）"（关于类似概念"主叙事"，见 Jessop 2004）。全球主义话语的还原力因此可以被视作为，在新形势和新挑战引发这簇话语发生变化之时，其仍然保持不变的能力。如此认识这类话语同样有助于理解我将讨论到的另一种重要变化，即全球主义策略和话语与构建"知识经济"的策略以及知识经济话语的汇集。我还将继续探讨第二章提出的文化政治经济学的一个话题,即话语的变异、选择和保留(Fairclough *et al*. 2004, Jessop 2004)问题,探讨全球主义话语以及全球主义话语与知识经济话语的铰接得以被选中、保留并制度化的机制和过程等问题。

全球化的全球主义话语

"全球主义"是一种全球化的话语,它用简化的新自由主义经济的术语再现全球化,并用一种策略转变全球化的实际发展过程,使其向新自由主义经济的方向发展。斯蒂格(Steger 2005)指出了"全球主义"的六大核心主张:

- 全球化是市场的自由化和全球一体化。
- 全球化不可避免且不可逆转。
- 无人可控全球化。
- 全球化使人人受益。
- 全球化推进了民主在世界范围内传播。
- 全球化需要反恐战争。

这些主张有时会在全球主义文本中被明确提出,有时会被一套既定且反复出现的论据所支撑,但有时这些主张也会以假设或预设的形式出现(Fairclough 2003),即这些主张被不假思索地认为是理所当然。第一个主张最关键,它解释了为什么这一特定话语能够在众多选择中脱颖而出并被保留下来这个问题。它与全球主义文本中常常提及或预设的另一个主张相关:资本主义经济最为有效的形式是基于"自由化"的市场,在这样的市场中,贸易以及资本、价格、就业等的流动和投资只受制于市场力,无需国家监管的"干预"。这为将基于新自由主义信条的自由市场资本主义扩展至世界各国的策略提供了佐证。

对这一主张的好感和共鸣来自新自由主义倡导者成功确立起来的二战后社会经济秩序的"事实",特别是市场可以自我调节的"事实"(根据"看不见的手"这个极具争议的理论,市场力会通过"看不见的手"推动经济有效发展(Stiglitz 2002)),以及(有史为据的)国家干预会造成经济下滑且损害经济发展的"事实"。诚然,也存在相反的"事实",如已经显示出没有国家干预的市场会造成混乱和灾难性后果(Polanyi 1944),但20世纪70年代的经济危机过后,强大的社会活动者和机构都不接受这个事实。其原因在于,除了在实际经历中感受到的实际存在的好感,市场自由化也获得了最强大国家(这方面领头的是美国和英国,分别在罗纳德·里根总统和玛格丽特·撒切尔首相的任期内)的支持,获得了颇具影响的政治家和强国有效管控下的国际机构(世界银行、国际货币基金组织、世界贸易组织、经济合作与发展组织等)的支持,以及私企公司和许多其他社会人员和机构的支持。这种支持对于选择、保留和操作有关全球化的全球主义话语至关重要(Falk 1999, DeMartino 2000, Harvey 2005)。

斯蒂格把全球主义描述为一类"故事"(或叙事),一种话语和一种意识形态。"意识形态"这一术语并非不恰当:全球主义主张市场可以在没有外部干预的情况下友好运作,因而它被认为已经为世界上最强大国家(特别是美国)的公司采取无限制和高利润行动创造出了空间。然而,20世纪90年代末东亚、拉丁美洲和俄罗斯发生的经济危机已经证明这种观点是错误的。在这个意义上,全球主义可被视作一种意识形态,它为巩固权力和财富的不对称以及扩大这种不对称提供了合法性和掩盖。而且,即使有些人认为全球主义的鼎盛时期是在20世纪90年代中期,自那时以后便开始衰退(Saul 2005),但全球主义策略和话语仍在证明其拥有还原力,能够在不进行重大改变的情况下对监管做出些许让步。在欧盟内部,全球主义也取得一些影响,尽管欧盟一直致力于构建某种形式的欧洲社会模式(或许是"现代化的"和相当弱化的形式)。

从认识论方面讲，话语是抽象实体（如社会实践网络中话语秩序的要素，见第二章），它形成于时间轴上的不断重复和再现以及空间轴上的各种社会场所；然而，从本体论上讲，话语出现在特定的文本形式之中（Fairclough et al. 2004）。我在第二章中论述过，批评话语分析对（文化）政治经济分析可以做出的贡献之一就是其提供了分析文本的方法，这些方法阐释了它们对理解策略、话语以及这些策略和话语被操作和实施的贡献，对理解策略和话语被再情景化到不同地方（如国家、地区）和社会生活不同领域中的贡献，以及对理解策略和话语随不断变化的事件和形势而变化的贡献（Fairclough 1992, 2003）。然而，批评话语分析本身无法告知我们哪些文本在话语对社会生活方方面面的建构是重要的，这需要在分析中考虑体制和历史的形式。

我将以美国副国务卿斯图尔特·艾森施塔特的一篇演讲（Eizenstat 1999）为例，来展示文本分析可以做出的贡献。这篇演讲的意义和影响源自演讲人以及全球主义出现危机这一背景（该演讲发表于20世纪90年代末经济危机爆发之后，因而演讲是以此为背景并涉及这个主题的）；艾森施塔特也承认，这个演讲是美国政府在他们所支持的策略受到威胁时，做出的一个回应危机的举动。

我将要分析的文本是一篇新闻稿，它包括该演讲的概要及所附的演讲全文。其主要语体是**认识性论证**（epistemic argumentation，关于什么是事实或什么不是事实——发生了什么、情况是什么，等等这些认识性主张的论证）和**规范性论证**（normative argumentation，关于什么（不）应该发生或什么（不）应该做的规范性主张的论证），而且整篇演讲稿的基本结构是从认识性论证走向规范性论证。整个论证的要旨是，当时的危机动摇了对"经济自由化"的信心，因而对美国的策略构成了威胁；必须认识到"全球化"有"不可否认的风险"，必须制定避免和减缓这些风险的政策，而各国必须"坚持经济改革和贸易自由化"，换言之，必须坚持全球主义策略。艾森施塔特宣称，这场危机的"爆发不是因为制定了这些政策"

（促进增长，贸易自由化和以自由市场为主），而是因为受到严重影响的各国没有实施这些政策，或实施这些政策较为软弱。

我首先说明的是，这是一篇全球主义的演讲。艾森施塔特在演讲的开始就宣称，美国外交政策已从"牵制共产主义的传播"直接调整为"利用全球化的力量来使民主和自由市场资本主义在全球范围内得到国际社会的支持"。如此将全球主义策略表述为将全球化引向全球自由市场资本主义，其坦率程度令人吃惊。这段引文暗示了一个区分，一方面是作为一组"力量"的全球化，另一方面是"利用"这些力量的策略和政策。但在整篇演讲中，这个区别又被混淆，这对全球主义者将全球化简化为全球主义的倾向是一个诠释。例如，为了能够清楚地理解演讲稿中的下面这段话，我们需要把"全球化"与"经济自由化"等同起来（黑体为我所加）：

> 总之，这场金融危机加剧了发展中国家的担忧，也会刺激人们对**全球化**的强烈抵制。实际上，世界将**经济自由化**作为经济和政治发展模式的乐观理念在两年前就已经受到了挑战。

我们可以说这两个（黑体）表达方式被"文本编织"在一个文本中，形成一种**等价关系**（relation of equivalence），这也是作为文本过程的一个**分类**（classification）的例子（Fairclough 2003）。而令人担忧的"强烈抵制"显然不是反对"全球化"（的力量），而是反对"经济自由化"的策略。

这种混淆在下句中也很明显：

> 世界决不能诉诸保护主义措施去徒劳地阻止全球化，我们也不能忽视全球化固有的风险。

这一论点中有两个规范性主张（"世界不能诉诸保护主义措施""我们不能忽视全球化固有的风险"）。支撑这两个主张的含蓄条件是，就前者而言，"世界会诉诸保护主义措施"以及"任何阻止全球化的努力都是徒劳的";就后者而言,"全球化本身具有风险"。此外,这个论点具有**对话性**(dialogical),因为它对反对者所设想的论点(诸如"世界应该诉诸保护主义措施来阻止全球化,因为全球化是危险的")作出了回应,在承认全球化是危险的这个前提条件的同时,反驳其主要观点。但这是一个**谬论**(van Eemeren and Grootendorst 1992, 2004),因为这个论点所暗指的反对者的立场("世界应该诉诸保护主义措施来阻止全球化")并非是反对全球主义者的真正立场:人们提倡保护主义措施是要反对全球主义的策略和政策,而非反对全球化;而经济危机证明了全球主义是危险的,而非全球化。尽管阻止全球化"力量"的努力可能是徒劳的,但"全球主义"仅仅是一种策略,而非一种"力量",因而是不可以被阻止的。值得注意的是,演讲中其他地方暗示出"风险"的确来自全球主义:"克林顿政府……支持经济开放和经济自由化……同时努力减少它带来的困难因素"。总之,我们在这个演讲中看到的是混淆和简化,也可以说是含糊不清,这便是典型的全球主义话语。

这篇演讲还包括了斯蒂格确认的其他全球主义观点,例如,"全球化"使人人受益("无论采取什么措施,全球化对于美国和全世界来说是有百利而无一害。在一个全球化程度和相互依赖程度越来越高的经济中,追求繁荣的对立面就是零和博弈");全球化不可避免且不可逆转("全球化是我们生活中不可避免的部分。我们无法阻止全球化,就像我们无法阻止海浪拍击海岸");以及全球化加强了民主。鉴于全球化与全球主义极易混淆,这些关于全球化的表面上的观点常被错误地当作全球主义的观点。

我下面将视线转向艾森施塔特对亚洲危机的描述:

> 然而,当今的全球经济危机有力地证明,影响国家和民族的全球力量也同样对我们已取得的成就造成真正的挑战。
>
> 资本的快速流入曾经极大地刺激了亚洲经济的增速,但当国内外市场信心缺失时,资本发生逆转,导致严重的经济衰退。与1997年的水平相比,在印度尼西亚,去年的实际GDP下降15%左右,在泰国,下降8%以上,

在韩国下降 7%。

受经济危机严重影响的许多国家都缺乏完善的金融体系,都需要合法和管制性的架构以确保资本流入到生产力最有效的地方。

过度的私人短期外币借款使得经济体更无法适应情绪的快速转变。任用亲信、腐败以及缺乏金融透明度导致了一系列不良投资以及银行力量弱化。这场危机暴露了弱点,也改变了对未来增长预期的认识,同时增加了投资者的不确定感和恐慌,导致金融不稳定,最终导致经济衰退。

最初在泰国发生的货币危机迅速演变为经济和政治危机,并快速蔓延至东亚其他国家,随后蔓延至俄罗斯,现在蔓延至拉丁美洲。

这里包含了对这场危机的**叙述**和**解释**——是不同语体的混合,也是对"话语杂糅"的示例(见第二章)。叙述的第一部分出现在第二段,特别是第一句,那是对一系列复杂事件进行了高度压缩后的叙述。这句话可以被更清晰地写成:资本快速流入,这有助于刺激亚洲经济增速,但是,在此之后国内外市场失去了信心,流动发生了逆转,由于出现了逆转,结果出现了严重的经济衰退。第二段的第二句对"严重的经济衰退"进行了详尽说明并给出了具体实例。第三段和第四段对第二段叙述的事件作出了基本解释,但两段都包含叙述成分。最后一段将叙述范围扩展至经济危机的扩散以及向世界各地蔓延的过程。

这场经济危机被认为是受其影响的国家软弱无力而导致的结果。如此归咎责任,可以通过观察其在这里再现施事者和责任的方式看得更清楚些。在第二段的叙述中,资本的"流入"与资本的"逆转"被再现为没有施事者的过程。将资本带入这些国家的施事者或机构没有被明示出来,只有"流入"这个由施事者或机构将资本带入的动作(毕竟一定是有人做过什么事)被**名词化**(Fairclough 2003: 143—144, 220)为"流入"这一名词。这样,一个动作就被转化为一种具体化的事件。资本的"流入"后来被"逆转"。这是一种奇怪且令人迷惑的表述,如果被再现为两个负责任的施事者发出的两个活动,则更为清晰明朗,例如"金融机构 A、B……

将资本带入国家甲、乙……，随后又将资本移出"。从语法上讲，**不及物**动词（逆转）再现了一个**及物**动作（某个施事者发出动作作用于这里所说的实体，即资本；关于及物性的论述，参见 Fairclough 2003: 142），并将"资本的快速流入"（另一及物动作的具体名词化）作为这个及物动作的主语。简言之，资本如此快速流动并导致灾难性后果，这是谁操纵的？谁对此负责？对此，这个演讲没有说明。

如果我们看第四段的前两句，我们会再次发现将动作（"过度的私人短期外币借贷""不良投资"）以及各种行为（"任用亲信""腐败""金融缺乏透明度"）名词化的现象。然而与第二段不同，在这里，这些具体化的动作和行为通过使用**评价性形容词**（"过度的""不良"），或使用有否定含义的名词（"任用亲信""腐败""缺乏"），被负面地**评价**（Fairclough 2003: 215, 171—190）。

正如我们可以根据社会背景知识以及上下文关系，为第二段找出更为清晰地描述动作及其施事者的方法，我们在这里也可以**推断**（Verschueren 1999: 25—37）此案例中未被明示的施事者或机构就在相关国家内部，因此任用亲信、滋生腐败的就是这些"当地人"，而对我们推断出的动作负责的却是那些外部投资者或机构，它们在第二段中以中性词语被评价和再现。这样，受危机影响国家的人们变成了被责难的对象。

有人会认为艾森施塔特在对事件的表述中让外部投资者轻而易举地摆脱了责任。文中只明确提到过一次"投资者"（"投资者的不确定感和恐慌"），而这的确让责任得到了些许平衡，因为"恐慌"是不好的，其一旦出现就会引起人们应当受到谴责的反应。但值得注意的是，尽管内部施事者或机构的行动或表现（不佳），投资者只是表现出各种情感（以及"不确定感和恐慌"，他们"失去信心"，我们可以推断发生转变的是投资者的"情绪"，发生变化的是他们的"看法"。关于"过程类型"的讨论，见 Fairclough 2003, Halliday 1994, van Leeuwen 1995）。总之，外部投资者的行动和反应被再现为是相对友好的（以及也许是"可以理解的"）。

最后我来谈谈全球主义话语是如何在对感知的失败和失去信心的适应过程中保留下来的。如上所述，我们可以将这类话语视为一种结点话语，这种话语可以在其周围的其他话语发生改变时发生变化，此时，它的中心成分（包括斯蒂格关于它的六个"主张"）仍然保留。艾森施塔特实际上宣示了克林顿政府正"规划和实施"的"一种新范式"和"策略"，"即在努力减少困难因素的同时，支持经济开放和自由化，这也是美国政策几十年来坚持的原则"。其中，特别针对"发展中国家"的五大"目标"是：

> 对全球金融体系保持信心。确保国家社会安全网可以运作，帮助人们从全球化造成的经济衰退中平稳过渡。在发展中国家中改善社会和经济领域的建设能力。努力增强透明度、改善善治能力、加大反腐力度。此外，坚持经济改革和贸易自由化。

46　这是一个以多种话语混合形式出现的"话语杂糅"（见第二章及 Fairclough and Chouliaraki 1999）的示例。我们可以发现，由于话语集群间的转变，全球主义文本中越来越明显地体现出多种话语，与这些话语相关联的表达方式也随处可见，如"社会安全网""建设能力""善治"。

演讲的第二部分对这些目标进行了详细阐述，所采用的语体是规范性论证（以**道义情态**（deontic modality）为标志，如"必须"做什么，见 Fairclough 2003: 165—171）。以第二个目标为例，艾森施塔特认为，"如果愿意继续支持经济自由化，民众必须相信国家社会安全网的运作可以帮助人们从全球性变化引发的经济衰退中平稳过渡"。从这句话中我们可以推断出"新范式"将与避免"经济衰退"无关，且"努力减少"经济自由化的"困难因素"只是权宜之计。艾森施塔特阐释第一个目标时宣称，"我们必须着眼于改革全球金融体系的新方式，特别是在今年的 G7 峰会上，以避免克林顿总统所谓的'繁荣或萧条周期'的再次出现"，但他没有给出此类"改革"的具体细节，而且，事实上，任何实质性的改革也没有发生。

关于第三个目标（"改善建设能力"），艾森施塔特认为"资本在寻求更高回报和有效经济体系的过程中从世界各地大量流入发展中国家，而这些国家从中获益的机制能力需要加强并得到大力帮助"，包括提高对"金融机构的审慎监管与监督"，增强透明和公开，以及对"公司管理"的改善。美国的援助"必须针对特定项目，这些项目可以提高发展中国家处理巨大资本流造成的紧急事件的能力"，而且"可以长期不断地增强国际投资者的信心"。我们可以看到许多主题已经在能力建设的话语中越来越明显——"机制能力""透明与公开""公司管理"。美国的开发援助重点在于发展中国家增强处理潜在不稳定"资本流"的能力，而非以各种方式控制资本流。

在阐述第四个目标（"善治"）时，艾森施塔特主张，"我们必须发动一场全球战役以遵守国际上认可的关于善治的标准。无论哪个国家发生政府腐败，都不利于经济自由化发展"。在这方面，开发援助的重点在于发展中国家的腐败问题以及可帮助改善"经济自由化"的环境问题。

在艾森施塔特对"新范式"解释中，我们可以看到达菲尔德（Duffield 2001）确认的在发展策略和话语方面的各种转变。其中一个转变是趋于更加干预性的措施，这是针对国家和企业治理、机制和社会政策（例如社会安全网）方面的具体变化，并将这些变化的实施变成接受开发援助的条件。除此之外，还有针对达菲尔德确认的主要转变的建议，即在出现"政治不稳定"的情况下发展政策与安全政策之间的相互融合。对此，艾森施塔特主张，"我们必须防止这些国家在全球经济中被边缘化。这可能会加剧政治不稳定，加深世界贫富差距"。欠发达国家越来越被视为危险国家，这种早已存在的趋势在 2001 年 "9·11" 事件发生后随着"反恐战争"的宣言而更加严重。

因此，我们可以说在 20 世纪 90 年代末的经济危机发生后，全球主义策略和话语发生了改变，但现存策略和话语的基本特征没有发生变化。相反，这是一种基本特征的重申和肯定，与此叠加的是关于发展的新话语被添加到全球化的全球主义结点话语之上。美国对经济危机的回应不是承认"经济自由化"因它能造成破坏而需要被限制,而是让发展中国家更好地应对"经济自由化"。

全球主义与知识经济

全球主义的策略和话语与关于发展的新策略和新话语之间的链接,成为全球主义策略发展的一个明显变化。另一个变化则是与知识经济话语和策略的链接。(关于知识经济,见 Jessop 2002: 126—134)。

资本主义经济在历史上发生过转变;当前,人们普遍认为曾经于 19 世纪末至 20 世纪末占据主导地位的工业经济已经向"知识经济"发生转变。知识经济的确切含义不是很明确,也具高度争议性,但人们普遍认为知识经济是经济生产中发生的一系列变化,这种生产将"知识"提升到与其他生产要素相同的水平甚至比其高的位置。知识经济可以被视为经济变化的一种策略,在"全球经济"中的一种新"定位",而它本身就是一种"结点"话语,许多其他话语与其共同出现,其中一些话语被"流行词汇"所表示,包括"专家系统""电子商务""智力资本""人力资本""知识型员工""知识产权""终身学习""学习型社会""电子政务"等等,这些都是知识经济的主题。知识经济的策略和话语本质上不是全球主义或新自由主义(Jessop 2004)。例如,欧盟接受了成为"世界上最成功的知识经济"的战略目标(Lisbon Council 2000),但是不像美国,它对这个目标的定义考虑了致力于"社会包容"以及欧洲社会模式的"现代化"(可以说是弱化的)版本。新自由主义和全球主义对欧洲的影响与日俱增,但欧洲和美国之间仍然存在明显区别。然而,将知识经济作为其国际战略,很大程度上是由于美国在 20 世纪 80 年代末决定,为使美国在全球经济中的霸权地位免受欧洲和东亚的威胁,必须把标投在其知识产业以及所谓"知识产权"的优势上面,而且,知识经济的主导版本也是全球主义和知识经济两个结点话语相结合的全球主义的版本。

《英国竞争力白皮书》(*UK Competitiveness White Paper*, Department of Trade and Industry 1998)的"前言"可以用来说明这种结合。自撒切尔担任首相以来,英国已经成为欧盟中全球主义和新自由主义的首要倡导者,也已将其与美国战略和政策紧密相连。《白皮书》的政策内容概括如下:

> 政府的《白皮书》中确定了政府和企业应在提高英国竞争力方面发挥作用。我们的目标是缩小英国和其他主要贸易国家的绩效差距。这是企业的任务,但是政府必须提供稳定且积极的经济框架,为企业成功创造合适的环境。我们都面临知识经济带来的挑战,因此政府应当落实各项政策和项目,帮助企业创新和成功。

要面向"国际市场",就"需要创新和提高产品与服务的质量"。在全球市场中,"知识、技能、创新是首要需求,以给英国提供竞争优势。这些都是知识经济的独特法宝,它们对于创造出高价值产品和服务以及改进企业运作都至关重要。"这里有企业的角色,也有政府的角色。"企业需要确定、抓住以及提升驱动各种产品和服务的知识库。它们需要把我们大学和研究机构中的科学技术知识转化为商业成功。公司需要与供应商、消费者、学校和大学等建立合作关系,建立网络和精英集群以赢得竞争优势。"政府的责任是"在促进创业精神和刺激创新能力方面加大投入;催化合作以帮助企业赢得竞争优势;开放市场并使其现代化以促进竞争。"在能力方面,政府"必须在科学、技术、创新型金融以及数字技术方面投资"。49例如,政府"对于提供与企业加强互动的策略和活动的大学给予奖励",并通过"鼓励发展创业技能,特别是鼓励在校学生以及大学科研人员创业"等方式"创造新的企业文化"。关于"加速合作",成功的企业"应当与美国硅谷中的企业一样,既充满激烈竞争,又紧密合作,在此基础上繁荣发展。在知识经济中,比以往任何时候都重要的是,企业要通过标杆模范和最佳实践来相互学习以提升、研发和销售产品"。然而,许多企业没有有效合作的时间和资源。政府可以以各种方式提供"帮助"。该"前言"最后总结到，政府和企业要"携手共创成功未来。只有企业可以创造财富并提供就业。政府必须知道何时行动，何时放手"。

除了重点关注"全球市场"中的"竞争力"，全球主义或新自由主义话语在这里的另一特点是对企业与政府关系的看法：政府的责任是帮助或促进，是为企业创造"合适的环境"，这本身就可以创造财富和竞争力——政府必须知道"何时放手"。至于知识经济话语，一种典型的观点认为"知识、技术与创新"是竞争中的决定性法宝，而"能力"是需要投资的方面。与此相关，越来越具影响力的相关观点认为大学和研究机构是企业的首要资源：大学和研究机构是各公司的"合作伙伴""关系网"和"精英集群"，所有这些表明的是一种同等的关系，同时也表明大学正在失去其自治权，逐渐依附于企业。我们还可以确定与知识经济结点话语相关的一些话语——"合作伙伴""关系网""标杆模范"和"最佳实践"以及"企业文化"（重复利用的撒切尔主义话语）。

下面我们围绕知识经济讨论话语的变异、选择和保留问题，然后围绕全球主义与知识经济的结合讨论这些问题。我已经提到，面对知识经济在选择及随后的保留（制度化）方面的竞争，美国战略对于重申经济霸权的重要性。这个因素可以确立其进行选择和保留所需的一个前提条件，即有势力的国际力量的支持。同时，选择和保留知识经济的战略也得到了国际机构的支持，特别是来自经济合作与发展组织以及世界贸易组织的支持，同时，如我们所见，也得到欧盟以及公司业务部门的支持。另一个前提条件是，曾经占主导地位的资本主义形式，如福特主义，已经在20世纪70年代陷入了长期危机之中，经过长时间的变化无常，知识经济已经被证明是一种有效的可替代策略的构想。其中部分原因是，在知识经济作为一种策略和话语出现之前，它抓住了当时正在发生的变化——技术方面的变化，特别是信息和交流技术的发展，以及劳动过程方面的变化（包括服务行业的平稳壮大）和商业组织的形式等方面的变化（Jessop 2004）。

想要了解全球主义（以及它所基于的新自由主义）与知识经济结合的影响力，有必要引入（文化）政治经济学的另一个因素（Jessop 2002）。（文化）政治经济学的许多版本都包含着"监管理论（regulation theory）"的各种形式，它们将资本主义的特定形式作为基于特定"积累体制（accumulation regime）"和"社会监管模式（mode of social regulation）"（Boyer 1990）组合形成的时空"方案"。这是从政治经济角度看待经济体制受政治和社会影响的一种方法。20世纪70年代爆发经济危机前，这种"方案"曾一度介于福特主义"积累体制"（工业资本主义）和凯恩斯福利国家社会管制方式两者之间。新自由主义成功地建立了这样一种观点，即经济危机的主因是国家对市场的过度"干预"，因此这一观点向介于积累体制和监管模式之间的"方案"发出了挑战。可以这样说，全球主义（新自由主义）和知识经济的结合为一个新"方案"提供了策略，将追求经济自由化与"开放市场"结合，这的确是与国家形式、监管模式以及经济和市场之间的关系相关，将知识经济当成了一种积累体制。从《竞争力白皮书》中认为国家可以构建竞争环境来帮助企业在全球知识经济中获得成功这一观点可以看出，新方案的一种表述便是"知识经济+竞争"的国家（Jessop 2002）。

政府机构间"全球主义"的替代方案

艾森施塔特的演讲呈现并承认了关于全球主义可能造成损失的证据和观点，但这些让步并未真正涉及关于全球化和全球主义争论和争议的核心问题。波拉尼（Polanyi 1944）曾对"大转型"作过著名分析，确立了19世纪国际上盛行的"自由放任主义"或自由市场资本主义，他认为经济自由主义必须由社会保护来平衡，而这两者间又不断存在着矛盾，一旦两者之间严重失衡，就会经历20世纪世界大战的某种动乱场面。现在的情况大为不同，但自由市场和社会保护之间仍然需要保持平衡，而且越来越多的证据表明，全球主义因对社会保护做出的让步太小而在冒严重失衡的风险，对此世界各地都在敲响警钟。这种担忧的表现之一就是出现了或多或少直接挑战全球主义的新策略和新话语。

这方面的一个例子是联合国经济委员会在关于拉丁美洲和加勒比海"全球化与发展"（ECLAC 2002）报告中所持有的立场。这份报告将"积极"的全球化观点和"规范"的全球化观点做了对比；前者是"为了达到分析的目的"，认为"全球范围的金融、经济、环境、政治、社会和文化过程在地方、国家和地区层面具有越来越大的影响"；后者，即全球主义观点，认为全球化是"世界市场全面自由化与一体化"。这份报告反对全球主义的核心信条，即全球化是自由市场资本主义一种特定的新自由形式在全球范围内的传播，坚持认为"不止有一种可行的国际秩序""有多种方式可在全球经济中占有一席之地"。此类话语所具有的某些特征与"全球主义"话语的不同之处在于：1）全球化是多维的，不只是（主要是）一种经济过程；2）国际秩序不是事先设计的，而是突发并随时改变的；3）国家经济体系多样化与全球经济是一致的。此外，当代全球化过程有两个"令人不安的方面"得到了确认。第一，"资本的流动以及商品和服务的流动与对劳动力流动的严格限制同时存在"。这就指出了一个矛盾，即，全球主义**在话语中**主张"自由化""撤销管制"和"流动性"，而在实践中这些主张并没有得到完全的、公平的实施。第二，"缺乏全球治理"，例如，缺乏"确保主要经济体的宏观经济政策在全球一致的机制，缺乏合理资本税收的国际标准，以及缺乏为缓解国家内及国家间由于全球化造成的分配不均紧张局面而制定的有关资源利用的协议"。这表明需要一种管控市场的策略，对资本税实施国际管控，进而可以控制"逐底竞赛"（一种国家间为将公司税减少至历史上最低水平的竞赛）。逐底竞赛是现行惯例的特点，也是为抵消自由市场在国内和国家间造成的严重不平衡而制定的社会政策的特点。这些无疑都为全球主义者所憎恶。

马来西亚前总理马哈蒂尔（Mahathir bin Mohamad）在 2002 年东亚经

济峰会上采取的是一种更为激进的观点（bin Mohamad 2002，在本书中略去的部分标注为"（……）"）：

> 20 世纪 70 年代，各国迫于压力不再实施黄金标准和固定汇率。因此，市场即货币贸易商可决定货币汇率。（……）帮助企业应对汇率不确定性的新行业应运而生。对于费用，企业可严格限制。（……）同时，商品和服务的生产继续。一些企业破产了，紧接着最早拯救破产企业的人就出现了。他们很容易地收购了这些企业，剥夺了他们的资产，让少数股东倒吸一口气。（……）
>
> 然后是垃圾债券贩子。（……）接着便是货币贸易商的狂暴行径。任何国家都是可以捕获的猎物，而大多数新兴经济体都很富裕，可以被敲竹杠，但不足以强大到可以反击。（……）拥有丰富资源的好端端的国家可能会真真切切地破产。
>
> 一直以来，这些国家被指责为无能、腐败和任人唯亲。抛售这些国家货币的那些货币贸易商却未遭责备。事实上，他们成了伟大的慈善家。（……）
>
> 看看现在的世界。这不是战后、特别是 60 到 80 年代那个兴旺发达的世界了。这是一个经济不景气的世界。（……）事实上，我们不再做生意了，我指真正的生意。我们不再生产商品和提供服务了。（……）当今世界感兴趣的是快钱，那些通过投机和操纵得来的钱，隔夜钱。贪婪已经占领了世界经济。（……）

国家政府并未过时

> 如果要重振亚洲经济，亚洲人必须放眼全球。他们必须重新擦亮眼睛。他们必须这样做，必须合力抵抗贪婪，因为贪婪早已通过世界贸易组织塑造了世界的经济和金融。
>
> 我们需要再次仔细地审视对全球化的解释。（……）我们应该振兴真正的生意，即生产物品和提供服务的生意。钱应投到这里，而不是仅仅买卖股票，或投到投机和操纵货币的行当里。（……）

> 我们需要回到以前的状况，回到世界增长的好时光，回到60、70、80年代。我们绝不应害怕承认我们犯过错误，不应害怕回头去做真正的生意。从资产剥离、抛空、货币投机和操纵、垄断世界商业以及规模功效中快速盈利，这一切必须终止。如果无法完全终止，那么就对其进行管控。
>
> 各国政府还没有过时。(……)每个政府，包括很不富裕的政府，都有动力做正确的事情，原因很简单，不论是民主还是专制的政府，都知道如果他们不考虑民众的福祉，迟早都会被赶下台。(……)

53 马来西亚应对东亚经济危机的方式是走出"全球经济"，走自己的经济道路，将其货币从世界市场撤离，对资本出口加强管控并施加关税。这种方式证明十分成功，令许多倾向于新自由主义的专家感到惊愕不已。马哈蒂尔将马来西亚的策略描述为"回到以前的状况，回到世界增长的好时光，回到60、70、80年代"。文章开头对以全球主义形式出现的全球化进行了叙述，但这种叙述与全球主义全球化支持者的叙述非常不同，包含了一种不同的话语，其**主题**包括"资产剥离""严格限制""垃圾债券贩子""投机""操纵"等。上面我们也曾讨论过艾森施塔特对东亚危机的描述，将其与马哈蒂尔的描述进行比较，是很值得的。根据艾森施塔特：

> 资本的快速流入曾经极大地刺激了亚洲经济的增速，但当国内外市场信心缺失时，资本发生逆转，导致严重的经济衰退。(……)过度的私人短期外币借款使得经济体更无法适应情绪的快速转变。任用亲信、腐败以及缺乏金融透明度导致了一系列不良投资，致使银行力量弱化。这场危机暴露了弱点，也改变了对未来增长预期的认识，同时增加了投资者的不确定感和恐慌情绪，导致金融不稳定，最终导致经济衰退。

根据马哈蒂尔：

> 接着便是货币贸易商的狂暴行径。任何国家都是可以捕获的猎物，而

> 大多数新兴经济体都很富裕，可以被敲竹杠，但不足以强大到可以反击。（……）拥有丰富资源的好端端的国家可能会真真切切地破产。一直以来，这些国家都是被指责无能、腐败和任人唯亲。抛售这些国家货币的那些货币贸易商却未遭责备。事实上，他们成了伟大的慈善家。（……）

国际金融交易商及其所涉及的过程和动作被以十分不同的方式再现。对艾森施塔特来说，他们是"投资商"和"国外市场"，他们的"情绪"和"认识"发生改变，他们"信心缺失"，感到"不确定"和"恐慌"，而且"资本流入……发生逆转"。对马哈蒂尔而言，他们是"货币贸易商"（他也称之为"贪婪的人"），他们"行径蛮横"，对各国"敲竹杠"，视各国为"可攻击的对象"并致其"破产"，以及"外销"他们的货币。马哈蒂尔的叙述整体上的特点是将亚洲经济危机归咎于一些外部敌对者的行为，这些外部敌对者有时没有被明确指出（如被动结构中没有具体的主语（Fairclough 2003: 145—150）："压力被施加""这些国家备受谴责"），有时则被明确指出了（可以是"货币贸易商""早期拯救破产企业的人""垃圾债券贩子""贪婪的人"）。我们从这些词汇中可以看出，马哈蒂尔的论证既富有理性又充满情感。艾森施塔特并未提及"投资者"的动作，但提到他们的感觉和情绪，仿佛影响国际金融的是参与者们的心理状态。这是诸如新闻中对金融市场报道的标准特点。与此相对，马哈蒂尔将"货币贸易者"再现为实施肆意破坏，如果不是实施犯罪的话。他暗示出货币贸易者"未受责备"，并补充说，更具讽刺意味的是"他们成了伟大的慈善家"，这些都很虚伪，以此回应艾森施塔特提及的那种陈腐的批评（任人唯亲、腐败，等等）。"腐败"是主要西方国家和各国际组织不断批评那些在全球经济中不很成功或被边缘化国家的一个话题。我们可以认同腐败的确会阻碍发展，例如在后共产主义国家。但是，我们也要问，世界上富裕国家的腐败问题为什么很少被关注？腐败在那里也是一个主要问题（Stiglitz 2002）。

马哈蒂尔的文章在叙述之后是认识性论证和规范性论证。其核心观点是"我们不再做生意了，那种真正的生意"，理由是"我们没有生产产品和提供服务"以及"当今世界感兴趣的是快钱，那些通过投机和操纵得来的钱"。以上节选的其余部分大都是一些没有理由或论据的处方。其他两个与全球主义不相称的重要主张是"各国政府还未过时"以及"政府要做正确的事，包括不富裕的政府"。的确，马哈蒂尔也提到对于贫穷国家的"激励"，即政府有不努力就不会连任的风险。但是，总体来讲，较之北美或现在的部分欧洲资本主义国家，社会责任感在贫穷国家和受亚洲资本主义变化牵连的国家那里更为强烈。

斯蒂格（Steger 2005）和索尔（Saul 2005）认为全球主义实际上经历了艾森施塔特视为风险的"强烈抵制"，而且这种强烈抵制来自国家政府、国际组织以及其他地方具有影响力的群体。如世界银行首席经济学家约瑟夫·斯蒂格利茨（Joseph Stiglitz）等杰出人物都曾发出警告。斯蒂格利茨后来辞去职务，公开反对国际货币基金组织（Stiglitz 2002），他告诫要反对我们在艾森施塔特演讲中看到的对亚洲经济危机的那类错误解释，捍卫东亚国家的纪录，随后又表示支持马来西亚的政策。索尔（Sual 2005）认为全球主义的高潮时期是在20世纪90年代中叶，自此以后全球主义一直处于越来越多的压力之下（实际上是面对"崩溃"）。我的观点是，全球主义被削弱了，但远没有消失。

非政府机构

数以千计的非政府机构所进行的活动都以某种方式影响着全球化。非政府组织的数量近些年来增长迅速，涉及类别也越来越多。我要讨论的第一个例子是由基督徒互援会（Christian Aid）组织的"让贫穷成为历史"运动的《宣言》。基督徒互援会将自己定位为一个"发展机构"，由英国和爱尔兰的教堂提供支持。这个《宣言》摘自"让贫穷成为历史（Make Poverty History）"网站（实际上网页标题为"Pressure works"，主页为

"Act Now"），该《宣言》是这个网站的核心项目，它完整地阐述了这场运动的目的。这是一个首要目标为鼓励人们代表自己和他人行动起来的运动组织。该《宣言》在确定这场运动首要目标的同时，制定了改变全球化在全球主义主导的形式中运作方式的策略。

1 贸易公正
- 争取使各项规则能够确保各国政府，特别是贫困国家的政府选择消除贫困和保护环境的最佳方案。这些规则未必总是自由贸易政策。
- 取消损害世界各地贫困农村居民生计的出口补贴。
- 制定各项法律，防止大企业以牺牲民众利益和以环境为代价获取利益。

国际贸易的规则数不胜数，但都有益于最有实力的国家及其企业。一方面，这些规则允许富裕国家补贴农民和公司以出口食品，这破坏了贫困农民的生计。另一方面，消除贫困、人权和环境保护等目标被"消除贸易壁垒"的目标所排挤，沦为次要目标。

我们需要贸易公正，而**不是**自由贸易。这意味着欧盟**现在**单独取消其具有破坏性的农业出口补贴；意味着确保贫困国家可以通过保护自己的农民和主要作物解决民众的温饱问题；意味着通过使水不受世界贸易规则的限制，确保各国政府可有效管理自来水公司；意味着确保贸易规则不会损害核心劳工标准。

世界银行和国际货币基金组织强迫贫困国家向富裕国家打开市场进行贸易，过去二十年来已经证明其后果是灾难性的，我们需要阻止这样的行为；欧盟必须放弃对前欧洲殖民地开放其市场和给予大公司更多权利的要求；我们需要对公司进行监管，使公司承担起影响国内外社会和环境的责任；我们必须确保各个国家有能力以最能满足其需求的方式管控外资。

这个文本与我上面讨论过的其他几个文本大不相同。它是由一个致力于行动的组织撰写的，其目的并不是仅仅劝说人们接受一种观点，而是鼓励人们采取行动。因此，我对它的评论从语体开始。这篇《宣言》的三个主要部分是"贸易公正""减免债务""更多更好的援助"，我只列举了第一部分。这三大部分都以几个要点开头，这些要点由**祈使句**表述（Fairclough 2003: 115—118），可以被看作是这场运动的"要求"。这是不同语体混合中的第一种语体，其他语体包括第一段中的认知论证，第二段和第三段中的规范论证。

在第一段有一个事实性主张，它带有**认识情态**（epistemic modality）（第一句，见 Fairclough 2003: 165—171）；之后是两个事实性断言（第二句和第三句），为支持该主张提供依据。第二段和第三段是劝告性建议（"我们需要贸易公正……""我们需要阻止世界银行……""欧盟必须放弃……""我们需要管控……""我们必须确保……"），第一个建议后面是排比解释（"这意味着……意味着……意味着……"）。"我们"一词使用的是其**包含性**意义，指"所有人"，一般意义上的民众，而非其**排除性**意义（关于使用"我们""你们"及"他们"间的差别，见 Fairclough 2000a: 35—37, 151—154）。这段节选在修辞方面非常有趣，但让我们注意一下第二段的特点："贸易公正"与"自由贸易"间的二元对比（这是一个文本**分类**的问题，见 Fairclough 2003: 88—89）以及"公正"与"自由"在新自由主义层面上的隐含对比，此句十分简要（"我们需要贸易公正，而不是自由贸易"），适合作为口号；"不是"和"现在"两个词用黑体表示强调；以及解释时使用的重复和**句法平行**（syntactic parallelism），即（"这意味着……""意味着……""意味着……""意味着……"）。

这是一篇对话式和辩论式的文本。它与敌对的立场展开对话，与全球主义话语进行辩论。"自由贸易"这一全球主义话语的核心主题和价值被否定，取而代之的是"贸易公正"，而且自由贸易被普遍用于解决经济弊病的做法在第一个要点中被隐含地驳斥："这些规则未必总是自由贸易政策。""出口补贴"被解释为并非帮助富裕国家的农民，而是"破坏了贫困农民的生计"。"消除贸易壁垒"的表述我们有理由认为因其被加了双引号而成为"他们的"语言而非"我们的"语言。这句表述也可以被读作是对全球主义话语的某种间接批评，因为说的和做的是不同的：即使"消除贫困""人权""环境保护"以及"消除贸易壁垒"都是全球主义话语中的词汇和重要主题，而实际上"消除贸易壁垒"被置于首位。赞成市场力量自由发挥，让各国放手经济监管，这种撤销监管的全球主义原则也遭到了反对："贫困国家"应能够"保护自己的农民和农作物"，以及"各国政府"应能够"有效管理自来水公司"。

第二段和第三段中有许多重要的**假设**或预设，即被设想成或被当作理所当然的观点（Fairclough 2003: 55—61）。第二段中，自由贸易不公正，国家只能通过保护农民和农作物来解决民众的温饱问题，如果将水排除在世界贸易规则外，政府才能有效管理自来水公司；世界贸易规则会损害劳工标准。第三段中，世界银行和国际货币基金组织的确迫使贫困国家向富裕国家打开市场进行贸易；欧盟的确要求前欧洲殖民地打开其市场并赋予大公司更多权利；公司没有被要求为其造成的社会和环境影响负责；国家无法以最符合自身利益的方式监管外商投资。这些预设的观点也具有对话性和辩论性，因为它们对于全球主义的主张和观点是一种不明显的反证。这些观点假定作者与读者间有许多共同立场，将读者设定为志同道合和倍受鼓舞的群体，因此也增强了这个文本的动员力量。

作为一种策略，这是一种消极的而非积极的策略。它没有提出一种监管国际贸易的崭新方式，而只是一种调整现有监管体系的策略。请注意具有"停止"含义的动词的数量，如"终止""阻止""结束""停止""放弃"，还可以加上"阻挡"一词。这并不是全部：有些要求被正面地表述出来（例如"我们需要对公司进行监管……"），而且有人会认为，所呼吁的对现有监管体系的种种限制相当于创立了一种完全不同的体系。但是，如在许多可供选择的策略中那样，现行的全球主义实践和监管体系被当作参考，而这种做法能否实现彻底的霸权主义变革，值得怀疑。下面我们讨论更为彻底的替代方案。

增长的极限

这一小节的标题摘自 1972 年由"罗马俱乐部（Club of Rome）"发表的一篇名为《增长的极限》（*Limits to Growth*）（Meadows *et al.* 1972）的报告。该报告的结论部分写道：

> 1 如果世界人口、工业化、污染、食品生产以及资源耗减方面现有的增长趋势仍然保持不变，世界将在下一个世纪内的某个时间点达到增长极限。极有可能的结果是，人口和工业生产能力将会突然并无法控制地下降。
>
> 2 改变这些增长趋势，创造有利于生态与经济长期稳步可持续发展的条件，是可能的。全球均衡状态是可以设想的，那时世界上每个人的基本物质需求都可以得到满足，每个人都有实现各自人类潜能的均等机会。

许多全球主义的替代策略以各种方式向"经济增长"这一全球主义最根本的价值和根基发出挑战，而这份报告可被视作这些替代策略的先导。"经济增长"在无数的文本中是一个"假定的好事（assumed good）"（关于"价值假定"的论述，见 Fairclough 2003: 55—58），其中许多并非全球主义文本，而且，在大多数国家的大多数语境中，质疑"经济增长"的价值是件很丢脸的事情。另一方面，"增长的极限"的想法已经在表面上被广泛地融入官方政策中，因此许多颇具影响的经济学家和政治家现在将其目标设定为"可持续增长"。但是批评者认为，在国家和国际层面上已制定的实现"可持续性"的政策，甚至还没有达到这份报告中设想的"全球均衡状态"的最初级程度。

下面来讨论《英格兰和威尔士绿党宣言》（Green Party of England and Wales 2005）的节选，以阐释更加激进的经济策略。首先是关于"全球经济"部分的开头段落：

> EC900 单独运作的国家经济体系无法解决跨境污染、全球资源开发以及

富国和穷国关系不公平的问题。全球经济和生态危机的解决,需要开发新的国际机构和协定来建立一种国家间合作的新秩序,一个绿色的欧洲联盟可以在其中发挥重要作用。(见"国际"政策)

EC901 随着商品流、服务流以及投资流不断跨境拓展,经济全球化正在将国家经济和劳动力市场紧密结合。这不断将南北半球的生产者都融入到一个越来越具竞争力的体系当中;与此同时,更低的社会与环境标准正越来越被用作加快贸易扩张的手段。但竞争是一场零和博弈:一个国家只有以另一个国家为代价才能变得越来越具有竞争力。对于贫穷国家以及工业化国家的贫困民众而言,全球化意味着边缘化;对于环境而言,全球化意味着不断加剧的破坏。

EC902 实力雄厚、公开不负责任的跨国公司变得前所未有地不受束缚,它们的实力和流动性的加强既得益于科技进步,也得益于政府和诸如世贸组织等多边机构对投资控制的逐步放松。跨国公司现在越来越有能力利用国家间社会和环境标准的差异来获取最大利益。

EC903 全球化的加速既不是不可避免的,也不是令人渴望的。随着经济权力转向全球性的机构,当地以及土著社区、州甚至是国家掌控自己未来的权力被急剧削弱。多样的、当地以及土著的文化、社会和经济形式以及价值和生活模式被同质化,呈现出新的全球单一文化样态。

EC904 为了公平和可持续发展,急需新的全球协定以监管国际贸易和投资。原则是,我们需要将国际贸易总量降到最低,需要振兴当地社区,促进最大程度自给自足,经济、社会和政治管控,以及环境可持续。绿色政策正是基于这个原则,而这些政策也将极大地增加就业机会。

这个宣言在认定"全球经济和生态危机"(设想而非确定的)无法在国家层面解决的基础上,主张开发"新的国际机构和协定";在认定全球化的负面效应("更低的社会和环境标准""边缘化""破坏"等)的基础上,主张反对最初所谓的"经济全球化"以及随后的简称"全球化"。第二个主张表面上似乎是一种反对全球化的论点,但"全球"问题需要"国际机构"解决的第一个主张或许会被视为一种策略,以求得一种完全不同的全球化形式。这一点在宣言中并不明确。这里有我们可以称之为的"论证链",将反对经济全球化的论点与支持"当地社区""最大程度自给自足"

的论点连接起来，这意味着需要减少国际贸易。

反对经济全球化这个论点的理由包括，全球化"强迫生产者"进入到"竞争越来越激烈的体系"之中。"竞争"被认为是"零和博弈"，"一个国家只有以另一个国家为代价才能变得越来越具有竞争力"，这种观点与艾森施塔特的全球主义观点正好相反："在一个全球化程度与相互依赖程度越来越高的国家，追求财富的对立面是零和博弈。"全球主义话语的矛盾之一是，它鼓励每个人具有竞争意识，却想当然地认为每人都将从中受益，好像竞争不意味着会有赢家和输家。受到直接反驳的另一种全球主义观点是全球化"不可以避免"："全球化的加速既不是不可避免的，也不是令人渴望的。"在这些方面，这个文本与上一个"让贫穷成为历史"的文本一样具有**对话性**和辩论性（Fairclough 2003: 41—45, 128）。支持"自给自足"论点的理由是"当地以及土著社区、州甚至是国家掌控自己未来的权力被急剧削弱"，一种"新的全球单一文化"（该论点——丧失控制自己未来的能力以及"世界范围内同质化"是不好的事情——并未清晰表明，且被认为理所当然），以及"平等和可持续发展"与"就业机会"。

经济政策的"目标"如下：

生态可持续
EC200 保护地球自然资源并维护自然的维持生命循环的完整性；恢复被废弃的区域并采取措施以避免进一步的生态灾难；减少对能源和原材料的需求；支持基于再生资源的低能耗和无污染加工。
EC201 为实现可持续性，公民收入不再依靠经济增长，并在不影响个人生活的情况下实现零或负增长。

公平和社会公正
EC202 实现平等分配资源、财富、机会和力量，确保所有人都能解决温饱问题，并可以实现个人和社会发展。

权力下放和权力转移
EC203 将经济权力下放至合适的最低层，从而使经济体中各层级参与者不易受其他地方以及他们无法控制的经济决策造成的破坏性影响,支持"非正规"(特别是为所有人提供"公民收入"的)产业,从而减少正规经济的影响。

自给自足与相互依赖

EC204 通过加强社会活动,解放和帮助社会各行业,让其自己的资源尽可能满足其需求;鼓励所有人为社会做出力所能及的贡献,认为这么做是对他们自己、对其他人、对子孙后代和地球负责。

在如上的节选中,这些标题("生态可持续性""公平和社会公正""权力下放和权力转移""自给自足与相互依赖")构成这一特殊话语集群(**话语杂糅**,见第二章);尽管一些话语也被挪用于主流经济话语之中,这一话语集群已经将这种经济话语区别于主流经济话语。"生态可持续性"话语现在已经融入到了大多数经济话语中,尽管不像此处那么明显(通常是作为主要经济策略的脚注或补充)。这种话语中的大多数主要主题("保护""再生""可再生资源")已经被广泛征用,当然通常是在主流经济话语中被边缘化。然而,真正要减少对能源和原材料的需求并不是一个普通的建议,而维护"自然的维持生命循环的完整性"也表明一种特定的绿色本体论。

该政策提出通过满足基本生活需求的"公民收入",在不影响个人生活的情况下来消除"目前对经济增长的依赖",这是一个一般的而非经过收入检验的设想,且不以就业为条件。增长是正、"零"还是"负"都取决于生态的"可持续性"。正如我上面所指出的那样,质疑"经济增长"的价值被广泛认为是一件丢脸的事情,我们所称之为的"增长的意识形态"是如何的根深蒂固和完全的自然归化,其中的一个表现就是假设人类发展意味着经济增长。

这种设想最近遭到了包括阿马蒂亚·森(Amartya Sen)在内的激进派经济学家的强烈质疑。阿马蒂亚·森是诺贝尔经济学奖的获得者(Sen 1999),他提出了著名的发展的"能力"研究路径。他将"自由和可持续的能动性"视为"发展的主要引擎",因此视发展为"一种拓展人们享受真正自由的过程,"即他们行动的"能力",作为活动者的"能力"。实现发展需要"去除不自由的主要来源:贫困与暴政、稀少的经济机会与有计划的社会剥夺、对公共设施的忽视与专制国家的不容异议和过度活跃"。按照国民人均生产总值增长这一通常的标准衡量,经济增长是获得"作为自由的发展"的一个方式,但也有其他方式(例如,加大医疗或教育的公共支出),这些方式并非总是需要经济增长,也并非总是在经济增长时才出现。仅以经济发展作为衡量标准的传统发展观念从这个角度看是过分简单且不充分的。

在对"公平和社会公正"目标的描述中,再分配话语随着新自由主义的兴起已经被排除在主流经济话语之外,它被表达为某种"能力",例如"个人和社会发展……的方法"以及"维持温饱"。即使"权力转移"现在已经成为主流话语中的普通主题,"将经济权力下放至合适的最低层"是对权力下放的一种极端解释,同样,支持"非正规"产业以及"减少正规经济的影响"也是一种极端解释。关于"自给自足和相互依赖"的描述是绿色特点最明显的一段。"自给自足"与从"自己的资源"中满足需求,要求经济活动是"增强社会功能",而且认为每个人都对"子孙后代和地球"负责,这些都超越了主流经济话语的表达方式。

最后,仍然体现"增长极限"的核心内容,是瓦茨拉夫·哈维尔(Václav Havel)的陈述,他曾任捷克共和国的总统,也是一位持不同政见者:

> 我相信对于全世界其他地方而言,当代美国几乎象征性地集中了我们文明所有的精华和糟粕——从创造众多福利的科学技术的神奇发展、深厚的公民自由传统、强大的民主制度,到盲目追求经济的不断增长和永无止境的消费……今天,有谁替子孙后代想过?谁关心一百年后的人们吃什么、喝什么以及呼吸什么?当地球人口达到今天的两倍,那时人们将从哪里获取能源?
>
> (Václav Havel 1997)

结　语

虽然人们普遍认为全球主义策略有缺陷和失败之处，关于全球化的新自由全球主义"结点话语"因此面临巨大压力，但这种话语已证明具有还原能力，它的倡导者们一直在很大程度上能够迎接挑战，并且能够通过将新话语注入与此类话语节点相联系的话语集群中，从而保持这种策略和话语的连续性。本章论证了这一点，同时还指出，全球主义与知识经济的策略和话语已经有力地融合在一起，这表明作为积累机制的"知识经济"与社会监管的新自由模式间将出现一种新"方案"。

然而，各种策略和话语如此结合形成的霸权不可能永远不变。它不断被主动地保留下来，并随着新事件的发生与新环境和挑战的出现而重置。霸权必须被维护的一种挑战性环境，即是与可替代策略相关联的替代性全球化话语，其中有些话语还受到具有实力和影响力的机构的支持。我已经给出了这些话语中一些可供选择的例子。

我在本章中分析过一些文本，并对其文本特征做过评论，将这些文本特征总结如下可能是有用的：文本体现的语体，以及语体的话语杂糅；话语以及话语与话语的杂糅，以及与特定话语相关的主题；论证，特定的论证性语体（认识性论证和规范性论证）以及谬误性论点；叙述；再现社会活动者及其活动的话语间的差异（过程类型）；假设；情态；名词化；推理；"我们"这个词的包括或排除用法；文本分类及等价关系；对话性和辩论性；文本评价；文本的修辞和说服特征。

我对话语和与之相关的策略的讨论非常宏观，因为我并未关注这些策略和话语如何反映在特定地点（国家，地区，城市等）的全球化进程中。这正是下一章所关注的问题。

第四章
民族国家的再层级化

在这一章,我将重提第一和第二章讨论的问题,即全球化是在不同层级以及不同层级之间关系上发生的变化(Jessop 2002, Harvey 1996, Collinge 1999, Boyer and Hollingsworth 1997)。从这一角度来看,全球化不仅涉及全球层级的构建,也涉及在全球层级与其他层级间产生的新关系,如全球本土化(glocalization)这一在全球层级和地方层级之间产生的关系(Robertson 1992),以及因构建全球层级而引起的在多个层级上以及它们之间关系上更广泛的变化。当代的全球化还涉及构建全球层级以外的其他许多层级,包括诸如欧盟或北美自由贸易区的"宏观区域"的层级、中国广东省东南部区域及香港和澳门的珠江三角洲等经济区域的层级以及"国际城市"的层级。

本章将重点分析发生在一个民族国家(即罗马尼亚这个东欧的"后共产主义"国家)层面上的再层级化的案例。我将首先论述关于"层级(scale)"和"再层级化(re-scalling)"这两个范畴的一些观点,之后介绍关于罗马尼亚"变迁"的一般情况。这一章的第三部分将从话语分析的角度来审视"导师制(mentoring)""品牌构建(branding)"和"自我评价(self-evaluation)"的再情景化问题。这些我称之为的"小微实践",在我看来,不仅会对具体实践,而且对价值观、态度和身份,所产生的影响都会比最初显现的要深远许多。在之后的两部分我将论述罗马尼亚的两个再层级化的具体领域,即关于欧洲高等教育的《博洛尼亚宣言》

（Bologna Declaration 1999）出台后高等教育的改革，以及由此产生的"博洛尼亚进程（Bologna process）"；针对社会政策尤其是处理贫困和社会剥夺问题的政策的改革，以及欧盟反对"社会排斥"和实现"社会包容"策略在罗马尼亚地区的再情景化。这两个问题可看作是全球化也可看作是欧洲化。本章还将就一些问题与其他国家进行比较。

层级及再层级化

层级和层级间关系的重要性在史密斯（Smith 1992）的文章中有所论述：

> 地理意义上的层级理论，更准确地说是地理意义上有关层级产生的理论是非常不完善的……但是[层级]的确在社会生活的整个地理建构中扮演着重要的角色。……[我们假定一个事件同时发生在地方、地区、国家以及国际层级]，这个事件即刻强化一个结论，即社会生活发生在并构建出某种相互交织的等级空间，而非马赛克式的平面空间。

正如这段引文所示，层级不是自然生成的，而是社会建构产生的。而且，层级的社会建构过程与权力关系以及对权力的争夺密切相关。层级是：

> 竞技场和时刻，在这里，无论在话语层面还是实际上，社会空间的权力关系在角逐，妥协也在谈判和调节中形成。因此，层级是争夺权力和控制的社会斗争的结果和产物……[这暗示出]在理论及政治上的选择永远不会在一个特定的地理层级范围内存在，而是存在于（重新）建构一些特定层级的过程之中。

（Swyngedouw 1997）

层级是一个空间，各种经济、政治、社会和文化关系和过程集结在此，形成某种"错落有致"的局面：

> ……有些过程在发挥作用，它们界定了**区域空间**，其中的生产和消费、（商品和劳动力的）供给和需求、生产与实现、阶级斗争与积累、文化与生活方式在生产力及社会关系的整体中以某种错落有致的形式集合在一起。
>
> （Harvey 2001）

如果我们关注任何特定空间"实体"（例如，这种实体可以是一个村庄似的小地方社区、一个大城市中心、一个跨境区域、一个如欧盟一样的国际区域集团或者一个民族国家）的全球化过程，我们可将这一过程视为对这些实体的"再层级化"（Jessop 2002），即将其置于层级间新的关系中。当代全球化的一个特点在于，"国家层级已经不再拥有想当然的优势"（Jessop 2002）。本章涉及的空间"实体"就是民族国家，以东欧后共产主义国家之一的罗马尼亚为主要案例，当然也有涉及英国等其他国家的例子。由于罗马尼亚的再层级化过程涉及其国家层级与欧洲（如欧盟）层级之间的关系，因此本章也会对此进行论述。

层级的分类可以依照第二章中提到的对全球化采取的文化政治经济学方法。在积累体制和社会调节模式之间寻求新"方法"的策略，第三章也有所提及，彼时涉及的是全球主义策略与知识经济策略之间的联结（或称为结点）。这种策略包括构建新层级、以特殊方式协调各层级间的关系，以及再层级化包括民族国家在内的空间实体的层级等（将其重置于层级间的新关系之中）。因此，层级和再层级化都有着结构和策略两个层面（Jessop 2002）：一方面是层级的变化和层级间关系的变化；另一方面是推动这种变化朝着特定方向发展的策略，从层级间的关系中获得经济或政治优势的策略，以及捍卫现有地位或为某一社会活动者或机构确立新地位的策略。这里的策略实施者可能是国家政府、政党、国际机构及当地社区成员等。此外，在特定空间实体内，层级之间的"纵向"关系的变化会影响社会领域或机构之间"横向"关系的变化，并会与之相互作用——比如，在罗马尼亚推行欧盟启动的教育改革进程这一例中，欧盟国家层级与宏观区域层级间的变化就影响了罗马尼亚的教育、政府和市场之间的关系。

罗马尼亚及其"转型"

在新自由主义经济话语中,罗马尼亚与中欧和东欧的其他"后共产主义"国家一样被再现为处于"转型(transition)"之中(Chiribucă 2004, Dăianu 2000, 2004, Holmes 1997, Outhwaite and Ray 2005, Pickles and Smith 1998, Simai 2001, Stark and Bruszt 1998, Zamfir 2004)。所谓"转型",其基本内容来自预测性的叙述,即关于将要发生的事情的故事,包括:过去的集中型经济和一党制如今要通过一系列的政策变化实现向市场经济和西方式的多党制的转型。从话语分析的角度对这种转型各方面问题的研究包括费尔克劳(Fairclough 即出)、耶特库(Iețcu / Preoteasa 2004)以及波尔缇莎(Preoteasa 2002)等人的研究。

转型的(西方)设计者采取全球化的全球主义策略和话语,设想转型是以自由化、市场开放和贸易自由等开放的新自由主义原则为基础的资本主义经济体全球传播的一部分。处于转型期的国家会受到各种压力和诱惑,以采纳(再情景化)和实施世界银行和国际货币基金组织的"结构调整方案",即众所周知的《华盛顿共识》(Washington Consensus)(Dăianu 2000, Lavigne 1999)。与"华盛顿共识"相关联的叙述将过去、未来与现在联系起来:过去(现在仍在延续)涉及国家干预经济导致经济衰败,国有企业效率低下甚至亏损,国家支出过多,国家管制经济活动(金融、零售价格、贸易),外国投资产生壁垒等等;未来涉及经济复苏与"开放市场"并存,在这个市场中,私营公司将不受国家监管和干涉;现在涉及推行一系列政策以实现金融及贸易的"自由化",对经济活动"放宽管制","财政纪律",以及国有企业的"私有化"。

引号中的词语是新自由主义经济话语的成分,也是已确立的和反复出现的叙事及多种论点围绕其周围的新话语的主要主题。这些词汇被再情景化到罗马尼亚这样的国家,而且,随着不同程度的犹豫和拖延,也通过立法和实际的政策倡议被操作实施,尽管实施的方式与最初的预期有很大不同。

例如,新自由主义叙事将"私有化"描述为重组和重振经济的一种手段,并通过注入大量新的投资、引入有效的管理模式和消除长期效率低下的经济领域来完成。但在实际上,"私有化"往往是通过腐败交易,将公共资产转移给私人,通常是转给资历较老的员工,而且不用花一分钱。私有化的公司通常会剥削留在国有领域的公司。被私有化的公司本来可盈利,但由于新企业家追求短期利润而倒闭,以前的公共垄断变成私人垄断,他们从垄断市场的过度收费中获取巨额利润(Dăianu 2000, Pickles and Smith 1998, Stark and Bruszt 1998, Zamfir 2004)。

我们可以说,这种词汇的再情景化改变了"私有化"的含义,它不再像在新自由主义话语里那样被理解为是一条通向经济发展和企业家实现自我价值的康庄大道,而是一条只有少数人可以实现自我暴富的小径,不仅大多数人仍然落魄贫穷,而且经济也不会像承诺的那样腾飞。这正好说明真正的变化是"取决于道路的"。它取决于历史,取决于过去的变化及其对当前的影响,取决于体制框架,取决于人的能力、价值观和态度,而这些因素很可能会塑造策略或话语被再情景化时经历的转型和变化。但是,这些"转型"的策略没有考虑到后共产主义国家的实际情况,也没有考虑到其中的巨大差异(Dăianu 2000, Pickles and Smith 1998, Stark and Bruszt 1998, Zamfir 2004)。

因此,"转型"是全球主义意义上全球化的一部分,旨在将后共产主义国家纳入新自由主义自由市场资本主义在全球传播的过程和工程之中,并进入"全球市场"。尽管存在不同形式的资本主义(如东亚形式),而且各自都证明其可行,但一般认为,罗马尼亚等"后共产主义"国家向市场经济的转型无疑是向新自由资本主义的转型。这种转型越来越体现出欧洲(欧盟)的特点,这我在下文会提到。中东欧后共产主义国家倾向于采取极端的经济自由主义,或许是一种将自己与社会主义的过去划清界限的方式。西欧社会民主形式的政治左翼软弱不堪，但他们（也包括罗马尼亚）容不得半点社会民主甚至政治自由的思想（Miroiu 1999, Szacki 1994）。

然而，"转型"在再现经济和社会变革的方式上却自相矛盾，因为它不仅暗示了一个给定的起点（社会主义经济和国家），而且也暗示了一个确定的终点。这多少具有讽刺的意味。自由主义者批判社会主义经济学家，说他们假设中央集权可以控制经济变革，但实际上没有一个中央设计师能够解决经济发展过程中的所有突发事件。这似乎显示出市场经济相对于中央计划经济的优越性。但是，坚持"转型"的理论家们却认为，整个过程是可以精确计划和操控的。我们可以认为，转型设计者的错误在于他们部分地误解（或许是假装误解）了话语的构建性效果：关于"转型"的话语可以或已经对社会生活的（再）构建有所贡献，但这种贡献取决于其实施的方式，它随因国而异的其他因素的因果影响而变化，因此其实际效果也无法预测，在很多方面与预期效果大相径庭。

如果说罗马尼亚和其他后共产主义国家的再层级化在一定程度上是由"转型"设计师提出的全球主义策略和话语所决定，那么这种再层级化就包含一个越来越重要的"宏观区域"维度，即与一些国家有计划地加入欧盟相关联的"欧洲化"。2005年该区域有10个国家加入欧盟，罗马尼亚和保加利亚也计划于2007年加入欧盟。相对于全球主义策略推动全球化的主导作用，欧盟这类国际区域集团的作用比较模糊。一方面，这些区域集团代表一种机制，在其统筹下，各国对全球主义思想影响和塑造的"全球市场"产生越来越大的作用。另一方面，它们也潜在地通过支持不同的经济、政治及文化的形式、实践、价值观等等，妨碍"全球市场"的单一化。

这种模糊作用体现在当前对"欧洲社会模式"的争论和担忧（Delanty and Rumford 2005）上面。对欧洲"社会议程"的持续坚守使得欧盟与其主要竞争对手美国区别开来。例如，这体现在《里斯本宣言》（Lisbon

Declaration 2000）的战略目标的表述和发展上面，这是知识经济，但与实现社会和谐与"社会包容"的政策相结合。但是，经济问题及对欧盟"竞争力"的担忧导致削减社会福利（或使社会福利"现代化"）的压力越来越大，同时也引发主张欧盟进一步向全球主义和新自由主义方向发展的观点（Muntigl *et al.* 2000）。一般来说，相对东欧，西欧部分地区（尤其是斯堪的纳维亚国家）对"社会议程"、社会政策和社会福利的支持更为积极。因此，尽管罗马尼亚被迫纳入欧盟的社会议程（例如，该国致力于实现《里斯本宣言》的战略目标，推行更广泛的社会包容政策以及实现知识经济的策略），但全球主义和新自由主义的立场仍然具有很大影响。

无论在经济、政治，还是在社会和文化方面，罗马尼亚都是一个复杂、矛盾、无序、部分地区管理失衡且相当混乱的国家（Chiribucă 2004, Gallagher 2004）。例如，该国经济最有活力和最占主导地位的领域是新兴的西方模式的市场，但国有领域仍实实在在地存在（尽管正在迅速萎缩），而且该国还有一个庞大的"黑色"或"非官方"经济，它们不受官方经济监管措施（如缴纳税款和社会保险）的管控（Chelcea and Mateescu 2004, Chiribucă 2004, Dăianu 2000）。许多策略和话语被从"西方"再情景化进来，但这些策略和话语被制度化的程度和所在层级、它们被实施的程度和采取的形式，存在很大的不同。

显然，层级重组正在进行。例如，欧洲的标准、实践、监控及管理模式、价值观及身份在经济、政治、教育等方面的影响显而易见，但却是偶发性的和不平衡的，与以前存在的标准、实践、监控及管理模式、价值观及身份共存，且呈现出高度复杂且自相矛盾的混合局面（Heintz 2005）。再如，在罗马尼亚累积数十年的附庸和裙带的社会关系及"地位群体（status groups）"的力量在所有的社会领域仍极其强大（Matei 2004, Mungiu-Pippidi 2002）。因此，再情景化和再层级化都不可能使罗马尼亚在欧洲和全球层级上实现和谐统一的过程简单，相反，它将是一个复杂、矛盾、不可预测的新旧混杂的过程。

项目及实践:"导师制"的案例

现在转向话语问题。首先我想强调,观察许多我们姑且称之为"小微"或"微观"的实践对于各种层级调整意义重大。这些实践似乎只是大变革过程中的细小环节,但在特定情况下,它们却能影响某些社会活动者的活动和行为。此类实践包括"品牌构建""树标杆""自我评价""团队协作"以及本节重点讨论的"导师制"。从事此类实践活动的不乏专家,他们通过吉登斯(Giddens 1991:18)称之为的"专家系统"传播开来,这一系统利用"技术知识的各种模式,其有效性独立于使用它们的实践者和当事者",也不受时间或空间特殊因素的影响。用吉登斯的话来说,这类实践从它们最初生成的社会环境和社会关系中被"移除"和"挪出",然后"跨越无限的时间和空间轨道"被"重新联入"(用我的话说,就是再情景化)。这样实践的意义远不止如此随意可见,它们的传播就对再层级化尤为重要,因为它们不仅会影响公共活动和行为,而且影响个人价值观、态度和自我认同感,还会潜移默化地引进和传播"西方"价值观(包括典型的西方个人主义),并潜在地产生深远的文化影响(另见 Ong and Collier 2005, Strathern 2000)。

新策略和新话语并不仅仅就是"流入"到特定的空间,它们是由社会机构"带入"到那里的。在罗马尼亚这样的国家可操作策略的社会机构不仅仅只是罗马尼亚本国的机构;有些外部机构同样可以在国家内部发挥作用,因为它们可以提供资金,因为它们可以影响罗马尼亚的国际地位(如"信誉等级"),等等。罗马尼亚的机构,以及在罗马尼亚国内运作的外部机构,都通过其影响力支持策略、话语及其在实践中运作的形式,这要通过大量的"项目"来实现,外部机构(如欧盟、世界银行、外国政府)启动并出资,罗马尼亚国内公立和私立的机构作为"合伙企业"参与其中。这些项目涵盖的领域非常广泛,但它们往往既有实际目标,又有投射话语、价值观、态度和"良好实践"的目的,并依靠政府机构、私营公司、非政府组织甚至个人将这些传播到"项目"以外的领域并广泛进入社会。

例如,教育项目就引入了新的工作方式(如"以项目为中心"开展工作)、学习方式(如"电子学习")和评估方式(基于"质量"思想的自我评价和相互评价),也在新价值观(如协作式的"团队精神")和态度(如了解和接受文化差异)的形式方面带来文化影响。所有这些引号内的表达都是被再情景化到罗马尼亚的话语的主题。世界银行的《农村教育项目(2003—2009)》就是一个例子,该项目的目标是"使农村学校的学生获得优质教育的渠道得到改善"。尽管该项目关注农村学校物质资源极端贫乏的问题,但其主要目的是引发"行为方面的变化"。这包括"教师的专业发展",即通过有"导师"参与的学校培训使其了解"以需求为本的学习(needs-based learning)"的新理念,增加在学校的"社区参与度"及"学校管理的民主参与度"。这些项目不断地投入大量的资源和资金,主要传播西方思想、做法、价值观和态度,从话语分析的角度来看,也传播话语、语体和文体。

以"导师制"为例。根据克拉特巴克和梅金森(Clutterbuck and Megginson 1999)的观点,"导师制"就是"线下帮助,即一个人帮助另一个人在求知、工作、思考等方面进行有意义的转变"。"培训与辅导网站(Coaching and Mentoring Website)"(2005)列出了"导师"的工作范围,包括:

- 帮助开发个人的需求、动机、愿望、技能及思维过程,以帮助其实现真正持久的变化;
- 使用提问技巧改善客户的思维过程,以确定解决问题的办法和行动步骤,而非采取完全指示性的做法;
- 帮助客户设定合适的目标以及评价这些目标的方法;

- 认真观察、仔细倾听、注意提问，以了解客户情况；
- 鼓励客户采取实际行动，促进个人持续性成长和转变；
- 无条件积极关心客户，即导师在任何情况下都对客户及其观点持支持而非评判的态度。

"导师制"的概念只是最近才在罗马尼亚出现。如以上节选的文字所述，这是一个需要了解的崭新的话语（主题和术语包括"辅导""促进""探索需求""设定目标""个人成长"，等等）。这是一个导师和被导师辅导者都要学习的全新的行为方式，包括互动的形式，即新语体，如该节选中提到的互动中导师的新语体和被导师辅导者的新语体。如果没有新的工作态度、没有与同事建立新的关系（建立在专业精神和信任基础上的关系）以及与自己建立的新关系、没有在职场道德和价值观方面的改变，就无法正确确立这种新的行为方式（虽然可能存在粗略完成的情况）。在话语方面，这些又包括新的文体，以及表达和表现发生变化的身份所需要的新符号资源。换句话说，"导师制"这样一个看似微不足道的观点和"小微"实践，可能会导致人员和组织机构方面大规模多维度的变化。

在罗马尼亚，"导师制"已经被引入到教育领域，现在正在向商业领域扩展。毕竟，只要初学者与有经验的人同处于一个空间，"导师制"就可以实现。"导师制"这类实践最初往往出现在教育系统和其他系统中的某些领域，有时甚至是小如"孤岛"的领域，而不是跨不同系统存在。以各种语言中心为例，其中一个是位于布加勒斯特的 PROSPER-ASE 语言中心，该中心于 1994 年在英国文化委员会的支持下由经济研究学院主办（作为一个非政府组织），旨在为想就业或出国留学的成年人提供高质量的语言培训（Mureşan 2004）。此外，PROSPER-ASE 语言中心还在英国文化委员会和歌德学院的支持下，协助建立了语言中心的国家质量保证网络。"导师制"以及其他实践，如自我评估和建立"学习伙伴关系"等都是该网络的质量保证和职业发展的一部分。

原则上，而且在实践的某种程度上，教育系统中这些"岛屿"的所作所为都是引发系统内更为普遍变革的先锋。然而，诸如"导师制"等"微小实践"使用的语言、实施的行为以及表达的态度和价值观与罗马尼亚当地在工作、教育、公共行政等方面仍然占主导地位的语言、行为、态度和价值观仍截然不同（Heintz 2005）。这就意味着，新实践的引入可能会造成很大的困难、紧张和不安，在某些情况下甚至会遭到抵制，还可能导致新实践与传统实践混杂在一起的情况发生。"导师制"和其他微小实践的案例解释了当下罗马尼亚新旧共存（包括新旧话语、语体、文体共存）导致的不平衡、零散、矛盾、有时混乱有时紧张的现状。这种现状导致的一个后果就是社会分化，例如，一些人能够从对新实践、思想、价值观、话语、语体和文体的了解和驾驭中获得经济利益，而另一些人则不能。

高等教育改革

欧盟内部及候选国家推行的高等教育改革正是对哈维描述的时空社会建构（Harvey 1996，详见第一章）的有效佐证，也是对杰索普（Jessop 2002，另见 Robertson 2002）关于在某一具体"子系统"或领域中"开创"新层级观点的有效佐证。直到最近，教育政策在欧盟内部一直被视为成员国的特权，在欧盟层面建立一个受其治理的欧洲层级也一直是一个敏感而有争议的过程，各成员国的教育部均持谨慎和某种观望态度（Dale 2005）。

新层级被明确称为"高等教育的欧洲领域"，是近些年由话语以及在某种程度上通过对话语的操作和实施由实体构建的众多"欧洲领域"或"欧洲空间"中的一个，也是建设欧洲层级更广泛过程的一部分。它的出现与里斯本理事会（The Council of the European Union 2000）通过的有关欧盟构建知识经济的策略密切相关。《里斯本宣言》本身就号召对教育（包括高等教育）进行改革，这对实现知识经济很必要。其中包括"研究

和创新的欧洲领域""终身学习"的开发以及教育和培训的变化:

> 欧洲的教育和培训制度需要适应知识社会的要求,并且适应提高就业水平和质量的需求。它们应该为不同生活阶段的目标群体提供量身定做的学习及培训机会,这些群体包括年轻人、失业的成年人,以及那些虽然正在工作但看到其技能有被快速变化的社会取代之风险的人。

此外,《里斯本宣言》还设定了一个"目标",各成员国要确定"促进学生、教师以及培训和研究人员流动的手段",包括"在认定学历或学习及培训的期限方面提高透明度"的手段。

成员国之间相互承认学历是一个中心议题。教科文组织《里斯本公约》(Lisbon Convention 1997)为跨国承认学历提供了法律基础,参与"博洛尼亚进程"的大多数国家签署了该公约,联合国教科文组织和经合组织也采取了一定措施,进一步扩展国际学历认证管理机制。国际学历认证被认为是落实《世贸组织服务贸易总协定》的一个障碍,因为该协定不允许国家政府对外国机构和个人在其领土内提供的服务(包括教育)加以限制。由此可见,高等教育改革与以"知识为本"的"全球经济"的话语和物质建构相关联,与将服务贸易"自由化"视作"知识经济"的一个重要部分的观点相关联,也与欧盟在教育和其他领域的竞争力相关联。

欧洲教育部长通过的《博洛尼亚宣言》确定了若干具体目标:通过实施"文凭补编(Diploma Supplement)"(载有详细的学业记录),建立"易读且可比性强的学历体系";建立一个基于两个"阶段"(本科生和研究生)的体系(学制后来分别定为本科3—4年、硕士1—2年和博士3年);实行统一的课程"学分"制;促进学生及学校研究和管理人员的"流动";各国为"保证质量"展开合作,制定可比标准;在高等教育中推广"必要的欧洲内容",即课程中与欧洲有关的"内容"。此外,该宣言还通过了一项建议,即本科学位应"与欧洲劳动力市场相关"。

这些目标被认为可以增强欧洲高等教育的"国际竞争力"、公民的

"就业能力"和"对共同价值观、同属一个社会文化空间的认识",因此也被合法化。2001年(布拉格)、2003年(柏林)和2005年(卑尔根)又分别举行了教育部长会议,将这些目标细化并写入了"博洛尼亚进程"中。"博洛尼亚进程"中改革文件的合法化通常会借鉴经济话语及欧洲文化价值和身份的话语,且对经济话语的借鉴越来越突出,也越来越强调"国际竞争力"。这反映出欧盟的大学改革策略与竞争力咨询小组制定的欧盟竞争策略之间存在联结或"联系"(Wodak 2000, Fairclough and Wodak即出)。同时,也建立起一个机制来监控和"管理"欧盟层级上的大学改革。由此可见,欧洲大学作为在知识型"全球市场"内运作的领域,"博洛尼亚进程"促进了其话语和物质的再层次化。

罗马尼亚的博洛尼亚进程

罗马尼亚政府承诺接受博洛尼亚策略和话语("阶段""流动""质量""竞争力""就业能力"等)并推行博洛尼亚改革,这实际上是罗马尼亚即将加入欧盟的连带效应,且其持久力、制度化程度及实施效果都通过立法得到了部分保障。有关大学学习架构的第288号法律(2004年)引入了一个由三个"阶段"组成的体系(本科生或"高职生"3—4年,硕士2—3年,博士3年),规定本科学位课程一般涵盖普通学科领域(把专业课程留给硕士学位),并引入了博洛尼亚体系的"学分"制和"文凭补编"制度。在每个阶段获得学位都要求学生掌握一系列"能力"及学科知识。这个新系统于2005年开始运行,此外,还有一项关于"质量保证"的法律,但截止至2005年秋尚未采用。

由三个阶段构成的教育体系被再情景化到罗马尼亚,其引进的方式不断遭到来自政府和其他部门的抱怨,他们认为其国内高等教育与劳动力市场的需求之间存在着严重的不对接问题(这是2005年罗马尼亚提交卑尔根教育部长会议的国家报告中所预见的主要问题之一)。例如,第288号法律中详细规定了每个阶段需教授的科目知识及一般和具体的"能力",这是本科学位须包括的"实际"教学部分;这个法律还详述了一项颇受争议的政府法令,该法令具体规定了本科学习阶段承认的专业领域,同时排除了许多现有的专业。

政府在议会辩论时阐述推出新法律的理由也揭示了这一点:他们认为重组将"消除过度专业化",有助于"发展那些经济文化领域需要但专业人才匮乏的职业",有助于"发展与当前需求及劳动力市场相关的新资格认证",且符合"本国、欧洲及国际劳动力市场的发展态势"(本节及下节引用的所有内容均为我对罗马尼亚文原件的翻译)。可见,政府的关注或多或少地全在经济上面,并未提及博洛尼亚文献中的其他一些醒目的法律条款,如学生的流动、欧洲的文化及身份认同。这一新体系于2005年秋季开始运行。

人们普遍认为,罗马尼亚实施博洛尼亚改革的进展缓慢,其部分原因可能是高等教育系统的总体状况不佳。一般认为,教育水准在"过渡"期间已经下降,其原因在于,一是大规模削减教育公共开支,二是高等教育从精英教育体系向大众教育体系的转变过程缺乏管理,导致质量、薪金水平和工作条件急剧下降,这使得知识分子的经济状况下降,士气受到挫伤。在罗马尼亚实施"博洛尼亚进程"将意味着对大学进行真正彻底的改革。在过去,罗马尼亚的本科学位课程占用四年或更长时间(现在大部分将减少到三年),专业化程度也很高,且大量专业化课程似乎与现存劳动力市场毫无关系。虽然有一些优秀的领域,但没有"质量保障"制度。罗马尼亚教育部在发布新法律(2005年)之际向新闻界发表的关于博士学位的声明指出了问题的严重性:"近年来,罗马尼亚博士学位的质量不断下降,致使外界对其国内有资质的机构授予的博士学位质量的信任逐渐丧失。"

在罗马尼亚,从政府层面起,博洛尼亚策略的操作一直是"自上而下"的。但欧盟的文件却是设想在整个大学体系内建立一种"伙伴关系"[76]及"广泛参与"的过程(例如2003年的《柏林宣言》中写道:"确保该进程取得长期成功的是所有伙伴的积极参与……而学生是全面参与高等教育管理的伙伴之一"），但在罗马尼亚，并不存在所谓的"学生参与"。许多工作人员在上级强制实施改革前对此一无所知，积极"参与""伙伴关系"的"合作伙伴"等相关话语又与大学中社会关系的高度等级化和依赖关系特征格格不入，因为在学校里，学生的行为往往受教师意愿的影响，低职称教师受高职称教师意见的影响（Miroiu 1999）。

罗马尼亚政府及大学中改革的支持者也会提出一些有争议的问题，其语调反映了大学改革面临的对抗和阻力。例如，教育部长在提到本科学位的变化时表示（2005年3月）："如果在（普通）学科领域招生并设置本科学位，我们就创造了一种机制，使学校提供的教育满足学生的需求。学生知道他/她将获得一个宽泛学科领域的文凭。"然而，在现行制度下，"我们创造的机制却是选择那些已经过时且效率低的专业，且只能在大学内那些'学术部落（academic tribes）'的要求下继续存在，与学生的需要或劳动力市场的要求格格不入"。"劳动力市场的要求"可能很明确，但"学生的需要"却是一个模棱两可的表述，需要审慎对待：是学生认为自己有什么样的需要，还是其他人认为学生需要什么？这些或许只是全球化的一个小小的片段：那些主张高等教育能够更有效地为英国、罗马尼亚和许多其他国家的市场服务的人，都在口头上呼吁要"满足学生的需要"。

上文教育部长提到的"学术部落"（也常被称为"部族（clans）"）实则为贬义地暗指学术界已经建立的权力关系，正如罗马尼亚的许多其他领域一样（参见我先前对庇护附庸主义的评论），即马克斯·韦伯（Max Weber）所说的"地位群体"的统治地位（Matei 2004, Mungiu-Pippidi 2002）。罗马尼亚的公共生活是高度依赖人际关系的———切都取决于你认识谁，你可以理应从谁那里获得帮助和支持，其基础是欠的人情、共同的朋友和熟人，或者彼此信任。在韦伯看来，"地位群体"的成员不一定都来自同一社会阶层。他们致力于维护和提高群体威望、价值观、实践，以及提升群体在地位等级中的高度。罗马尼亚大学里存在的"地位群体"具有内部等级的特征,通常由一位有权势的高级学术人员控制,其他成员(在获得工作、晋升和各种特权待遇方面)依赖他,并拥护和效忠他。这些群体通常会采取一定策略获得在高等教育和其他领域的权位并加以保持,改革因此被视为对其地位的威胁。例如,提高质量保障的透明度可能会削弱他们在获取信息和参与决策方面的特权,以及取消他们控制哪些专业课程可以教哪些不可以教的特权。这些群体对待改革不是采取积极的替代策略,而主要是采取保护性的"拖沓"策略,包括"装模作样"(即以改革为"幌子"来抵制真正的变革)以及在"保持标准""抵制向市场屈服"等方面自我合法化的一些形式,但随着改革在政治上的迫切性越来越大,这些群体能够选择的策略范围似乎正在缩小。

布加勒斯特大学:《质量控制手册》

接下来,我将以布加勒斯特大学《质量控制手册》的开篇部分为例,讨论公共文件带有的自上而下、指责他人和挑起争端的特征。于 2004 年在该大学的网站上发布的这个文件(University of Bucharest 2004),明确地预设了对手、抵制和"拖沓"的存在,并对这所大学的当局实现博洛尼亚改革的策略进行了深入的解读。它同时也显示出再层级化在一定程度上是一个文本过程:该文件将大学再现为处于一组新的层级关系之中,我们可以说,在用话语将再层级化说成是使其实际发生的必要时刻的意义上,该《质量控制手册》用文本编织起这所大学的"再层级化"。

在《质量控制手册》中,这部分的标题"国家和国际环境下的布加勒斯特大学"体现出**新层级关系的文本编织**,而且,这部分的第一句("如同世界上所有的优秀大学一样,布加勒斯特大学目前正面临着严峻的挑战")在全球层级上将该大学定位在精英大学之列。后文列出了七项"挑战"。对第一项挑战("信息和通信技术领域的快速革新")的讨论得出这样的结论:"如果布加勒斯特大学无视信息和通信技术的挑战,那就意味着要将自己排除在精英教育市场之外。"这样，该文件又一次将布加勒斯特大学定位在全球精英大学之列，但是，更重要的，它将大学再现为一个"市场"。这可以是对我前述观点的一个具体例证，即再层级化会对一个新兴"定位"的"横向"维度产生影响，在这个事例中，就是在高等教育和商业二者的边缘之间切换，将前者纳入后者的范围（具体表现为教育和经济话语间的**话语杂糅**）。高等教育成为市场的概念在英国等国家早已为人所知，但这一提法在罗马尼亚还较为新鲜。

这份文件的突出特点在于，变革以规避风险的名义以一种消极方式**被合法化**。这是一个**假设性的条件句**，具有警告的**语用力量**，并且以对未来进行预测的方式（未在目前采取行动而导致的未来结果）很有特点地将目前的行动合法化。通过这种风险警告进行合法化也与该文件的争论性间接相关：鉴于校方可能会实施抵制或拖沓的策略，强调不作为的危险便可视为一种可理解的策略。

第二项挑战（"全球化过程及其多重形式和后果"）再次将布加勒斯特再现为全球层级上的一员，声称全球化过程是"客观的"，警告说这一过程"是无法避免或忽视的"，并主张布加勒斯特大学必须是"全球化过程的积极参与者"，不仅要致力于为学生开辟机会，还要作为在文化全球化危机背景下捍卫国家文化认同的使者。

第三项挑战（"大众高等教育的发展"）将布加勒斯特大学再现为国家层级上教育体系的一部分，而且是未能成功应对大众高等教育的挑战那部分。它宣称，在其他国家，大学被看作是"进步，能为所有年轻人提供机会接受"高等教育，因此也表明罗马尼亚在国际比较中正在败下阵来。最后一句（"若无视或假意对待这一挑战，高等教育的文凭将受到严重影响，而大学也将失去威望"）再次从规避预测的未来危险的角度使目前的行为合法化（同样，这也是一个条件句，虽然在这个案例中不是假设性的，但也具有警告的语用力量）。"假意（hypocrisy）"这个说法很有趣：这些挑战有可能会被"无视或假意对待"意味着这里存在一个**假设**或预设，而"假意"一词暗讽和批评那些抵制改革的人，认为他们是"伪君子"——改革时只会唱高调，从不付诸行动。

第四项挑战（"国内及国际竞争"）以"竞争"为主题，并将市场话语和教育话语再次混杂在一起。它将布加勒斯特大学再现为在变化的"罗马尼亚市场"中受制于"激烈竞争"，这个包括与私立大学、新成立的国立大学的竞争，以及在公立高等教育学费方面的竞争。同时，布加勒斯特大学也受制于"严峻的国际竞争"，一是因为罗马尼亚人可以选择出国留学，而且这会随着外国提供的教育机会更具吸引力而越来越普遍；二是因为许多外国大学也正在罗马尼亚成立分校。反对内部阻力的论战也更加明确且更具针对性，比如会将"某些学院"的经历作为警示故事（"布加勒斯特大学无法避免这种竞争，只能选择不断援引享有盛誉的过去以吸引学生入学。该大学的某些学院一直采用这种思维方式，导致其入学申请人数近年来持续走低，因此必须纠正这一做法"）。这里，第二句中主张的观点在第一句中被预设出来：布加勒斯特大学的某些学院曾试图通过援引"负有盛誉的过去"以"避免参与竞争过程"。

第五项挑战（"失去对高等教育的垄断"）将布加勒斯特大学置于罗马尼亚"教育市场"之内，而大学在市场中已经失去了"垄断"，因为非大学机构如今也能授予高等教育文凭。变革再一次以可以承受风险的许诺被合法化："如果大学想要在教育市场保持竞争地位，它们就必须具有灵活性，能够迅速适应劳动力市场的需要。"

第七项挑战将布勒加斯特大学置于国家层级上的各大学之间，涉及在欧洲（欧盟）层级上各国高等教育体系间"兼容性"的政策。据称，对自愿签订《博洛尼亚宣言》的国家来说，这种改革进程是"必需的"（因为大学不能在政府入盟谈判时造成麻烦）。这里同样有与内部反对者论辩的成分，如提及大学理事会通过的变革原则"仅得到部分实施"；同时，通过提及风险（风险被预测为潜在的灾难，因此要立即采取预防行动）使变革合法化，如"冒着被现实压垮的风险"。

总结一下。这个文本有助于在话语上对布加勒斯特大学再层级化（在大学与国家层级和国际层级的关系方面对其进行文本编织）。大学作为一个组织，必须在全球及国家层级运作，而且，在两个层级都要作为竞争者在竞争日益激烈的市场中运作。该文本呼吁激进的改革，并从国家和国际层级变化产生风险和危险的角度将其**合法化**。对时间的再现也是文本的一个有趣的特征：要预测未来的风险，现在就必须在过去的变化、错误和失败的背景下采取紧急行动。从风险和危险的角度实施合法化的策略可能是出于对大学内部采取抵制和拖沓策略的认识，因此该文本对那些抵制和反对改革的人仍保持**论辩**的态势。

最后，我再展示一下该文本与《校长序言》中大学积极参与改革的表述形成的鲜明对照。该序言内容如下：

> 布加勒斯特大学正处于高等教育改革的前沿，致力于将我国融入欧洲并为创建欧洲高等教育领域和欧洲研究领域而努力。
> 该学校在为当前和未来的教育寻求创造性的解决方案过程中，不断反思教学活动，保持持续研究的士气，团结教工和学生，借此致力于提高教学过程的质量。

这里，现实与设想之间似乎出现了滑移。从该文件其他部分的描述来看，大学目前的状况与此处的描述相去甚远，与对大学未来能够呈现以及应该呈现的状况也不相同。或许，大学领导层是通过既憧憬未来又预测厄运的策略来刺激变革。

罗马尼亚及其他国家的高等教育改革

与英国这样的国家相比，罗马尼亚的高等教育改革还处于初始阶段。英国在最近向卑尔根教育部长会议（2005年）的报告中不无道理地宣称，博洛尼亚改革大部分内容已在英国实现。例如，质量保证体系已在英国建立数年。这在其他一些欧盟现有成员国也并非如此。例如，在奥地利，博洛尼亚改革最初被右翼政府用来为一种反动的大学改革正名,这种大学改革扭转了已经持续多年的民主化进程,并重新确立了权力主义和附庸主义在大学的领导地位,而这并非是"博洛尼亚进程"所要求或支持的(Fairclough and Wodak 即出)。

对奥地利、罗马尼亚和其他国家的案例进行比较,表明高等教育领域的再情景化和再层级化与其他领域一样,并不遵循单一模式,而是根据再情景化国家的具体特点和情况的不同而变化。博洛尼亚改革的结果在不同国家可能会有所不同,改革结果难以预测,也不能被完全控制及管理。就罗马尼亚的案例而言,具体的情况包括:1)严重缺乏资源(包括教学空间、图书馆、通信设备、行政工作支持等——事实上,西欧国家认为理所当然应该具备的条件大部分在这里都匮乏);2)存在一个基于"地位群体"的社会关系和权力结构体系,该体系深度等级化且缺乏民主;以及3)有一种对改革缺乏兴趣、拖沓甚至抵制的氛围,特别是在士气低下和收入微薄的教学人员中。策略和话语虽然正在传播,但是它们还没有在任何层级上被操作在机构、程序、社会实践、话语秩序(话语、语体和文体)、价值观以及态度的变化里面。当局正面临一个两难的局面:似乎除非从上而下强制推行改革,否则改革就不会得到实施;但是,如果各方没有积极参与或只是消极建立"伙伴关系",改革最终就不能达到预期效果。然而,各方参与度及建立的"伙伴关系"不仅与自上而下的强制措施相抵触,而且与根深蒂固的权力关系也不相符。这样一来,可能会出现一种与其他国家截然不同的改革结果,或许造成现有秩序和改革后的新秩序的某种混杂。从某种程度上说,改革还是会发生,因为大学不改革很难在高等教育市场中生存;不管愿意不愿意,大学已被投入到这个市场之中。

上世纪80年代英国进行改革时,便有种选择魔鬼或选择跳入深海的意味。在罗马尼亚,失信的旧制度只有少数顽固分子仍在拥护,然而,另一种选择是将高等教育作为一个市场,这在过去和现在都令很多学者厌恶。在英国没有出现过，在罗马尼亚也尚未出现的，是一种可靠的替代性改革策略。

质量保证

本节将重点讨论博洛尼亚改革中质量保证方面的问题，这是管理层面发生的更广泛变化的一个例子，而这些变化本身则是欧洲化和全球化的重要组成部分。这也可以与我在前面讨论的"导师制"这类"微小实践"联系起来——它们可以被看作对提高教育"质量"有所贡献。罗马尼亚对博洛尼亚改革的操作和实施最为麻烦，这在前面讨论"导师制"时也有所提及："导师制"这类微小实践会在文化、个人及体制方面产生深远影响，涉及的社会关系、态度、价值观和身份认同与其在高等教育中占主导地位的对应因素截然不同。

促进欧洲在"质量保证"方面的合作是《博洛尼亚宣言》的目标之一，而在随后的教育部长会议上，质量保证已成为一个焦点话题。质量保证是实现其他目标的前提，特别是在各方相互"承认文凭"和"流动性"方面。在2003年的柏林会议上，教育部长们强调需要制定"质量保证的共同标准和方法"，呼吁欧洲高等教育质量保证协会（ENQA）"制定一套各方认可的质量保证标准、程序和导师制方针，探讨就质量保证问题建立同行审查制度的方式以及（或者）建立认证机构或组织"，并于2005年在卑尔根举行的部长会议上汇报成果。这已完成，欧洲高等教育质量保证协会的提案（ENQA 2005）已获得批准。

提案的主要内容是建立一个"内部和外部质量保证的欧洲标准及外部质量保证机构的欧洲标准"，将定期审查欧洲质量保证机构并制定欧洲质量保证机构登记制度。欧洲质量保证规范的制定和管理符合国际质量保证机构（包括美国）的惯例。从这一点来说，"博洛尼亚进程"内质量保证体系的开发并不是专门针对欧洲的。这是我之前提到的全球化过程的一部分，在这一进程中，高等教育改革与"全球经济"的发展密切相关，被称为"知识经济"。

质量保证的方法侧重于"自我检查""自我评估"（包括实施新话语、语体及文体的"小微实践"），以及"高等教育提供者须对其资格认证和质量保证负首要责任"的原则（ENQA 2005）。高等教育提供者们应当建立一种包容性的"质量文化"（ENQA 2005）（包容意即学生、学术人员、行政管理人员和其他"利益相关人员"都是教育的参与者），这种"质量文化"承认质量的重要性，并寻求不断提高质量。建立外部质量保证是为了确保内部质量保证过程更为恰当充分。

在内部质量保证方面，"学校应建立正式的机制，以批准、定期审查及监督其课程的实施和文凭的颁发"；"学生评价应使用一以贯之的、已公布的标准、规定和程序"；"教师应该胜任教学工作并有能力做好教学工作，学校在这方面应有办法让自己满意"；"可用来支持学生学习的资源应充分且合适"，而且学校应"收集、分析并利用相关信息有效管理学习课程和其他活动"。此外，学校还应公开进行质量评估："学校应定期公布所提供课程及奖项的最新、公正、客观的量化和质化信息"（ENQA 2005）。关于质量"文化"的理念有时会延伸到个体本身，即个人有责任监督和提高自身的工作质量。

"质量"是一个颇具争议的概念，若向质量保证专家询问教学质量应如何描述，他可能会列出很多"性能指标"（例如课程目标对学生来说是否清晰，给学生提供的书目资料是否充分，课程讲义是否有用，等等）。在这些指标的后面是对"好的""最好的"和"基准的"教学活动的认识。基于对什么是"最好的"活动的特定理解，在评定某一课程或项目时，可设定一套指标，使其与"最佳"水准持平。更难处理的是提供稳定和无争议的关于"最佳活动"的标准，以及佐证这样的假设，即质量（在更普遍和一般的语言的意义上）是取决于遵守某种单一的"最佳"（或更宽泛意义上的"卓越"）模式（或由其保证），以及质量是某种可以用一组"指标"来衡量的东西。显然，对于什么是好的教学（或好的研究）存在着多种看法；需要注意的是，质量保证制度强调的是统一和标准化，鼓励一致性，然而这会打击多样性和创造性。

质量保证体现出管理层面更普遍的变化，而这些变化也是全球化的一个方面。质量保证只是基于"自我管理""监督"及"评估"（与外部"审计"及"核查程序"共同应用）的一种新的管理模式或技术的应用。"在对公共机构（如医疗、法律、教育）进行审计时，国家需要关注的并非是强制性的日常管理，而是要确保内部控制以监控技术的形式到位"（Strathern 2000）。这种新的管理策略与公共机构的"问责制"概念密切相关。管理方面的新发展属于"新公共管理"的总范畴，符合将公共服务转变为竞争性市场的新自由主义原则（Rose 1999）。从表面上看，机构"被赋予权力"是在没有官僚控制的市场中自行其事，但其自主权在很大程度上是虚幻的，因为它们用以"确保"强加在他们身上的"质量"标准的机制和程序受到"审计"的监督，对此他们别无选择。

从话语分析的角度看，我们感兴趣的不仅仅是与新管理技术相关的新话语，而且还有语体。我们可以看到，质量保证是通过流程实现的，这些流程在话语建构的意义上体现为**语体链**（genre chains）（Fairclough 2003: 31—32, 66, 216）和以系统性或可预测的方式联系在一起的语体群，同时这些流程也说明，当文字材料从一个语体变换到另一个语体时，规律性的以及可预测的语言变化就会发生。以我在英国质量保证体系的经验为例，进行"工作人员评估"时就需借鉴评估培训项目的材料（Fairclough 2003）。实质上，质量保证须定期进行，且员工的业绩要根据上次评估所定指标进行评估，并能够最终确定新的指标。用话语分析的术语讲，它既是一种话语，也是构成流程的语体链，它还是文体，参与者对这些流程的实施体现在文体之中。下面我们重点讨论语体链。

流程一般包含四个阶段，即准备、讨论、记录和传播。准备阶段需包含受评人的资料，包括一份最新履历，同事或学生的反馈及对自己工作的"自省材料"等其他相关文件。"评估讨论"是受评人和评估人（有丰富工作经验、了解受评人工作、由受评人推选)之间的会议,分为三个阶段:一是复查受评人现状及存在的问题;二是制订"首选方案",并将其转化为可行性目标;最后是制订具体行动计划。记录是一份由评估人撰写且受评人无异议的报告,内容包括评估结论、协议条款及最终目标,该报告仅供评估人、受评人和部门负责人参阅。这就形成了一个语体链,这些界限分明的语体连接在一起构成一个更大的程序整体,语体间的关系相对明朗。因此,受评人提供的文档材料由多种语体构成(个人履历、他人反馈及"自省材料"——语体虽是多样的,但内容却被限定在一定的标准内);如我所言评估讨论遵循特定的语体形式,在评估人指南中将做进一步说明(在此不赘述,见 Fairclough 2003: 250—252);受评人的文档材料也将以可预见的方式纳入讨论范围;最终的评估报告也是一种语体,它包含整个流程的内容且与评估讨论及受评人的文档材料相关。

  这种特定的语体链有很大的灵活性(实际上管理者对这种程序的灵活性非常重视,视其为优势),但它却能构成一个制度化的话语实体。员工评估就是一个社会实践(一种"小微实践"),它由一个程序构成,可以像"导师制"一样被"横向"再情景化到不同的社会领域(教育、商业、医疗保健等)、被"纵向"再情景化到不同的层级。这种实践对人们的行为方式、彼此相互联系和自我评价的方式有着潜在的非常重要的意义,对于工作人员而言,这种实践对其认识自己对待工作、同事、和自身价值的态度也有潜在的非常重要的意义。这也是上文所述管理新技术的例证之一,这种评估制度侧重自我评估和自我管理的过程,这一过程通常在学校的"使命"和部门的"计划"框架之内,并以一种不具威胁的方式被"同行评议"——尽管某些院校的员工评估制度其实比上述英国大学的评估制度更具威胁性。

  欧盟里斯本理事会的创新之处在于,它在管理方面提出了一种新的"开放式协调方法",从话语分析的角度来看,这一点意义非凡。以下是"部长会议结论"(The Council of the European Union 2000)部分的相关内容:

战略目标的实施将采用一种新的开放式协调方法，这是为实现欧盟主要目标所采取的传播最佳实践、获得最大融合的方法。这种方法旨在帮助成员国逐步制定自己的政策，具体包括：

- 确定欧盟的指导方针，同时制订实现其短期、中期和长期目标的具体时间表；
- 酌情制定针对世界最佳实践的定量和定性指标和基准，并根据不同成员国和部门的需要加以调整，以之作为与最佳实践水准比较的手段；
- 通过设定具体目标和实施措施将欧洲准则转化为国家和区域政策，在这一过程中应考虑到国家和地区差异；
- 作为相互学习的过程，组织周期性监测、评估和同行评审。

这也可以看作我一直讨论的管理技术在另一层面的实施。如质量保证一样，欧盟共同标准（"准则"）构成了各成员国自我管理的框架，并且能够定期进行外部监督和评估。上述方法第四点的话语很有意思，它将教育话语（"同行评审"主要适用于学者投向学术期刊旨在发表的论文的过程）扩展到政府间关系领域，而第二点中也有提及质量保证方面的话语（"指标""基准""最佳实践水准"等）。话语间的相互杂糅本身反映出管理技术超越特定领域或机构的界限。

这里又出现了一个**语体链**。实践中，"开放式协调方法"其实是一组相互关联的文件、会议或讨论，循环往复，有着既定和规范的书面语言和口头交流形式。例如，参与"博洛尼亚进程"的国家提交的定期进展报告符合特定的报告语体，即以具体的语体惯例组织成文。实际上，为在卑尔根举行的教育部长会议（2005年）准备的报告也必须按照一个具体的"模版"来撰写，这个模版由包含具体问题或提供信息要求等部分（如质量保证和流动性）组成。

质量保证这一实例阐述了全球化的不同维度在具体全球化过程中是如何聚集在一起的。我展示了高等教育改革的经济层面，包括展示它如何与服务贸易的放松管制相联系，如何与全球高等教育市场的出现相联系，如何与高等教育在其他经济部门中日益重要的地位相关联，以及它与知识经济有何关联等等。此外,我还论述了高等教育改革与教育以外的各个部门在国际上正在建立的新管理技术有何联系。然而,高等教育改革也涉及某些形式的文化全球化,这点在质量保证方面尤其明显。培育追求质量的"文化",注重通过自我监督和自我评估提高质量,这些观念的形成暗示出"人们从工作、从与他人及与自身的关系角度认识自我的方式"发生了变化,也暗示出"职业、学业和个人身份"发生了变化(Shore and Wright 2000)。

从我对罗马尼亚和质量保证的论述中,读者或许会明白为什么在操作和实施博洛尼亚改革过程中质量保证会引起非常严重的问题。罗马尼亚教育领域的实践、社会关系以及专业和大学的身份与质量保证体系涉及的实践、社会关系、专业和大学的身份完全不同,这就像监控和管理的形式也不相同一样。质量保证体系需要开放且相对平等的社会关系,需要透明且受机构有效监控的实践,还需要有对学校做出职业性承诺和愿意不断学习的人。但是,罗马尼亚大学的整体情况却是对具体实践的制度管理很差,而且不透明。社会关系高度等级化且附庸化突出,物品的分配往往以武断和因人而异的方式由某一专家控制。人们在一些事情上盲目追求自身利益最大化,但在大多数情况下士气低落,被超低的薪金、糟糕的环境以及他们所认为的资源匮乏和不公正的体系所困扰。然而,在教育系统内的某些"角落"里和"孤岛"上也确实存在有效的质量保证,例如前面提到的语言中心网络。

在罗马尼亚,公众普遍对政府话语和经常在公共话语和大众媒体中表达的法规不屑一顾,因为这些话语与实际情况的出入较大。罗马尼亚的大学是否能够在不久的将来实现博洛尼亚改革的体制和文化特征,以及改革是否能够充分完成,公众的怀疑态度也很强烈。大众媒体对话语和实际情况间存在差距的一个解释是罗马尼亚人的"心态"问题,他们认为真正的变化需要"心态"的改变,而且他们强调,心态的改变需要"几十年"。我倾向于将这个问题看作是一个制度问题,是制度内社会和权力关系的问题，这当然也影响到人们的"心态"（态度、价值观及行为）。教育系统内部在我所提及的"角落"里和"孤岛"上成功操作和实施变革的案例也表明（如果这些表明被需要的话），这些障碍并非像所说的那样是罗马尼亚人身上无法排除的一个特征。

质量保证体系已经在建立的过程之中，大学也将依法执行相关条例。乐观一点来看，体系和程序的建立必将带来我所展示的深刻变革；悲观一点或更为现实的观点则是，现存的社会关系和利益盘根错节，在高等教育的许多领域，质量保证的形式还是停留在口头上，并没有什么实质性的内容，更谈不上代表着追求质量的"文化"。

贫困及"社会排斥"

与其他许多国家一样，英国的社会政策一直关注"贫困"问题。但是，1997年选举产生的"新工党"政府的一个早期倡议却要改变这一话语，将其重点转移到"社会排斥（social exclusion）"上面。"社会排斥"一般被认为比"贫困本身包含的内容多"，它涉及：a）对劣势处境的一种多维度考虑，包括对教育、健康、住房、社会网络和参与，以及收入等方面的劣势处境的思考；b）对社会排斥如何随着时间的转移而出现进行动态分析，这种分析通常建立在对多种因素的考量之上；c）对劣势处境的认识是相对的，将劣势看作一种被包括的多数人和被排斥的少数人之间的关系；d）一种能够"吸收""被排除者"的政策，使他们脱离社会救济，重返工作岗位（Room 1995, Levitas 1998, Fairclough 2000b, Silver and Miller 2002）。

卡梅伦和帕兰（Cameron and Palan 2004）认为（见第一章），把贫困和社会剥夺建构为"社会排斥"实际上是全球化的一个部分，因为它是以"全球主义"的方式被话语和／或物质建构出来的。他们的观点是，全球化是三种不同的"想象的"（某种程度上是已实现的、机制化的）经济之间的相互联系,即"海外经济(offshore economy)""私人经济(private economy)"和"反经济(anti-economy)"。"反经济"是"社会排斥"的一个空间;与"海外经济"和"私人经济"不同,"反经济"不在新兴的全球秩序之内。这三种经济相互关联:国家"私有化"之必要,降低了其对公民的公共责任,而且,新自由主义全球化"不可避免"地使其成为"竞争国家",从而各国经济间实行竞争性对抗以求得生存;除非在"社会排斥"与"包容"政策的有限和不适当的伪装之下,国家"无法"解决贫困问题,这是因为竞争性国家优先考虑的是培养具有竞争力的劳动力,而对全球化受害者仅能给予有限关怀。

与其他后共产主义国家一样,罗马尼亚为应对严峻的社会问题而采纳反对"社会排斥"和实现"社会包容"的策略与话语,这样做实则受到欧盟的驱动。1999年,《阿姆斯特丹条约》将反对社会排斥的斗争列为欧盟的工作目标,2000年,《里斯本宣言》进一步确定了"战略目标",即"创造更多更好的工作,形成更大的社会和谐"。在欧盟委员会关于社会议程的交流中(Commission of the European Communities 2005),经济增长和"社会和谐"被表述为是"相辅相成的,若要取得更大的经济进步,就必须先建立一个社会凝聚力更强、社会排斥更少的社会。"各成员国应在"开放式协调方法"的基础上,协调各自的政策,努力消除贫困和社会排斥。共同目标如下:

- 促进就业,增强人们获取资源、权利、物品和服务的渠道;
- 避免排斥的风险;
- 帮助最弱势群体;
- 动员所有相关机构。

就业是"抵御社会排斥的最佳保障",促进"优质就业"需要通过促进"掌握技能和终身学习"来发展失业者的"就业能力"。社会保护体系旨在"确保每个人都能拥有体面生活必需的资源",包括体面的住房和医疗等,同时也确保就业能够带来更多收入,并提升"就业能力"。制定能够"预防生活危机(有可能引发债务问题等社会排斥现象)""维护家庭和谐"的政策,并将其应用于残疾人、儿童、移民以及社会排斥程度较高的领域。"动员所有相关机构"是指在国家、区域和地方等各级所有相关政策领域主张打击社会排斥现象(这是由社会排斥的"多维"性质决定的,包括住房、教育、健康、信息与通信、流动性、安全与公正、休闲与文化等方面);促进包括"社会伙伴、非政府组织和社会服务提供者"在内的所有相关机构之间的对话和参与;培养公民和企业的"社会责任";增强遭受排斥人员的参与度和自我表达,特别是当环境、政策和措施影响到他们的时候。

对于"就业"的强调符合"社会排斥"的"社会整合主义"话语,莱维塔斯(Levitas 1998)认为这是欧盟策略的主要话语。她认为许多明显彼此不同的阐述共存,构成了"社会排斥"的不同话语。这也意味着对"包容"的含义可能会有不同的理解:它可能是一种再分配主义话语,其中社会排斥的主要成分是贫困问题;它也可能是一种"道德底层"话语,其中文化差异(在道德术语中有着负面含义)是关键所在;它也可能是一种"社会整合主义"话语,其中缺乏有偿就业是主要因素。在莱维塔斯看来,公共话语的含义就介于三者之间。虽然欧盟主要采用社会整合主义话语,但其他话语在欧盟策略再情景化的国家(地区和地方)那里更为(或更不)明显。

欧盟策略再现了欧盟社会,只不过其再现的方式是突出欧盟社会的某些方面而隐藏另一些方面。例如,"全球化"的经济和社会变革带来的社会不稳定和破坏性影响,有时会被当作一种抵御社会排斥的基本理念,而在很多人看来它是资本主义新形式固有的排他性这一点(见卡梅伦和帕兰的分析)却鲜有表述和分析。这种话语首先预设一个能够"包容"多数人的社会,并将注意力从这些被"包容"的人群日益增长的财富和权力的不均现象中转移出来，同时将"排斥"构建为具有残留的、边缘化的、病态的但又不是地方病的性质（Levitas 1998）。言外之意是，排除了"应被排除在外的人"的社会具有合法性，并且能以和谐的方式很好地为被"包容"进来的人服务。社会包容策略可看作是一个能够创造和谐友好社会的乌托邦工程。但从其他话语的角度看，如把当代资本主义再现为是一个普遍存在贫困、不公正和排斥现象的阶级分化社会那样的话语，社会排斥便是一种意识形态。也就是说，"社会排斥"最大限度地减少改革受害者的被剥夺感、痛苦和需求，同时，也对国家未承担通过财富再分配来确保公民幸福的责任进行开脱和辩护。

欧盟策略在罗马尼亚的再情景化

下面的讨论涉及《罗马尼亚反贫困及促进社会融合的国家行动计划》（Comisia Anti-Sărăcie 2001，以下简称《国家行动计划》）及《罗马尼亚国家发展计划 2004—2006》（Ministerul Integrării Europene 2002，以下简称《国家发展计划》）（该计划的第三个策略重点是"发展人力资源、提高职业水平和打击社会排斥"）。其中的节选部分均为我对罗马尼亚文原件的翻译。

欧盟策略在罗马尼亚的再情景化，情况复杂且困难重重，以下引自《国家行动计划》第 15 章的内容便说明了这一点：

> 罗马尼亚的贫困和社会排斥现象并非是一个较为高效运作的体系的副产品，而是体系失败的结果：首先是社会主义工程的深刻危机，其次是导致经济崩溃的过渡性策略失误，最后是补偿性社会政策的缺乏。

其结果是"贫困爆发"及人口"严重两极分化"：一小部分人抓住新的机遇迅速致富，绝大多数人贫困，还有一部分人不仅严重贫困而且遭受"人类和社会的屈辱"，"缺乏文明生活的基本资源"。2001 年，工资加上社会福利的收入是 1990 年水平的 42%。这表明罗马尼亚存在贫困问题、社会剥夺和边缘化问题，这些问题与最初设计欧盟策略时考虑的国家那里存在的同类问题有根本差异。罗马尼亚不可能成为一个包容多数人的社会。与高等教育改革一样，策略和话语的选择实际上是罗马尼亚成为欧盟候选成员国的必然结果。试图解决这些现实问题会遇到很多困难，社会排斥、社会包容的策略和话语与罗马尼亚实际存在的社会剥夺现象对接也有很多困难，这可以通过对这两个文件的分析看到。

"社会排斥"在《国家行动计划》第1章被定义为："由于多重剥夺而使一个人处于社会生活的正常形态之外，且很难重新融入正常的社会生活。它是歧视、缺乏机会、不断被剥夺、社会正常运转能力的退化或停滞、个人或集体生活方式的边缘化的结果。""极端的贫困因其具有持久的特征且世代相传，会产生很难扭转的社会排斥现象。"贫困以外的其他社会过程也可能导致排斥："犯罪、……流浪儿童、走出流浪儿之家的青年、无家可归的人、……破碎的家庭、长期失业的家庭、酗酒和吸毒人群，还有吉普赛人口中积累了许多社会顽疾的人"。被强调的部分是"社会救济能力的低下"及"社会包容能力的退化"："许多失业者长期失业，因没有能力学习其他专业能力，导致其无法进入劳动力市场，……或许更为严重的是，新的一代进入劳动力市场的能力似乎严重不足。……长此以往，持续的社会排斥加剧贫困现状，消费不足加之难以进入劳动力市场，致使贫困状况长期存在。"因此，《国家行动计划》第15章给出以下结论："罗马尼亚面对的并非是正常社会变化范围内的发展引发的贫困和社会排斥状况，而是过去二三十年社会主义和过渡时期积累的巨大危机引发的贫困和社会排斥的大爆发。"

《国家发展计划》中的第三个首要任务是"发展人力资源，提高就业水平和打击社会排斥"，这将社会排斥与失业及"就业能力"联系起来，并通过"就业能力"与教育联系起来。具体内容如下：

> 总体目标……是增加劳动力的就业能力和抵御社会排斥。该首要任务之

所以重要是因为劳动力市场出现的问题需要处理,比如增加就业机会方面的服务质量越来越差的问题,特别是教育和职业培训体系的能力有限,难以适应劳动力市场不断变化的需求,以及劳动力市场本身的结构问题,比如年轻人失业率高于欧盟平均水平,长期失业率居高不下。这些问题的出现是因为社会排斥的对象是残疾人或吉普赛人这类传统目标群体,……而且,更重要的,也是因为农村地区出现的日益严重的社会边缘化问题。

针对这样的现状,有四个主要策略:加大对教育和职业发展的"投资"及改革力度;利用互联网(涉及互联网的接入和使用方面的政策)"进行继续教育,并在人力资源开发方面加大投入";制订帮助失业者和遭社会排斥的人找到长期工作的特别培训计划;健全社会服务体系,加强为特别贫困地区的弱势人群提供服务的能力。

文件在许多范畴上对贫困和劣势处境做了描述,但在说明这些范畴之间的联系时出现了一些矛盾。例如,"社会边缘化"被认为是"一个主要与'社会排斥'具有相同内容的术语,指的是一个人或群体处于一个社区的'正常'社会生活之外(或'边缘')。近年来,'社会边缘化'这个词汇似乎要被'社会排斥'所取代"(《国家行动计划,第一章》)。然而,上面那一大段摘自《国家发展计划》的引文在末尾却将劳动力市场问题归咎于"对传统目标群体的社会排斥",而且,"更重要的,归咎于农村地区出现的日益严重的社会边缘化问题"。与其他后共产主义国家相比,罗马尼亚有很大一部分人口生活在农村地区——截至2003年,仍有35.7%的工作岗位在农业(2001年是42.3%)。农村人口多数遭受"多重社会剥夺"(在《国家行动计划》中称之为"社会排斥"):贫困、极端贫困、教育水平低(教育水平比城市差,辍学率高,只有2%的高等教育学生来自农业工人)、低于城市水平的医疗卫生及社会服务条件等等。因此,我们会问,既然宣称这两个术语主要以"相同的意义"使用,为什么这句话还要将"社会排斥"与"社会边缘化"区别开呢?我们可以将这个问题视为在罗马尼亚以欧盟策略的话语范畴再现贫困和社会弊端所遇到的困难在文本中的众多体现之一：如果把"对传统目标群体的社会排斥"和"农村地区的社会边缘化"混为一谈，作为衡量"社会排斥"的标准，那么就会出现这样的局面，即"被排斥的人"比"被包容的人"还要多，这从"社会排斥"的策略和话语来说无疑是荒谬的。

"社会排斥"在《国家行动计划》中被定义为从"正常的社会生活形态"中排除，也就是说它是一种不正常的状态。我在上面引用的《国家行动计划》第15章也清晰地将其视为一个问题："罗马尼亚面对的并非是正常社会变化范围内的发展引发的贫困和社会排斥状况"，而是过去很长时间存在的危机引发的"贫困和社会排斥的大爆发"。如果罗马尼亚在四分之一个世纪都处于危机之中，那么"正常"和"异常"之间的区别就很难划清了。我们可以将其与人们关于另外一个范畴（"相对贫困"）的论述联系起来："相对贫困"在《国家行动计划》中被定义为是"一个生活水准，虽基本体面，但就集体生活愿望而言，还是产生一些苦恼和困难。"然而，这种"相对贫困"在罗马尼亚不能参照"平均收入水平"来衡量，因为平均收入本身并不能保证"体面"的生活水平。根据该文件，各方都认可的"体面生活的最低标准"的定义有两个参照点：一是罗马尼亚人的生活水平，二是西方的生活水平。因此，很难给"相对贫困"这一话语下定义，而且这种"相对贫困"人口"可能占罗马尼亚人口的三分之一以上"。

除此之外，还有一个范畴，"相对低收入"被定义为"收入明显低于社区平均水平的人"，"缺乏公认的体面的生活条件"。而在罗马尼亚，这是一个指标，它"估计的是经济两极分化，而不是贫困本身"。欧盟对"相对低收入"的衡量标准是低于平均收入的60%，其中只包括16.8%的罗马尼亚人，这一数字实际上低于欧盟的平均水平，而且在一个大多数人收入很低的国家，这一数字显然毫无意义。

这很混乱，但还有更混乱的。在《国家行动计划》中，"贫困"的定义是"与集体生活标准相比，缺乏正常生活所必需的资金来源"。"极端贫困"的定义是"严重缺乏资金来源，人的生活条件在文明社会绝对无法接受，人的生活尊严遭到严重践踏，造成正常社会运转的能力急剧恶化且无法逆转。极端贫困往往在被长期边缘化和社会排斥过程中形成，因此摆脱贫困状态的可能变得没有意义"。"严重贫困"的定义是"生活资源可以提供极其简陋的生活条件，虽对正常社会功能有所阻碍，但不排除通过努力摆脱贫困现状、恢复资源正常状态的可能"。罗马尼亚的"极端贫困"人口在《国家行动计划》的一处估计数字是1%左右，在另一处则是百分之好几，"严重贫困"人口是12%，"贫困"人口是17%以上。鉴于"贫困"的定义是缺乏"正常"生活的资源，根据这些数字，约30%的罗马尼亚人被"排除"在"正常生活"之外。

所有这些表明，用欧盟的范畴来解释罗马尼亚的问题是困难的，因为并不是大多数人过着以"体面"标准衡量的"正常"生活。参照这个标准，很多群体被界定在"社会排斥"之列。如以上所示，根据这些文件提供的数字和定义，大约30%的罗马尼亚人被排除在"正常"生活之外。让我们引入2004年10月舆论的"晴雨表"（由索罗斯基金会编制）：39%的受访者认为"我们没有足够的生活必需品"，40%的人认为"我们的生活必需品刚刚够用"，14%的人"有充足的生活必需品过体面的生活，但负担不起贵重商品"，4%的人"可以购买贵重商品，但必须削减其他开支"，1%的人"可以负担一切所需"。这表明，大约80%的罗马尼亚人认为自己的生活还不够"体面"。可见，欧盟的话语越来越离题了。

从话语分析的角度来看，这是不同话语相互杂糅或混合的问题：比如二十世纪九十年代罗马尼亚的研究人员再现贫困的话语与欧盟话语之间的混合。似乎正是这种将罗马尼亚强行"揉进"欧盟模式引发的混杂，造成了我讨论的一切混乱和矛盾。以上面引用的句子"极端的贫困因其具有持久的特征且世代相传，会产生很难扭转的社会排斥现象"为例，"极端贫困（sărăcia extrema）"这一范畴是由罗马尼亚研究人员（Stănculescu and Berevoescu 2004）提出的，他们拒绝"社会排斥"一词，认为其"不适合罗马尼亚的具体现实",因为"大部分罗马尼亚人都处于贫困状态"（2004: 25）。"极端贫困产生……社会排斥"这句话的意思很不清楚——事实上,我宁愿说它毫无意义。在我看来,不论谁写这句话,他/她或许是把实际上来自不同理论话语的范畴（如"极度贫困"和"社会排斥"）错当作彼此不同、同时存在、其中一个为另一个"产生"的真实条件。这是由**语义上的不协调**（Cruse 2000）造成的："社会排斥"被赋予一种特性（这"很难逆转"）,这种特性暗含在"极端贫困"的特性中,而"极端贫困"的特性使其"产生""社会排斥"——"其特征持久且世代相传"。

再来谈谈这个策略积极的一面,获得"社会包容"被定义为"通过培养专业能力和提供就业就会,使处于社会排斥状态或被边缘化或濒临边缘化的人重新融入正常生活和获得正常社会功能的过程"（《国家行动计划》第一章）。其目标是建立一个"包容性社会",一个"繁荣的社会,经济、政治和社会活跃,集体和个人有高度的责任感,社会和谐,人人都有较好的机会"。此外,还制定了建设这样一个社会要遵循的一些"原则"（《国家行动计划》第二章）。这些都表明,"社会包容"话语可看作是"结点话语",它将其他三个附加话语链接在一起:关于个人和经济责任的话语（使人们变得"积极""独立"和"有责任心"）,共同治理的话语（包括将被"排除在外"的人看作"伙伴关系"中的"参与者"）,以及人力资本的话语（比如将社会政策视为对人的"投资"）:

- "激活"原则:"贫困及社会排斥现象可以自我繁衍,这不仅是因为缺乏最低生活资源,还因为人们消极怠慢的生活状态……例如,接受且适应被边缘化和贫穷的状况以及建设性面对困难和避免风险的能力逐渐退化的局面"。激活原则包括"恢复社会功能,重新融入经济活动体系,激发参与公共生活兴趣,发展建设自己生活和家庭生活的能力并参与其中"。

- "责任"原则:培养人们在"新的社会公德"制约下"对自己、家人、朋友、同事、邻居及社会的责任感",甚至依靠社会救济的人也尽其所能地为社会做出贡献。

- "社会援助作为社会包容手段"的原则:社会援助应该同时被看作是促进"激活"和"培养责任心"的手段,以及促进"社会包容"的兴奋剂。接受援助的人不能被当作只知伸手索取的"孩子"对待,而应视作接受帮助后可以独立的"成年人",自食其力,同时具有责任感。
- "由治疗到预防"的原则:"治疗"会浪费大量财力,而且会面临永远无法治愈的风险。"预防"则意味着从一开始就培养自给自足的生活能力,并且建设性地面对风险。
- "避免因帮助更为贫困的人而区别对待不太贫困的人"的原则:为更为贫困的人提供各种社会福利,但福利额度不宜过大,鼓励其自食其力。社会政策若仅惠及"最贫困的群体",则会加剧社会排斥,有违社会福利的初衷。
- "加大投资,促进社会和人类发展"的原则:"这是消除贫困和排斥现象的最佳方法","通过重新融入社会消除和摆脱贫困"。
- "建立伙伴关系,增加参与"的原则:允许有代表性的团体和组织参与社会政策的规划过程,扩大地方社区、非政府组织,尤其是受益群体的广泛参与。

莱维塔斯在解释"社会包容"时所说的"道德底层"并不仅仅是一种低调:"社会包容"政策包括或明或暗地打击被"排斥"在外的人群中那些有瑕疵的人(如"散漫"、缺乏"责任心"、缺乏独立能力、犯罪、缺乏工作道德以及不为集体做贡献的人)。当然,要求人们做更多的事情来自救总是可能和容易的。但是,罗马尼亚的穷人一般没有什么机会来改善自己的生活。罗马尼亚急需解决一些重大的结构性问题,尤其是欧盟内部完全不可持续的那些依靠农业劳动生存的大量农村人口问题,以及经济领域就业岗位数量持续走低的问题。这些都需要引进强有力的结构变革政策,而这些政策如果没有同样有力的社会援助和福利政策与之配套,也会进一步降低数百万人的生活水平。"社会排斥"和"社会包容"的策略和话语在罗马尼亚都是不恰当的,很大程度上与问题的层级无关。"道德底层"话语也是危险的,因为它将社会援助的匮乏错误地归咎为受害者自身的困境。

我以上提到的众多"项目"中都有操作社会排斥或社会包容话语的举动,包括世界银行的《农村教育项目(2003—2009)》。这一项目的主要目标是帮助农村学校的学生"更好地获得优质教育,并从中受益",这本身就是纠正农村地区社会排斥现象的有意义的尝试,而其对"行为方面变化"的关注就可解释为致力于社会包容,例如,扩大人们掌握语体和文体的范围以增加当地社区对学校管理的"参与"程度。讨论至此,我的意思并不是说社会排斥及社会包容的策略和话语没有益处,相反,罗马尼亚的现状并不符合这些策略和话语针对的那些问题的层级,误用反而会带来更坏的后果。

结　　语

本章内容表明,诸如民族国家这样的空间实体的再层级化是一个复杂的过程,其后果会不均衡、充满矛盾且不可预测。因为再层级化包含策略和话语的再情景化,而再情景化是一个积极的挪用过程,在这一过程中,策略和话语的选择、保留(制度化)、操作和实施的程度和性质取决于再情景化场景的经济、政治、社会或文化特征(包括再层级化国家的历史、结构特征、制度特点、社会关系、不同社会和政治群体之间的权力关系斗争,以及该国人民的价值观、态度和对其身份的认识)。

以上讨论涉及两个发生在罗马尼亚国家层级和欧洲(欧盟)层级之间关系变化方面的案例,即实施高等教育改革的博洛尼亚策略以及反对社会排斥、获得更大社会包容的欧盟策略。在这两个案例中，罗马尼亚作为即将加入欧盟的国家，在国家层级上对这些策略及其相关话语的选择不是被动而是自己主动做出的。在社会排斥／社会包容这个案例上，我曾指出这是一个不幸的"选择"，因为它基于对罗马尼亚社会现实做出的与实际情况不符的假设。如我所示，这导致了政府文件中那些操作和实施政策明显的矛盾和混乱。

在博洛尼亚策略和话语的案例中，尽管改革在法律上已制度化，而且一些措施已经或正在实施，但博洛尼亚策略和话语所预设的运作机构、具体实践、社会关系、专业和学院关系与罗马尼亚的实际情况并不相符，因此很难预测或者精确管控改革的实际结果。可以看到，罗马尼亚的再层级化正在发生，特别是，罗马尼亚在国家层级和欧洲层级之间关系上的重新定位正在发生，但是，这个过程却相当混乱，有许多如我所示的障碍、矛盾和复杂因素。在结构、体制、实践、人员以及话语（秩序）上面发生的变化都不平衡，也不稳定。最后，我要指出，罗马尼亚在这方面绝非例外，尽管罗马尼亚有自身的特点，也因这些特点它的特定轨迹也在某些方面具有特点。

本章在文本分析方面讨论的文本特征主要有：结点话语及其周围簇集的其他话语；话语间交互性杂糅，其体现形式包括各种话语的混合、矛盾、合法化、语体链、空间关系（层级间的关系）的再现，以及时间关系的再现。

我在本章只是顺便提及大众媒体，但在再层级化过程中，在传播策略和话语以及使策略和话语合法化或非法化的进程中，在机构、实践、价值观、态度等方面的变化中，大众媒体都有着重要的作用。下一章我将重点关注大众媒体和媒介化问题。

第五章
媒体、媒介和全球化

大众媒体（mass media）在新层级的构建、层级之间关系的转型以及空间体再层级化这些过程中发挥重要的作用，对积累机制和社会调节模式之间的新"结点"的构建和巩固也有重要作用（第三章对此有所讨论）。所有这些过程取决于话语、叙事、思想、实践、价值观等的社会传播及其合法化，取决于根据这些话语、叙事、思想、实践和价值观对公众的定位与动员，取决于对变革进行认可或至少是默许。在当代社会，大众媒体是最主要的社会领域，是这些过程赖以发生的机构，而媒介（mediation）则是主要的机制（Silverstone 1999, Thompson 1995, Tomlinson 1999, Virilio 1997）。政治和政府现在是高度媒介化的，而且大多数关于全球化、欧洲化和其他变革过程的公共反思、辩论以及争论都发生在大众媒体这个当代公共领域的主要空间里面（Barnett 2003, Blumler and Gurevitch 1995, Franklin 1994）。不仅如此，文化政治经济学发现的那些经济和政治制度得以产生和变化的文化条件，其建构也在很大程度上取决于大众媒体对信仰、实践、价值观、态度以及身份的影响。这方面的一个前提是，人们的社会经历现在是一个复杂体，其中既有"未经媒介的（unmediated）"经历（人们彼此直接的互动与交流），也有人们彼此的回应受对方左右和塑造这样"经媒介的（mediated）"经历（Tomlinson 1999）。

在这一章，我的第一个目的是延展第四章"民族国家的再层级化"这个主题,将媒体与媒介包括进来;第二个目的是讨论大众媒体对构建一个"全球公众(global public)"的一些贡献,这可以被看作是大众媒体对构建某个全球层级的一个特定贡献。我将讨论三个案例。第一个案例涉及罗马尼亚的政治"媒体化(mediatization)"(Fairclough 1995),将特别关注政治"品牌构建"的出现(即罗马尼亚现行的对"品牌构建"的更普遍的关注)。第二个案例展示罗马尼亚版的《大都会》(*Cosmopolitan*)杂志对女性身份的解读。我将围绕大众媒体对罗马尼亚再层级化的影响来讨论这两个案例。第三个案例涉及媒体面向全球公众发布的有关"远方他者"受苦受难的报道,具体指 2001 年 9 月 11 日(美国)世贸中心和五角大楼遭袭事件(Boltanski 1999, Chouliaraki 2004, 2005, 2006)。在讨论这几个案例之前,我先讨论媒介这个概念,以及当代大众媒体涉及的政治经济等方面的问题。

媒　介

"媒介"这个概念与缩短(和"远方他者")交流的距离紧密相关。媒介与"时间和空间上的间隔"相联系,与"一个象征性形式与其产生的场景分离"并"被重置于一个坐落于不同时空的新场景"相联系(Thompson 1995: 21,另见 Giddens 1981, Ricoeur 1981)。远程交流的形式(电报和电话,之后的收音机和电视,再往后的互联网)已经造成了"空间和时间的分离"(Thompson 1995: 32),意即与"远方他者"的交流不需要在物理时空上传递的象征性形式(例如信件或印刷材料),也不再受由其引发的延误的困扰。信息和通信技术的变革,以及新媒体的出现,大幅度提高了缩短交流距离的可能性,也使以很小的成本获得不限距离的即时交流成为可能。这些新技术被广泛认为是当代全球化过程中的一个关键因素。

然而,"媒介"的概念也包括通过一个**媒介物**(medium)进行交流的含义。这赋予媒介概念以具体特性，它影响交流的性质，也干预交流的过程。每一个具体的媒介物都有特殊的技术特性，既可促成交流发生的多种方式，也可限制交流发生的某些方式。一个明显的例子是电视，它既是一个视觉媒介物，又是听觉媒介物，而收音机却不是两者兼具；这样，电视便可提供多模式的交流。但事实不止于此。具体的媒介物也发展出整套的"符码（semiotic codes）、规范、格式和生产价值观"，使那些新技术以规范的方式使用，同时对（以电视为例）摄影工作、叙事策略、语体、称呼的方式等造成影响（Tomlinson 1999: 155）。如果我们进一步将媒介视为"意义从一个文本向另一个文本的移动，从一个话语向另一个话语以及从一个事件向另一个事件的移动"，那么，这便涉及由使用的一个或多个媒介物的具体特性造成的"意义的不断转变"（Silverstone 1999）。例如，当事件通过新闻叙述被报道时，事件的形式和意义需要根据新闻叙事的语体规范进行转变（van Ginneken 1998）。我们可以认为这是我在第四章所称之为的"再情景化"。

全球通信行业的政治经济

当代全球化的一个重要部分是现代信息和通信技术及新媒体的全球化，以及这些新技术对全球化的整体影响（Hamelink 1994）。尽管世界上不同地区之间，如城市和农村地区之间以及富裕和贫困地区之间，接触这些新技术的机会仍然很不均衡，但是，包括电视、视频、互联网和移动电话在内的新技术和新媒体已经在全球范围快速传播。有理由认为，我们已经进入到一个全球通信的时代。然而，若要领会这个时代的特征就需要考虑政治经济方面的问题（McChesney *et al.* 1998, Wilkin 2001）。

有影响力的跨国公司（如美国在线—时代华纳、维旺迪、新闻集团、通用电气、IBM 以及微软）主导的全球通信行业本身就是新兴"全球经济"的重要组成部分。这些公司在全球政治经济中的作用是双重的：首先，它们提供能够改变生产方式的基础设施（包括硬件和软件）；其次，它们总体上是"全球新闻、信息、娱乐和知识的主要提供者"（Wilkin 2001: 126）。它们是观点和想法的主要源泉，能够左右人们的是非观和行为；他们还是权力可信性和合法性的主要提供者。这些公司彼此关系密切，与其他商业领域、公共关系行业以及最强大国家和其他机构保持密切联系；在此基础上，他们帮助传播全球主义的话语、主张和假设，传播价值观、态度和身份这些全球主义成功实施的文化条件。这并不是说大众媒体只是全球主义的回声室。有影响力的独立报纸和广播仍在许多国家存在，在许多情况下，它们在挑战全球主义以及策划反对战争（特别是伊拉克战争）等方面起到了至关重要的作用。但是，作为"第四等级（fourth estate）"，媒体的独立角色，其履行公共服务的功能，以及提供精确客观的信息、在必要时曝光和批评社会弊端的作用，正在因跨国公司在国际媒体领域占据主导地位而逐步削弱（Blumler and Gurevitch 1995；关于后共产主义国家"过渡时期"的媒体变化，见 Sparks 1998）。

全球通信行业对我们能够粗略区分的媒体内容和形式有普遍的影响，这促进了媒体的全球化并在广义上承担其对全球化的影响。就内容而言，以新闻媒体的具体情况为例，可以看到一个全球新闻议程的初步显现，其范围取决于新闻机构的报道与摄影共同拥有的资源，这些资源针对越来越多的全球观众，围绕特定事件创造出全球一致的再现和意义（Thompson 1995，van Ginneken 1998）。主要位于美国和欧洲最强大以及最有影响力的新闻机构（尤其是报纸和电视频道）的影响力通过议程设置显示出来。这些国际影响力，就电视新闻和时事报道而言，在某种程度上反映在"可见"（和"不可见"）的模式上面，例如，一些议题和人物被报道出来，而另一些则未被报道。对内容的影响也部分的来自电视节目的国际市场，在这方面，美国是电视节目的主要输出国，例如，好莱坞电影是全球电视网络稳定收入的一部分。很明显，新闻内容已经覆盖全球范围；就新闻条目而言，全球最关注的事件都被囊括其中，包括 2001 年纽约世贸中心和五角大楼的袭击事件、2004年12月的"海啸"、(最近发生的伊拉克)战争、杰出人物(如教皇约翰·保罗二世)的去世,以及主要的国际政治事件如八国集团或世贸组织会议。

在媒体的形式方面,微软公司的软件居于国际主导地位(对此可能有争议),这意味着电子通信的形式在世界的许多地方是完全一样的。对许多不同国家的电视节目进行的一项随机监控显示,新闻、时事节目、肥皂剧以及"真人秀"这类电视节目已经在全球传播。例如,在新闻节目的总体安排这样一个具体的层面上,虽然世界各地有所不同,但是一个趋势是,传播最广泛的全球频道(如CNN)的格式如果不是许多国家电视新闻的基准,至少也是可参照的榜样(Hamelink 1994)。

这些发展变化已是众所周知。但如何结合全球化来评价这些发展还颇有争议。一种观点是将媒体的全球化与"文化帝国主义论点(cultural imperialism thesis)"捆绑起来(Schiller 1969, Thompson 1995),认为一些公司(尤其是美国公司)在全球媒体中的主导地位导致西方价值观的扩散以及地方文化的弱化。在我看来,这种观点不无道理。对生活在贫困之中以及政治集权压迫下的人来说,在电视上看到富裕、民主以及西方消费者的生活方式确实会增加他们对本地的实践、传统、价值观、痛苦和贫穷的不满,以及对西方生活方式、实践、身份等的向往。在经济和政治观点方面,也会增强其对自由主义、西方资本主义以及全球主义的信奉和崇拜。

但是,必须谨慎看待"文化帝国主义论点"。首先,媒体的内容和形式虽有我上面提到的趋同性,但更为明显的是内容和形式的多样性,即使是美国的电视节目所呈现的也绝非是单一的价值观和生活方式。而且,如我指出的那样,再情景化是一个复杂的现象,涉及的不仅是一个简单的殖民化,而且还涉及一个主动挪用的过程,其特征和后果取决于多种场景中的多种环境。人们的经历现在是一个集"未经媒介的"经历和"经媒介的"经历于一身的复杂混合体,基于这种经历的所作所为受人们经历的混杂特征影响。其中的一个后果，用汤普森的话来讲（Thompson 1999: 174），就是"挪用的阐释学特征"，即"媒体信息对个人的意义以及接受者对媒体上的象征性材料的使用在很大程度上取决于接受的场景"。

政治的媒体化：政治"品牌构建"

政治话语逐渐"媒体化"的倾向现在已经是公认且被人们熟悉的事实（Blumber and Gurevitch 1995, Fairclough 1995, Negrine 1996, Newman 1999, Wernick 1991）。政治和媒体之间机构化的关系可以追溯到 18 和 19 世纪在欧洲和北美洲出现的国家新闻出版机构，但是这种关系的特征发生了根本性的变化，特别是电视出现以后，以及看电视几乎成为全世界大多数国家的一个普遍的行为之后。媒介和政治的社会领域边界被重新划定，导致二者形成实质性（如果不是全部）交集：政治辩论和宣教、制定和实施政策以及管理的全部内容都在很大程度上从政治领域的专门机构移到媒体领域。正是因为领域之间关系的这种结构调整我才使用"被媒体化（mediatized）"这个术语，而不是仅仅使用"经媒介的"这个术语。美国、欧盟早期的成员国、日本和澳大利亚等国家已经宣称实现了这样的发展变化，但是政治媒体化的趋势是全球性的，尽管这种变化如我们所见并非意味着同样的结果。这和政府及政党"交流"的"专业化"有关，与对政治"信息"媒介的管理有关，以及和"舆论导向（spin doctoring）"的出现有关。所谓"舆论导向"就是试图给政治信息一个正面的"粉饰"，英国新工党政府在 1997 年之后就因"舆论导向"而臭名昭著（Fairclough 2000b）。

政治媒体化的一个表现是商业领域的"品牌构建"策略已经运用在政治领域。"品牌构建"本身已成为一个全球性行业，它有一群显赫的、享有优厚薪金的专家，这些品牌构建顾问在全球范围内传播品牌"信息"。"品牌"的思想最初以其传统的意义应用在商品（如洗衣粉）上，但后来被用于无形的商品上面（如我下面要讨论的女性杂志《大都会》的"都市品牌"，见 Machin and Thornborrow 2003），以及大学、政党、政治领导人、城市（Flowerdew 2004）甚至国家（Pride 2001）上面。品牌构建的技巧基于某些简单的原则：你的优势、承诺和价值应该反映在你的品牌里，这是你的"品牌价值"；品牌也是对消费者的承诺；对品牌价值的宣传应该与你的所作所为保持一致。

政治上的品牌思维的一个例子是古尔德（Gould）对其 1994 年撰写的一篇题为"巩固布莱尔身份"论文的阐释（Gould 1998: 211）。那一年，托尼·布莱尔（Tony Blair）刚成为英国工党领袖。古尔德如此总结自己的观点：

> 托尼·布莱尔不应该装腔作势。这行不通，而且会起反作用。他不应该举止过于严肃地回避青年问题，也不应该试图用咄咄逼人的行为来避免让人觉得软弱。他必须做的是增强自己的优势，打造一个与他所采取的政治立场相一致的政治家身份。他必须是人格完整且始终如一的政治家，必须一说话就让人觉着真实。

这里我们可以看到我上面列举的品牌构建的第一个原则："你的优势、承诺和价值应该反映在你的品牌里，这是你的品牌价值。"品牌构建的这个技巧被用在了新工党及作为新工党化身的托尼·布莱尔身上。这不仅涉及利用布莱尔的优势，还要"增强"其优势。布莱尔的一个弱点在古尔德看来是他似乎不够强硬，这在布莱尔的品牌构建过程中得到不同程度的解决：如通过早期那句特别成功的短句"对犯罪及犯罪的根源要强硬"，通过开发布莱尔的能力以便在演讲中"说起来强硬"，听起来强硬，同时还要看上去强硬。所有这些和新工党的"品牌价值"相一致（如"与他所采取的政治立场相一致的政治家身份"），也增添了布莱尔作为政治家的"始终如一"，如发展出与"品牌价值"（政策）一致的风格和形象。与此同时，新工党广泛运用"焦点小组（focus groups）"来保证其对"顾客"

的"承诺"符合他们的需要，运用"舆论导向"来保证"品牌价值"传递得准确无误（Driver and Martell 1998, Fairclough 2000b）。

政治品牌构建，与品牌策略在其他领域的应用一样，正在遍及全球。在罗马尼亚，2004年11月至12月期间，议会选举和总统选举同时进行。获胜的总统候选人特拉扬·巴塞斯库（Traian Băsescu）此前曾两次当选为布加勒斯特市市长，并在三次选举中得到GMP广告公司的咨询建议。巴塞斯库当选总统不久后，GMP总监费利克斯·特塔鲁（Felix Tataru）在接受采访时声称，巴塞斯库是第一位被当成"品牌"打造的罗马尼亚政治家。他阐明了其中的意义："你不应该为政客创造一个虚伪的形象、一幅面具，不应该创造不属于他们的东西。相反，应该给政治家一件合适的外衣，他们穿上会感觉很舒服也喜欢穿。我们不试图去做那些不符合他们形象的事情。"这与古尔德对布莱尔的评论惊人地相似。

巴塞斯库的品牌建立在他个性特征上，这一特征使得他在罗马尼亚政治中不落俗套，预示出他会在传统政治和政治家信誉扫地的环境中带来一种新的、更为直接的"实际操作"方法。作为一个可能会打破1989年后罗马尼亚政治"模式"的非常规的、有争议的而且经常具有扰乱性的人物，巴塞斯库这样的品牌涉及到跨越许多边界，而在以前的传统里，政治领域与流行娱乐和商业广告分离，也与日常生活分离。这种跨界的实现是通过罗马尼亚政治中一般看不到的各种交流资源（语体、话语、文体、声调或"语调"）的混合（包括话语杂糅）。这一点在巴塞斯库2004年初布加勒斯特市市长连任竞选活动中显而易见。竞选活动带有运作相当巧妙和幽默的商业广告活动的特征，其中巴塞斯库被形象地称为红辣椒（罗马尼亚语中为 *ardei*），这告诉我们他可能在某个时刻会突然大发雷霆，也表明他给罗马尼亚政治增添了些火辣味。

巴塞斯库竞选活动面临的一个中心问题是，在市议会获得国家自由党和民主党结成的"正义和真理"联盟的多数票支持。四年后，他不得不与他的政敌（社会民主党，当时的执政党）占大多数的议会合作。让我描述一下与这相关的一个广告。广告的主色调是橘黄色,这是"正义和真理"联盟经常用的颜色。在左侧是一个硕大的红辣椒,右侧是一瓶贴有"D. A. PNL-PD"(罗马尼亚语"正义和真理。国家自由党-民主党"的缩写)标签的胡椒粉。广告上的标题是"把票投给他/它,但不要把他/它留给他自己……"(在罗马尼亚语中代词即可指"他"也可指"它"——很明确,我们会认为胡椒粉(它)代表巴塞斯库)。广告主要部分的文字写到:"巴塞斯库是一个棒小伙!他说到做到,做到说到。他为布加勒斯特制订了宏伟的计划,但由于议会食欲不振,竟没有人想品尝它们。"在广告的最下面,同样醒目的是:"他一个人做了许多。如果议会支持,他什么都能做到。"

　　这种行文风趣幽默,桀骜不驯,在罗马尼亚的政治领域非常新颖。它把商业广告带入政治领域,其技巧和符号的运用之老练,是人们以前未曾见过的。它将娱乐和政治捆绑在一起,将俗语和口语表达再情景化到政治之中(特别是我翻译成"棒小伙"那一句)。与此类似,总统竞选时的印刷宣传品也是如此。巴塞斯库以前是一艘商船的船长,在这张宣传画上他在敬礼,旁边的口号是"Sa traiţi bine!(May you live well!愿你活得好!)",这和在军队上敬礼时说的"Sa traiţi!(字面含义是"May you live!愿你活着!")"形成一个文字游戏(wordplay)。巴塞斯库在电视上的表现也是这种基调:他的表情滑稽,带着顽皮的微笑,爱开玩笑也爱笑,他的动作常常让人觉得像个小丑。他也可以认真起来,参与严肃高效的政治辩论,并以专制的方式行事。选举期间,他的网页也体现出一种桀骜不驯、不墨守成规和滑稽的特征;这些特征还体现在电脑游戏里面,巴塞斯库和其他政治家扮演这些游戏中的人物。

　　2004年12月8日第二轮总统选举之前,候选人(纳斯塔塞(Năstase)与巴塞斯库)间的最后一轮电视辩论就展示出巴塞斯库使用的各种特立独行的交际手段。下面的讨论涉及辩论中广受人们评论的那部分,其中巴塞斯库提到他们两位候选人在1989年以前是共产主义者。巴塞斯库首先宣布他们两人都有一个"大问题",并且在说明这个"大问题"是什么之前有效地"拖延"了好几分钟,之后,他才说这个"大问题"不是他俩都是共产主义者(尽管在这一部分的辩论中,人们在两个原共产主义者间只能选择其一这一事实被认为是"这个民族所受"的"诅咒"),也不是他们两个人都有的问题。但对纳斯塔塞来说,这个"大问题"却是个问题,因为他无法理解制度须不受干扰或操纵而自行运作。以此,巴塞斯库暗指其竞选的主题是前政府的"腐败"。

令人感兴趣的是他使用的一系列交际手段。这些手段有**会话叙事**语体,包括叙述与同事的交谈,最引人注目的是,叙述他所说的他与镜子中的自己之间的谈话("我一直看着自己,有时候看着镜中的自己,说:'嘿,巴塞斯库老伙计,你有尊重罗马尼亚人民吗?'我在问自己。我回答说:'是的。''你是否嘲笑过罗马尼亚人民?'我感觉之前并未那样做过。")这部分作为一个整体的语境,他做的是人们在日常谈话中经常做的事情,即在**辩论**中使用叙述手法来提出一个论点。我所翻译过来的是"嘿,巴塞斯库老伙计,你有尊重罗马尼亚人民吗?"在罗马尼亚语中的表达是"Mă, tu ai respect pentru poporul român, Băsescule?",其中有两个明显的**俗语特征**:一个是感叹词"mă(嘿)",这在罗马尼亚教育中认为是不礼貌的,另一个是俗语的称呼词"Băsescule"中的后缀"le"。巴塞斯库在辩论中多次利用口语会话中的交际手段,这只是其中的一个例子,而他的对手则没有。

另一个例子与**代词**和**动词**的形式有关。在辩论中,巴塞斯库将在这种交流中经常出现的**正式**且礼貌的第二人称复数转换为**非正式**的第二人称单数(从"voi"到"tu"的转换,相当于法语中的"vous"和"tu")。演讲方式、"副语言特征"和"肢体语言"对口语风格也有帮助。例如,他给人留下的印象是,演讲中夹杂着停顿,不时会有"肢体语言"出现,让人觉得他在想词儿。而对纳斯塔塞的评论则说他只是以某种"僵化"呆板的方式宣读准备好的材料。巴塞斯库广泛使用给人留下深刻印象的俗语资源，而纳斯塔塞则不是这样。这种通俗语言在罗马尼亚政治辩论中少有出现，但却帮助巴塞斯库将其形象构建得极为真实，使他就像我们中的普通一员，他诚实到敢于怀疑自己，并且敢于在这样的公共场合"承认"这一点。这就是巴塞斯库品牌的一部分。

辩论后，具有争议性的一个节目（Realitatea 电视频道）似乎证实了这一分析的某些方面。由戏剧导演、心理学家、政治分析家和"形象专家"组成的专门小组采取 10 分制对这两位候选人在辩论中的表现打分。巴塞斯库获得了 8.5 分，纳斯塔塞获得 6 分。打分依据来自"布景、态度、话语以及魅力和风格"几个方面。评论这样写道：纳斯塔塞的"手势"是一种"缺乏安全感"的表现，他的"话语""非常复杂"且"单调"，而巴塞斯库的"语气"则"非常直接"。纳斯塔塞寡言少语，"有一种以自己为中心的存在感"，而巴塞斯库则具有合作精神。巴塞斯库更"活跃""灵活""语气较强"而且"朴素"，没有"距离感"。一个小组成员是这样评价巴塞斯库的："在我看来，他说'我不知道'这样的一个事实使他成为，或者说把他自己打造成为每个人的朋友。"这对有些人来说很有吸引力，但对其他人来说未必如此。对一些罗马尼亚人来说，巴塞斯库的行为方式在政治上相当不合时宜，对于一个国家的总统就更是如此了。

选举结果相差甚微。虽然巴塞斯库以微弱优势获胜，但他所在的政党在议会选举中实际上已经输给了社会民主党。新闻界的分析和评论表明，只有一小部分年轻的城市选民投票赞成巴塞斯库，因为他们就是喜欢他这样的品牌（而不是，例如，为了让纳斯塔塞出局）。然而，选举结束一年之后，巴塞斯库成为该国最受欢迎的政治领导人，比首相、其他政府成员以及反对派领导人更受欢迎。许多人喜欢巴塞斯库，但是，是因为喜欢他这个人，还是因为他身上有（至少是部分地有）他们喜欢的品牌，这在某种程度上是一个无法判断的问题。

品牌构建如此明显地从商业产品扩展到几乎所有的机构，扩展到政治家这类的个人，扩展到城市这样的空间实体，可以看作是对新自由主义话语的部分操作,特别是对新自由主义话语将社会生活几乎所有领域都再现为市场或潜在市场这种思想的操作。在全球范围内盛行的品牌构建,即品牌全球化,其原因很大程度上也源自全球主义。正如我们所看到的,全球主义是向所有国家传播基于新自由主义原则的资本主义的一个战略。品牌构建是我在第四章讨论过的"微小实践"的一个例子,它们比表面看上去意义更为深远,因为它们不仅在实践和行为方面带来变化,还在文化价值、态度以及身份方面带来变化。在撰写本书时(2005—2006),品牌构建是罗马尼亚的公共话语关注的重要话题,有许多这方面的书籍出版,报纸和期刊上的文章也不计其数。然而,对于品牌构建所基于的新自由主义的假设,即任何人和事都可以被当作商品对待,虽私下有许多怀疑,但公开却没有任何质疑。公众所争论的话题大多是罗马尼亚自身的"品牌重建",然而,这方面更多的深思似乎应该是国家是否有足够清晰的形象和整套的价值观可以被品牌化,而不是对国家进行品牌重建是否是一件应该做或者可以体面地做的事情。

就政治而言,品牌对政治文化的影响包括拉莫内特(Ramonet 1999: 134—135)所称的政治"个性化":

> 政治生活成了男性(或女性)之间有形的、可拍摄的角逐,而不是思想间的角逐……[对政治领导人的评判不是]依据他对情况的分析或他的行动[而是看是否]他"令人信服"。实际上,评判的是他本人,他的性格以及他的天赋,而不是其政治观点。

政治品牌构建和政治个性化的出现,与国家政治制度因不同政治思想之间(主要是左派和右派之间)的斗争导致的相对消亡有关。这本身可以看作是新自由主义的主导地位及其全球化策略引发的民族国家功能的部分转变。新自由主义将民族国家的功能重新界定为发展无管控的(无干预的)市场,同时将民族国家对社会福利的责任降到最低。国家一旦朝着这个方向发展,各主要政党在重大经济和社会问题上的意识形态分歧就会缩小,他们之间就经济和社会的关键问题就会达成广泛的共识。(这不意味着不同政见和政治斗争已经消失(Mouffe 2005),而是表明这些不同和斗争在议会政治中体现得不那么明显。)在这种背景下,在竞选中选择某一政党的原因在很大程度上正在变成一个形象问题,变成领导者的个性和品牌问题(Franklin 1994)。形象的传递、政治的个性或"品牌的价值"都要求在大众媒体上的高出镜率,在这个意义上,政治的媒体化已经非常明显。

民主国家政治上的这些在全球范围内出现的趋势正出现在包括罗马尼亚在内的后共产主义国家,这些趋势也是再层级化过程的一部分。尽管罗马尼亚自1990年以来实行了多党制民主选举,但政治体制一直不稳定,政党间各自的政治思想还未清晰和一致(Mungiu-Pippidi 2002, Roper 2000)。主要政治目标和政策(加入欧盟和北约,实行加入欧盟所需的经济、政治、法律、行政以及其他改革)已经成为各个政治派别的共识,但就政府是否很好地执行了这些改革,各方还有争论。占统治地位的一直以来都是社会民主党,在16年的"转型期"中有11年都在执政。这个党派的政策毫无社会民主主义性质,而是越来越趋向于新自由主义。反对派支离破碎,依靠各方之间不稳定的联盟在选举中与对手抗衡。国家自由党和民主党(脱离社会民主党)的"正义与真理"联盟在2004年的选举中主要是针对政府腐败的负面影响进行斗争,但没有提出实质性的新政纲领,这一联盟已证实(如其前身在1996—2000年)由于执政党间的分歧和冲突使得政府成为一个不稳定的政府。选举之后,建议两党合并的提案并非根据两党政策的兼容性,而是基于选举的考虑,这就需要一个大型的"中右派"政党来阻止社会民主党参与其中。在这种情况下,政治上出现西方媒介化、个性化和品牌化走向并不奇怪。巴塞斯库先于他人选择这一走向,或许凭此获得微弱却至关重要的优势在2004年的竞选中险胜。

许多参与1989年推翻齐奥塞斯库(Ceaușescu)政权的人士都受到民主社会这一构想的鼓舞,憧憬着享有富有活力的民权和公共领域,但此后不久,一度盛行的公众辩论和激进主义便不复存在(Gallagher 2004,

Zamfir 2004）。由于前政权的管理者、技术官僚以及一些担任高级政治或安全（秘密警察）职位的人掌握着政权，包括控制大众媒体的主要部门，人们的幻想破灭并变得愤世嫉俗。表面上看，政治的媒体化使权力更加透明，将政治家置于公共法庭面前由新闻工作者审查和诘问，并使公众在更好更民主的地位上评价政策和政治家。实际上，罗马尼亚媒体确实存在像其他地方的媒体那样成功揭露政策的弱点、政治人物的瑕疵、权力的滥用以及腐败案件等情况。但人们普遍认为这只是表面现象，大部分重大决策、活动以及滥用行为都在幕后进行。从这个角度来看，政治的媒体化正在将公民变为被动消费者和/或愤世嫉俗者，使得政府和公司企业利益更有效操控公众。毫无疑问，没有什么证据能够表明在当代罗马尼亚有积极主动的公民意识或活跃的公共领域。政党和政治家的品牌构建可能会造就像巴塞斯库或布莱尔这样的领导人，他们有那么一段时间相当受公众的欢迎和信任，但这也同时扩大了公关专家管理舆论的范围。这不是专属于罗马尼亚或其他后共产主义国家的问题，而是媒体化的民主国家中普遍存在的民主赤字问题。具有讽刺意味的是，后共产主义国家刚从一个与此截然不同的民主赤字"转型"而来，却又将这种民主赤字注入其"转型"之中。

罗马尼亚版《大都会》

上面讨论了媒体及媒介在政治领域的再层级化过程中扮演的角色，下面讨论它们在文化全球化中的作用，具体讨论一个广义上是"西方"性别身份的再情景化问题。我的例子来自罗马尼亚版的女性杂志《大都会》（*Cosmopolitan*）。这本杂志以32种语言出版，销售到100多个国家，可以看作是一个全球媒体。梅钦和索恩博罗（Machin and Thornborrow 2003）讨论了"都市品牌"的全球营销问题，并将其总结为"独立、权威、有趣"（"有趣无畏的女性"的描述语出现在许多国际版的杂志中）。他们认为女性在工作和男女交往中典型的都市形象具有以下功能:"这些形象以抽象和风格上的和谐来代表一个美好的世界;描绘一个顺畅、理想化和美丽的世界,在这个世界中,女性的美貌和性感赋予她们力量;通过对能量和动作的描绘来表示能动性。"尽管该杂志的不同版本存在民族差异,但这种形象经常出现,并且以独特的话语表达方式来再现都市女性。他们发现的一个特征是许多文章都有强烈的教育特征:读者往往被假设为是天真、缺乏经验、缺乏知识的,但同时他们的独立能力、能动性以及"做主"能力被突出出来,这种明显的矛盾在一篇篇文章中被"不知不觉"地呈现出来。另一个重要特征是"有趣"、玩笑、一个"假心假意的"人物,给人的感觉是女性只是通过某种消费形式(如购买衣服和化妆品,休闲活动等)来实现一个游戏、一个幻想。

我将从罗马尼亚版的《大都会》2005年4月那一期上选择一篇文章进行讨论。这篇文章的题目是"重大决策的都市指南"(*Cosmopolitan* 2005),副标题是"你经常使用'错失良机'这一表达吗?阅读下面的文章,学习如何以'专业'的方式做决定。你需要勇敢地去选择,而不是让自己被选择"。文章开头部分如下:

> 活跃(以及新潮、吸引人等)的女性,其生活有时就像一列快车,纷繁的事件和情感彼此快速交替。但每天还要做出许多决定:喝香草咖啡还是摩卡咖啡?穿分层裙子还是斜纹蓝色牛仔裤?是去看《亚历山德鲁》还是去看《酒遍全世界》?
>
> 是的,这些确实不是生死攸关的问题,但积累起来,它们对你今后做出重大决策的能力会产生负面影响。如果这听起来很熟悉的话,那么至少意味着你又一次陷入了"决策困境",即在时间的压力下,在需要迅速采取行动时你感到软弱无力。当然,理论上来说有多种选择是件好事,但关键是不要在过多权衡每一种情况的过程中失去最佳时机。犹豫不决会影响你的自信心:通常是后悔你最后所做的选择,或者是后悔没有做出任何选择。
>
> 为了摆脱这一糟糕的"尴尬选择",为了不必再问自己"要是……会怎么样?"我们提出包含五个阶段的指导方案:

1 与自己内心对话
2 像男人一样行动！
3 采纳建议，但要甄别……
4 抛弃你列出的"利"与"弊"清单！
5 一旦做出决定，就随它所去并享受它！

第一个阶段（"与自己内心对话"）是建议依靠"本能"，但要在确保全面了解情况的前提下。第二个阶段促使女性要"像男人一样行动！"（这一幽默语暗指罗马尼亚剧作家卡拉贾莱（Caragiale），"Fiibărbată！"），意思是不允许因担心别人而未能做出对自己有利的选择。第三个阶段是寻求建议，但要确保所求助的朋友或专家拥有相关经验或知识。第四阶段讨论了列清单的好处和它的各种弊端。第五阶段敦促女人不要为自己已经做出的选择而痛苦，而是要从这些选择中获得最大好处。

这篇文章提到的决定各种各样，涉及关系、工作、投资以及购物等等，有许多是有关具体个人选择的故事。文章中还有一个问卷调查表，用来区分两种类型的"决策者"，一位是能够"快速而轻松地解决问题"的法官，另一位是"研究员"，其"求知欲强而且开放，喜欢考虑各种可能性"。文章还附有两张照片，照片中是同一位女士，一张是很诱人地站在白色的时髦房子前，斜靠着墙，身着鸡尾酒礼服（图片上配有这样的文字：只有和具体且正确的信息结合起来本能才"起作用"），另一张照片是倚着窗户站着，双臂交叉，穿着牛仔裤和毛衣，姿势很商务范儿。

图片中的女性意即所提到的"活跃、新潮、吸引人"的女性，正如照片显示的那样，她们成功且富有。她们被**直接提及**（使用第二人称代词"你"；她们被提问，在那五个"阶段"以祈使句的句式给她们建议），在罗马尼亚语原文中，指称代词在正式与非正式之间有趣地转换（类似于法语中的"tu"和"vous"），这同时表明，在"都市"风格中，有时会避免以非正式的人称代词来称呼读者。在这个例子中，梅钦和索恩博罗发现一个很明显的矛盾：这篇文章针对的是做决定以及做主的都市女性，但它又假设读者有困难（或可能会有困难）实现这些假定的愿望，而且，它提供的"指导"都假定女性在基本的生活实践中天真和缺乏经验（例如，在做出决定时，女性需要被告知关于列举"利"和"弊"的简单技巧）。这其中也有梅钦与索恩博罗发现的玩笑成分，当然仅是"有趣"而已。例如在问卷调查中，制订答案选项时这样说，"当你在一家餐厅点餐时，你是否（a）选择你注意到并且垂涎欲滴的第一道菜？（b）做出选择前，你会——花2小时——阅读菜单上的每一点说明吗？"

因此，我们可以说，"都市女性"的话语被再情景化到罗马尼亚，而且女性可能拥有的身份已扩展到包括"专业""独立""活跃""新潮"的职业女性身上，这些女性的成功是基于她们的优雅及性吸引力，以及都市女性身上所具有的部分消费观和个人主义价值观。但是，正如第四章讨论的再情景化所表明的那样，这本身并无法说明话语会对妇女的实践、价值观、态度和身份造成什么样的影响。制约话语影响的主要因素是经济，这与罗马尼亚社会的阶级结构有关，与少数精英阶层（约占人口的5%—10%）和绝大多数人之间巨大的贫富差距有关（Zamfir 2004）。唯一有资源和机会可以成为都市女性的那些妇女，是极少数在男人占主导地位的私人企业里有高级职位的人，或者是拥有这些高级职位的男人的妻子或女儿。因此，在罗马尼亚成为都市女性的机会比在西欧国家更被社会所限制——大多数职业妇女的收入不高，为了生存要干几份工作。毫无疑问，也有另外一群人，如成功私营企业和银行的员工，她们间接地和追求这种"生活方式"的精英阶层有联系，尽管该杂志的售价（6.40新列伊，约合2欧元）对于大多数妇女来说难以承受。

罗马尼亚是一个保守的社会，在很多方面上都是一个父权制根深蒂固的社会（Miroiu 1999, 2004, Pasti 2003）；而且，在女性从理论上看有可能选择都市生活方式的商业精英圈里，男性尤其占主导地位。也许都市女性的"后女权主义"只有在这个环境中才具有吸引力，因为只有这种苍白的女权主义影子才能为人们所接受。另一方面，社会主义时期遗留下来一种

"女强人"传统,这些女性拥有高级职位,尤其在公共领域(例如教育),同时她们对于家庭事务几乎完全负责管理并做出决策。但都市女性的"活跃"和"独立",强调性吸引力和"乐趣",与这些女性认真严肃的活跃和独立特征完全不同,她们很可能会鄙视"西方"文化这方面的内容。

总而言之,人们通过大众媒体接触到各种各样的文化身份、态度和价值观,其中的一些像都市女性那样得到有力推崇。然而,话语或文体是否被选中和被保留下来,是否有重要的文化影响,取决于再情景化场景中原本存在的各种条件。这一点我在第四章也有所论述。

远方的苦难:2001 年的"9·11"事件

我现在将讨论的重点从媒体和媒介对民族国家再层级化的贡献转向它们在建构全球层级(特别是建构一个"全球公众")中的作用。我将讨论远方的他者在诸如自然灾害、重大事故以及战争中遭受痛苦的媒介问题,所举的特别案例是媒体对 2001 年 9 月 11 日纽约和华盛顿遭受袭击的报道。

媒介有能力可以使人们"即时"了解远方他者的生活、实践、麻烦和痛苦,进而使人们有可能更好地了解他们、同情他们。在这方面,可以认为媒介对全球化有积极的贡献。然而,在另一方面,媒介也把人们变成了纯粹的旁观者,变成了他者生活的偷窥狂(Tomlinson 1999),因而,媒介也可以被认为具有负面影响。这两种或乐观或悲观的极端思想似乎都没有道理:远方他者的生活被媒体呈现的方式多种多样,结果也各不相同。我之所以关注"远方的痛苦"(Boltanski 1999),是因为:1)"灾难新闻"(Chouliaraki 2006)是远方他者被报道的一个主要形式;2)一些"灾难新闻"中的故事几乎成为可以讲给全球听众的全球故事(例如,报道重大恐怖活动的新闻,以及报道诸如 2004 年 12 月"海啸"的自然灾害的新闻);3)"灾难新闻"在许多国家和地区能够发挥动员的力量(不论是动员起来提供紧急援助还是动员起来施加政治压力)。这第三个原因又引发一个议题，即经媒介的经历如何与未经媒介的经历相互作用，以及媒介对公共领域的影响又是怎样？

朱利亚拉基（Chouliaraki 2004, 2005, 2006）在"媒介分析"方面提出了一个研究远方苦难的方法：

> 一个将电视作为一种有内容显现的空间进行研究的框架……人类痛苦在特定的怜悯体制中呈现，而在这些特定的语义场（semantic fields）里观众由"他者"痛苦引发的想要行动的情感和性情被调动起来。
>
> （2005：146）

这个框架帮助我们将痛苦在电视中被再现的方式与观众被置于一种位置对痛苦做出回应和反应的方式（以及，最终他们实际回应和反应的方式）联系起来，也促使我们思考权力关系如何限制远方的痛苦被报道的方式。

电视作为一种媒体，有一整套表述手段，包括利用视觉、语言以及利用两者之间关系的方式进行再现（上文论述媒介时讨论过不同媒体的符码和规范），同时也受电视技术的"制约"（即这些技术的潜能以及它们所"允许"的限度）。朱利亚拉基所提框架的一部分是，在全球以及国家电视频道上识别和区分出反复使用的再现远方痛苦的不同方式。新闻制作者在视觉和语言再现方面有着多样选择，而这些选择倾向于以特定的方式进行组合。这些选择有：新闻是主要（或是仅）在演播室再现，还是在现场再现；是聚焦于事实，还是唤起同情、愤慨或其他感受；使用什么类型的视觉再现方式（图形、照片、档案胶片以及现场直播）；就视频影像而言，在角度、距离（例如特写镜头、长镜头）等方面要做出什么选择；新闻叙事主要是描述，还是讲述事件过程，抑或是分析性的阐述；语言与视觉元素的联系是强还是弱，画面是否需要语言解释，抑或"让其自己说话"。一个特定的新闻报道很可能会将这些方式融合在一起使用（例如局部描述、事件过程的叙述以及分析阐述）。该框架还突出了空间和时间以及能动性，例如，苦难是否被再现得与观众的距离接近或较远，被再现为现在发生还是过去发生（以及对未来有影响还是没有影响），受害者是否被再现为能动者（例如他们是否发言，是否与他人互动还是直接与观众互动），以及哪些其他能动者（特别是减轻痛苦的恩人或制造痛苦的作恶者）也被再现进来。这些出现在有关远方痛苦的新闻报道中的不同范畴，可以根据不同的选择以及这些选择的不同组合被区分开来。

全球性的权力关系将不同的民族和区域置于隐形的等级之中，进而产生"新闻价值"，造成在社会科学领域普遍认可的倾向性报道。对此，该框架提供的各种手段可以更好地加以分析。众所周知，某些"远方他者"的生活方式在媒体中普遍被再现得比另外一些人的生活方式更有价值，受到媒体关注的频率更高，程度也更深。笼统地讲，美国或欧洲人的生活方式往往比孟加拉或尼日利亚人的生活方式更有新闻价值。对于这些区别，朱利亚拉基的框架能够使我们通过观察用于报道不同地区的远方痛苦以及对不同民族造成不同影响的远方痛苦的再现手段来研究。从全球化的角度看，再现远方痛苦的方式林林总总，有趣的是它们在一定程度上正在经历全球化，就像全世界的电视频道渐渐都按照同样的节目表进行放送，尽管这一趋势要视各国的技术资源情况而定；同样有趣的是，在这林林总总的再现方式中，选择哪一种则取决于如何断定"值得"，而指导这种选择的新闻价值观也在经历全球化。

这些复杂问题我不想在这里深究。但我将讨论的案例，即对发生在2001年9月11日事件的报道（见 Edwards and Martin 2004），与全球化有多方面的关联。首先，这是一个全球的故事，在相当长一段时间内占据着世界各国的新闻版面。其次，这是一个面向全球观众的故事；这一灾难发生在美国（虽然受害者来自许多国家），但却被再现得与世界各地的人都相关。美国有线电视新闻网和英国广播公司世界频道这样的全球频道在向全球观众播放这个全球故事方面起到了主导作用，但它们对这个故事的处理方式也极大地影响了许多国家频道的报道方式。第三，全球性的权力关系严重影响了解释这个故事的方式以及对"9·11"事件做出回应和反应的走向。事件本身与事件引发的远方痛苦二者之间的媒介联系,逐渐变成了某种叙事与美国政府发起的对事件的解释二者之间的媒介联系,这种解释被表述为是国际上的一种严厉的报复行为:"反恐战争"(见第七章)。这样,全球性故事成为全球动员反对"恐怖主义"的工具。反对"恐怖主义"的合法性在下面的主张中部分地体现出来:"9·11"事件是对全球经济支柱之一即纽约世界贸易中心的袭击(Honderich 2003, Jackson 2005),在象征意义上无异于是对全球经济的攻击。当然,也有一些国家和电视频道与这种故事展开的方式保持距离,也有上百万其他国家的人民对这样的人类痛苦感到不安,对美国官员和他们在别处的支持者加在该事件上的政治解释和寓意感到不安。

朱利亚拉基对这些事件的报道进行分析(Chouliaraki 2004),强调了媒介的复杂特性(例如,报道所利用的再现资源之多样,建立观众与"9·11"悲剧之间关系的方式之多样)。她分析了丹麦国家电视台对该事件报道的多个不同部分。首先分析的是演播室主持人与纽约的丹麦领事通过电话的连线采访,穿插其中的是曼哈顿街头的景象,摄像时镜头移动不稳定,焦距和取景都有瑕疵,镜头上覆盖有白色粉尘。领事作为现场见证人对情况进行描述,表达自己的感受,并且评估其长期后果。报道的焦点是"情绪",也就是观众的移情和情感投入,这可以通过相机带给观众的"瞬间接近性"来完成,如将观众置于目击者的位置,随着报道的展开,废墟、尘土、四处散开的人群、戴着头盔的救援人员,一一映入眼帘;也可以通过领事对苦难的生动描述和表达自己的感受(如使用"难以置信的、令人震惊的、难以形容的"这些词汇)来完成;还可以通过领事对后果的评估(如他说"我们正在进入一个新阶段""担心、严重的忧虑,如此可怕、可怕、可怕的事件会对我们所有人都有严重的政治后果")及其带给人们的沉思来完成。"再也不可能像从前那样了"这一主题从许多方面贯穿在事件的报道之中,下面我会讨论这个问题。领事在讲述中使用"担心""忧虑"等词汇,显示出自己的忧虑;领事还反复使用"可怕"一词,两次使用形容词"严重的"来强调含意,并在说明后果的普遍性甚至全球性时使用具体词汇("对我们所有人"),所有这些传达出袭击及其后果具有非同一般的特征。

朱利亚拉基分析的第二个片断是一个两分钟的事件回顾,以视频为主,开头是塔楼燃烧的镜头,接下来是第二架飞机撞击的镜头,以及布什的第一次公开声明,最后是两座塔楼的坍塌和燃烧中的五角大楼。言语只是介绍时间、地点、航线、航班号以及受害人数等信息。布什的声明显示在屏幕上,但不是报道的形式,他的声明将这一片段聚焦在"谴责"上面,表明"这显然是对我们国家的恐怖袭击",承诺"追捕那些实施这些行动的人"(见下文)。

第三个片断是曼哈顿在燃烧的一个远距离镜头(例外地长达8分钟)。画外音来自一个专家小组对事件原因和后果的讨论。这些视觉和语言元素尽量避免为观众呈现事件的具体特征。在前两个片断中,观众处于与事件相关的"情绪"和"谴责"的关系定位之中,与此不同,在第三个片断中观众处于与"沉思"的关系定位之中。这里的视觉形象是一种"生动的场面",朱利亚拉基(在 Boltanski 1999 之后)将这一场面与"壮丽景色"联系在一起,它可以唤起审美欣赏,虽然没有融进对人类灾难的同情,但仍可开辟一个不同的道德维度,例如,反思作为都市居民所普遍具有的虚假安全感("如果它可以在那儿发生,下一个会在哪儿?")。

朱利亚拉基所主张的是,许多可用于报道的资源将一系列有关"远方他者"苦难的道德视野和取向呈现在观众面前,而对"9·11"事件的报道则将这些资源聚集在一起。有两点需要强调。首先,尽管对这些事件的报道呈现出复杂多样的特性,对于苦难的某些可能的取向也被排除在外,包括反思这一痛苦与发生在别的时间和别的地点的痛苦之间的关系,如人们会问:"为什么在这里,为什么现在?",还包括有没有可能将这一苦难的肇事者绳之以法,而不是进行报复,乃至最终发动战争。

其次,需要重申,尽管这些事件的报道可以说是为全球观众提供了一系列面对痛苦的特定取向，但这并不表明观众必须始终接受这些提议。报道事件的特定方式可能会明显影响人们对这些提议的看法和反应，正如我暗指这个事件即是如此一样，但这绝不是说报道方式起决定作用。全世界对袭击都产生了恐惧感，对遭受袭击的受害者都有一种同情感，这种全球性的反应类似于人们对戴安娜王妃逝世或2004年12月的海啸所做出的反应；这些反应，我们可以说，不仅仅是由事件本身的性质所引发，也是由媒体报道的方式所引发。毕竟发生过许多同样可怕的事件，已经给更多的人造成了痛苦，但是，由于没有像此次事件这样如此大规模地进行媒体报道，那些事件并没有以同样方式给"全球舆论"留下深刻印象。我们不应该夸大人们对"9·11"事件的普遍反应，毕竟有成百上千万的人心情复杂，他们既同情受害者，又觉得美国人"这是自找的"。

　　许多观众发现媒体报道这些事件的一个特征：记者最初是目瞪口呆。这是非同寻常的，在后来也被广泛讨论；但鉴于事件不寻常，也是可以理解的。大多数新闻报道是在所报道的事件发生后（尽管不是很久）写出来的。但这是"突发新闻"，是被镜头瞬间捕捉到，并随着事件的发展被传播到全世界，这本身就是媒体技术取得巨大进步的一个标志。这些事件的性质已经足够明朗，但不能即刻弄清楚的是如何解释它们以及赋予它们什么意义。有一种"意义的空无"，当人们看着飞机坠入双子塔，望着建筑物倒塌时，所有观众都从记者那里听到痛苦且不断重复的呼喊"哦，我的上帝！"（Jackson 2005）。杰克逊（Jackson 2005）指出，许多最初的目击者的描述带有超现实感，我们看到的就好像是一部电影："我抬起头看过去，美国联合航空公司的飞机飞了过来。它越过自由女神像，就像是拍电影。这架飞机径直撞进了第二座大楼"（经济周期研究所（Economic Cycles Research Institute）执行董事拉克斯曼·阿楚森（Laksman Achuthan））。"意义的空无"被一种新兴的、主要由美国政府官员讲述的关于事件的故事充实起来。

　　杰克逊（Jackson 2005）识别出这种叙事的四个特征。首先，它将这

第五章 媒体、媒介和全球化

一系列事件再现为美国的"国家悲剧",美国是"恐怖主义"的主要受害者。其次,它将袭击再现为"战争行为",而不是(例如)反人类罪行。第三,这些攻击的再现方式与美国历史上其他事件以及一系列可以引起美国人强烈共鸣的神话建立起互文的关系,包括第二次世界大战,尤其是日本袭击珍珠港,冷战,美国在争取文明和反对野蛮的斗争中的历史作用,以及美国在全球范围内传播自由和民主的叙述,"自由"被理解为经济自由("贸易自由")而不仅仅是政治自由,而且还与全球主义意义上的"全球化"有关。第四,这类叙事压制其他对这些事件的叙事,特别是压制那些自视为是与极不公正的美国外交政策唱反调的叙事。

这种叙事的基本内容已经出现在袭击发生当天政府发表的声明里,其中包括布什总统发布的两个声明(Bush 2001)中的第二个,也是更长的那个。("(……)"表示省略):

> 晚上好。今天,我们的同胞、我们的生活方式、我们特有的自由受到一系列蓄意发动的、致命的、恐怖行动的攻击。受害者或者在飞机上,或者在他们的办公室里;其中有秘书、男女工商业人员、军事人员和联邦政府工作人员;有母亲和父亲,有朋友和邻居。数以千计的生命被这些邪恶的、卑鄙的恐怖行动毁于一旦。
>
> 飞机撞入大楼、大火熊熊燃烧、巨大的建筑物坍塌的种种画面让我们难以置信,使我们感到极度悲伤,使我们充满了无声的、不可遏止的愤怒。这些大规模谋杀行为想要恐吓我们的国家,使其陷入混乱,向后退缩。但是,他们失败了,我们的国家是强大的。
>
> 一个伟大国家的人民被动员起来保卫伟大的国家。恐怖主义攻击可以动摇我们最大建筑物的地基,但无法触及美国的根基。这些恐怖行动摧毁了钢铁,但不能丝毫削弱美国钢铁般的决心。
>
> 美国之所以成为攻击的目标是因为我们是世界上自由和机会的最明亮的灯塔。谁也无法阻止它散发光辉。
>
> 今天,我们的国家看到了邪恶,人性中最丑恶的表现。而我们以美国最优秀的品质做出了回答——我们救援工作者的英勇无畏,人们对素不相识的陌生人和邻居的关切,人们纷纷以献血和其他任何可能的方式提供的帮助。

在发生第一次攻击之后，我立即实施了我国政府的紧急反应计划。我们的军队强大有力，严阵以待。我们的紧急救援队伍正在纽约市和华盛顿哥伦比亚特区协助当地进行救援。

我们首要的任务是使受伤人员得到救助，并采取一切预防措施保护我们国内外的公民免遭进一步攻击。(……)

追查这些邪恶行动幕后策划者的工作正在进行。我已下达指令，调动我们情报和执法系统的所有资源找到那些策划者，并将他们绳之以法。那些为恐怖分子提供庇护的人也将难逃法网。

我十分感谢同我一起强烈谴责这些攻击行动的国会议员。我代表美国人民感谢那些来电话表示慰问和提供帮助的各国领导人。

美国要和友邦与盟国一起，联合世界上所有希望和平与安全的人们，齐心协力，并肩战斗，打赢反恐战争。今天晚上，我要求你们为所有悲伤的人们、为那些生活被改变的孩子们、为所有安全感遭到威胁的人们祈祷。我祈祷他们将得到一股力量的安慰，这股力量比我们任何人所提供的都大，它世世代代通过《诗篇》第23篇的下述语言表述出来："虽然我走过死亡的幽灵之谷，我不畏惧任何邪恶，因为上帝同我在一起。"

这是各行各业的所有美国人决心为正义与和平而团结奋斗的一天。美国过去挫败过敌人，这一次，我们仍将这么做。我们谁也不会忘记这一天。然而，我们将继续前进，保卫自由，保卫我们这个世界上一切美好、正义的事物。

谢谢你们，晚安。上帝保佑美国。

首先，我将论述杰克逊所说的第二点。这个政府声明很清楚地表明，这场袭击被看作是战争行为，并将依此进行回应。布什断言，美国将与其"友邦"和"盟友"同心协力"打赢反恐战争"，这便做出"这就是战争"的**假设**，而"我们的军队强大有力，严阵以待"这类的宣称**暗示**出军队将被动用。他将袭击事件的策划者称作"敌人"（"美国过去挫败过敌人，这一次，我们仍将这么做"），并对袭击做出解释（"这些大规模谋杀行为想要恐吓我们的国家，使其陷入混乱，向后退缩。但是，他们失败了，我们的国家是强大的……美国之所以成为攻击的目标是因为我们是世界上自由

第五章 媒体、媒介和全球化

和机会的最明亮的灯塔。谁也无法阻止它散发光辉"),这暗示出一个老谋深算的对手,并且直接(而非多着笔墨)将袭击描述为"故意的"(这种攻击很少是偶然的)。布什宣称,"那些为恐怖分子提供庇护的人也将难逃法网。"这种表述在后来的"反恐战争"表述中更为明显。如果诉诸法律惩罚这些人,情况当然会有不同。但是,布什认为袭击事件就是战争行为,需要军事反击。这种认识在随后的几天更为明确:"战争以秘密和隐蔽的方式已经向我们发动"(9月14日)。

这场袭击被明确地解释为是对美国的攻击("今天,我们的同胞、我们的生活方式、我们特有的自由受到一系列蓄意发动的、致命的、恐怖行动的攻击。……美国之所以成为攻击的目标……"),而且,我们可以发现这里有某种与前面提到的美国神话存在**互文性**关联(intertextual allusions),例如,暗指冷战,间接地将恐怖主义等同于共产主义,认为其威胁到"我们的生活方式,我们特有的自由",也通常暗指美国抗击并击败敌人这一英勇的过去("美国过去挫败过敌人,这一次,我们仍将这么做"),再有就是明确宣称美国之所以成为受攻击的目标是因为它是"世界上自由和机会的最明亮的灯塔"。在后来的几天和几个月里,对这些神话的互文性暗指更加明确:"美国人明白什么是战争,但在过去的136年里,这些战争都发生在外国的土地上,除了1941年的那个星期天"(布什,9月20日),"他们牺牲生命服务其激进的愿景,他们为追求权力不惜一切代价,他们奉行法西斯主义、纳粹主义以及极权主义。他们还将继续走这条道路……一直走向由唾弃的谎言堆起的历史的无名坟墓"(布什,9月20日),"我们的斗争类似于冷战。不管现在还是当时,我们的敌人是极权主义者,他们毫无人性地单纯信奉权力信条"(布什,2002年6月1日),"然而,这不仅仅是美国的战斗。这是世界的战斗,是文明的战斗。这是所有相信进步和多元主义,宽容和自由的人的战斗"(布什,9月20日)。

在对敌人的诋毁方面,"9·11"事件的另类叙事受到一定程度压制,这类叙事将敌人的行动描述为理性的政治活动者在严酷的逆境中寻求公正解决办法。然而，无论人们是否认同，有证据表明，这是奥萨马·本·拉登（Osama bin Laden）这样的人正在做的事情（Bergen 2001）。在布什的这个讲话中，如同许多讲话一样，恐怖主义行为都被再现为"邪恶"和"卑劣"，是"邪恶，最卑劣人性"的产物。我在第六章将要讨论的一个议题是"恐怖"和"恐怖主义"的含意以及这些术语的修辞性运用。但在这里我要指出，用宗教术语将恐怖主义和恐怖主义行为表述为"邪恶"，排除了在政治分歧、政治控诉和冲突等问题上的讨论空间，也排除了对美国政治尤其是对其中东政策的讨论空间，当然也排除了政治解决的可能。如果这些人及其行为是"邪恶"的，那么就不能适用正常的政治关系以及政治程序。正如杰克逊（Jackson 2005）所指出的那样，修辞行为从根本上讲是将造成"9·11"事件这类袭击的原因归咎于袭击者固有的身份和本性，而不是在政治上找原因。

全球广泛而深入地对"9·11"事件进行报道，或许在某种程度上有点滑稽，但也被看作有助于将全世界的目光集中在人类大规模（如果不能说最大的规模）的苦难上面，有助于为这些事件的政治叙述提供一个平台，为在大众和政府层面寻求对"反恐战争"的国际支持提供一个平台。我说过这是一个讲给全球公众听的全球性故事。像2004年12月对海啸等的报道一样，这次的报道可以说有助于形成类似于全球公众的东西。在如海啸这样的情况下紧急援助是关键议题，全球报道可以将全世界的人聚到一起，一方面通过捐款来募集款项，另一方面可以聚集公共压力使政府采取实质性救援工作。从这个意义上说，它有助于增强"世界主义（cosmopolitanism）"（Tomlinson 1999）或"公民世界主义（civic cosmopolitanism）"（Delanty 2000），一种普遍人性感，一种"全球责任伦理（ethics of global responsibility）"（Thompson 1995），也可促进"世界公共领域（cosmopolitan public sphere）"（Delanty 2000）慢慢形成。

出于国家的政治目的，有效地绑架人们对"9·11"事件的人道主义反应，这也提醒我们，全球报道依赖于与世界上强大势力的利益交织在一起的全球通信行业。媒体对"9·11"事件的报道也是一个特别好的例子，它强调了全球新闻面临的问题不仅仅是它是否有助于形成一个人道主义的、有道德的全球公众。权力关系也总是问题的关键，全球霸权势力或许试图将国际政治转化为对与错、善与恶之间的斗争，借以弱化左右之间、新自由主义与以社会正义原则为中心的政治立场之间的政治斗争（Mouffe 2005）。

结　　语

本章我关注的是大众媒体和媒介对全球化进程的影响。从中归纳出五个主要观点。第一，信息、新闻、对信息和新闻做出的反应和解释、新策略、话语、理念与实践、经济活动中的新规范和新价值观、政治体系与过程、社会机构、组织、普通生活行为以及诸如态度、情绪和身份的变化，在所有这些方面的全球传播中，大众媒体是一个关键要素。几乎社会生活的所有方面现在都受到媒体和媒介的影响，甚至包括私人和家庭生活以及个人和私密生活方面的行为，而这些囊括生活所有方面的媒体"消息"则在全球范围传播。

第二，这些"消息"在任何意义上都不是客观中立的。它们是经媒介的，这就是说，社会生活的任何方面一旦在媒体上再现出来，它们都要经过特定符码的编排、习俗规则的审核以及特定媒体的编辑加工，因而它们自身的形态和意义在这一特定的再情景化形式中被改变。这些"消息"不是中立的，还有一个意思，即第三点：跨国传媒公司在大众媒体中的全球主导地位，以及他们与政治、政府和商业领域权力中心错综复杂的联系，意味着后者在一定程度上可以利用大众媒体这个相对可控的工具传播自己的"消息"，推进自己的策略。第四，大众媒体和媒介的影响不能被认为是自然产生，因为其影响取决于媒体"消息"再情景化赖以发生的多种多样的再情景化场景，这些场景本身的结构、历史、制度、社会以及文化方面的具体特征和环境决定了媒体"消息"被接收、被理解以及被回应的方式,同时也影响了这些"消息"最终产生的效果。

第五,也是最后一点,大众媒体的全球化对构建全球公众、全球舆论乃至可以产生全球性辩论、行动和动员的全球"世界公共领域"的贡献程度是有限的。虽然可以辨别出这方面变化的倾向,但这种现象在许多方面仍然处于零星的萌芽状态。这首先是因为全球公众目前只是围绕很少的议题和报道被构建出来,其中"灾难新闻"占据显著位置。另一个原因是它的内容主要由跨国传媒公司和其相互联系的权力中心管理。第三个原因是国家层级仍然是最重要的引力中心,对于大多数国家而言,国家新闻媒体和国家广播系统(即使部分属于外资所有)报道的是国家议题,涉及国际和全球议题时也主要是从国家角度进行报道。

最后,总结一下文本分析涉及的主要特征:话语杂糅,包括推销商品的语言和日常会话中的俗语在政治话语中的融合,文字游戏,言语互动中对发言权的控制,会话性叙事、论证、假设以及言外之意,第二人称代词的正式与非正式用法,副语言特征,身体语言,直接称呼观众,以及互文性等。

第六章

自下而上的全球化

这一章我重点讨论福尔克（Falk 1999）和布拉沃伊等人（Burawoy et al. 2000）所说的"自下而上的全球化"，或"扎根的全球化（grounded globalization）"（另见 Wapner 1996）。如前几章一样，我将重点关注策略；但是，本章关注的策略是具体地区的个体或群体运用的策略，在许多情况下这些策略用于抵御全球化过程中的消极影响，或用于从全球化提供的新机遇中获得利益。这些策略包括反对和替代全球主义的策略（如见 Callinicos 2003）。这些策略的特征受到哈维提出的"空间与地方的辩证关系"观点的影响，即变动的空间关系（我称之为变动的层级关系）如何影响"地方（places）"的构成，如何影响人们参与具有当地特征的活动和互动时使用的资源，以及如何影响策略在特定地方的发展。全球化为地方性活动提供了新的可利用资源，包括新的话语、惯例和身份（包括语体与文体），在这个过程中话语被内化和操纵。我所说的"地方"指的是现今大部分人仍赖以生存的聚居地（城市、乡镇、村庄、地区）。人们的策略同时也受到他们在这些地方具体定位（社会阶级关系，性别关系等）的影响。这样，讨论的重点就落在"地区"或"地方"上，它们可以产生自己的全球化形式。

但是，人们在创造美好世界的斗争或运动中会遇到"激进的特殊"（Williams 1989）与普遍之间的辩证关系问题，对此我也要论及，并且还要论及这种辩证关系受当代全球化影响所采取的特殊形式（Harvey 1996）。这并不是一个新议题：威廉姆斯（Williams 1989: 249）就曾提到工人阶级的自我组织曾尝试将特定斗争与一般斗争联系在一起，并注意到"维护和推动特殊利益，若处理得当，实际上也是保护一般利益的非凡主张"。"特殊"利益、关注点、目标、策略、话语和"一般"利益、关注点、目标、策略、话语之间存在辩证关系：一般资源的内化可以推动地方斗争更高效地发展，反过来也会促进一般资源的发展，例如提供行动模式。特殊利益、策略、话语与一般利益、策略、话语之间也存在矛盾和紧张局面。当代全球化有多种方式对这种辩证关系呈现形式实施影响，如通过帮助地方更好地获得一般和普遍的资源，通过促进不同地区结成联盟，以及促进活跃在地区层级的团体和组织与活跃在国家层级、泛区域或全球层级的团体或组织结成联盟。这就将地区斗争和"跨国激进主义"的新形式以及绿色和平组织这样的"全球"组织联系在一起。

我将首先简要讨论能体现本章要点的一些学术文献、观点和概念，并在一定程度上回顾第一章提到的内容，之后会讨论三个案例。第一个是关于一个失业工人挪用新自由主义经济话语将一个违法策略合法化的案例，这涉及到英国撒切尔时期的失业工人应对失业的策略。另外两个案例涉及地域性斗争，但都是关于区域或全球生态意义的问题。这两个案例也清楚地表明，关于环境问题的斗争同时也是关于社会问题的斗争，如公司权力、政府民主控制和公司策略，等等。第二个案例发生在匈牙利，在一个关于危险废弃物焚化的地域性政治纠纷中，人们运用全球化提供的话语和其他可利用资源来制订反抗策略。第三个案例发生在泰国，涉及工业城市玛达朴（Map Ta Phut）建设大型燃煤发电站面临的阻力。这两个案例均表明了全球化对特殊与普遍之间辩证关系的影响。尤其是第三个案例，由于牵涉到东南亚环境组织和绿色和平组织全球运动，这个问题更为明显。

第六章 自下而上的全球化

学术文献中的相关视角和概念

一些学术分析仅仅将全球化看作是一种结构性变化,是"全球性"机构、活动者和"选手(players)"的策略("自上而下的全球化"Falk 1999)。这些分析仅仅简单地假设全球化过程和趋势对地方环境产生影响,对生活在这种环境中的人产生影响,对他们应对这些过程和趋势所采取的行动产生影响,却没有认识到需要通过分析地方特性来确定这些假设的必要性(Burawoy et al. 2000;关于"全球"与"地方"之间区别与联系的论述,另见 Bauman 1998)。这是一种困境,而且也反映出一个重要的理论问题:全球化的发展实际上取决于如何处理全球化过程中出现的(以及围绕全球化展开的)对立、矛盾和斗争,包括那些强大的机构推进"自上而下的全球化"的策略与那些明显带有地方特征的社会活动者致力于"自下而上的全球化"的策略之间的对立、矛盾和斗争(Falk 1999)。

我曾经谈过这个问题,在第四章讨论罗马尼亚再层级化问题时我曾指出,外部策略及话语对"内部"的影响依赖于"内部"机构和活动者的策略,例如,他们对外部策略做出什么反应,在什么程度上他们将外部策略挪用在自己内部策略里,等等。但迄今为止,我尚未讨论发生在"地方"的情境活动(situated action)。一般的观点认为人是具有行动和决策能力的社会活动者,他们不仅仅被动地接受大的社会过程和变革,而且能够依据这些变革发展出自己在变革中的行动方式。但是,这些能力取决于环境和条件:人们采取行动的能力有时会非常有限,忍受着变革带来的后果却无法摆脱,最终成为变革的受害者。

在第一章我讨论了汤姆林森关于全球化和文化的研究(Tomlinson 1999)。汤姆林森对文化全球化的讨论集中在"去疆域化"的概念上,即文化与地方之间纽带联系的弱化。这是一个"风靡全球的文化"没有引出一个同质的"全球文化"的过程。全球性事件可能会扩大个体"现象世界"的范围:"人们认识自己日常经历所需的相关视野日趋宽广",并以此明白哪些视野对自己个人生活具有意义,进而更习惯于关注发生在远方的事件和过程。这种全球与本地间的相互渗透被称作"全球本土化(glocalization)"(Robertson 1992, Thompson 1995)。去疆域化对自我认同具有"双重影响":一方面,可以将限制在特定地方的自我认同释放出来;另一方面,它削弱了自我认同因与某一特定地方相关联而产生的安全性和确定性。去疆域化常与文化"混杂"即"来自不同地域的文化的混合"相关联。同时,去疆域化伴有两个附加条件:首先,去疆域化与"再疆域化"存在辩证关系:文化融合能够趋于稳定;其次,权力关系可以使这种融合结构化,可通过凸显某种文化成分来达到这种融合。

汤姆林森的论证重点落在文化方面,但从我采用的辩证关系路径(见"导言"及第二章)来看,文化不能与其他社会成分或"时刻"分离开来。它们之间是辩证地相互联系的。"去疆域化"的概念可以延伸至人类生活的经济、政治、社会、文化等方面以及各种因素间复杂的辩证联系之中。大多数人虽然持续在一个地方生活,或者说他们的生活大多局限在一定的地域空间,但他们所参与的社会活动及互动却越来越少地被束缚在这些地方,而且逐渐超越地方限制,与其他地方的活动相联系,并涉及到层级间的新关系。就人们越来越明显的去疆域化的生活而言,媒体是他们在地方活动和发展策略所需新资源的主要来源。正如汤姆林森所说,人们的经历现在是未经媒介的经历和经媒介的经历的复杂混合体,这极大地扩展了人们应对变化的环境所需要的资源(见第五章)。

汤姆林森对"去疆域化"及其后果的讨论并未对话语有实质性关注。然而,如我在第一章提到的,显而易见,伴随去疆域化的"混杂"就明显地包括"话语杂糅"(第二章),即不同话语、不同语体以及不同文体混为一体。同时,关于全球化的民族志文献("全球民族志(global ethnographies)", 见 Burawoy *et al.* 2000, Burawoy & Verdery 1999,

Anăstăsoaie *et al.* 2003）也日益增多，这些文献像全球化的一般性文献一样，虽很经常地泛泛提到话语，却很少包含任何真正的对话语的分析。我的第三个案例（匈牙利案例）建立在吉勒（Gille 2000）民族志研究的基础之上，其目的之一就是，通过对她论文中的部分语料进行再分析来表明，一种对话语更为系统详细的处理方式对"全球民族志学"有所贡献。

失业及生存策略

我的第一个案例与人们应对诸如失业这样的全球化影响而发展出的生存策略有关。在下面的引文中，英格兰东北部某小镇的三位失业工人在谈论"巧活儿"，即申领社会保障金的同时（非法）打工。这些谈话表明，在特定地区遭受失业打击的人们是如何依赖全球传播的话语发展出生存策略，而这些话语在本案例中就是霸权主义新自由主义经济话语（有人会觉得这很有讽刺意味）。

  菲尔：周围有足够的机会。你要做的就是走进任何一家酒吧或俱乐部，在那里你会找到工作机会。你想找的那个人，他可能正坐在周围看电视呢，而想在这儿找到工作，你得在酒吧里转悠，向别人打听。
  丹尼：重要的是看你认识谁。在就业中心难以找到工作……你出来去酒吧。去了酒吧就能去上班。
  斯蒂芬：他（雇主）只会在"玫瑰树"或"豪门"这种地方露面，那时人们会争相向他讨要工作。我在那儿干活时就曾亲眼看见他开着面包车出去，一个小时后拉了20个人回来给他干活。没有人会问这问那。关键是雇我们很便宜。这绝对比雇一帮年轻小伙子给他长期干活要容易。雇佣或解雇这帮长期干活的人对他们来说费用更高。这不过是灵活的选择性问题。你不过是在等待工作机会；当你需要工作时，他（"雇主"）会来叫你。你需要一份失业救济金才能够出门寻找工作。否则你会度过一年半载没有工作也没有钱的日子。

（MacDonald 1994）

乔丹（Jordan 1996）认为，"被社会排斥的人"可以发展出对自身生存往往有效的社会资本和社会网络，他们的生存策略是其对所处环境完全理性的反应（可以理解，这并不是犯罪，即使也属于违法）。他们发现自己所处的环境，包括经济全球化和再结构化所造成的大规模失业的后果，而这种全球化和再结构化是他们所不能掌控的，也不是他们自己的过错。他们的策略，乔丹指出，建立在对资本主义新形式如何运作的粗浅认识基础之上，这种形式已被广泛认可，但并不在官方公共话语之列。

以上节选中有关于"巧活儿"和黑市劳动力工作流程的阐述，还叙述了失业人员为领取失业津贴（"失业救济金"）而登记失业所采取的策略以及出入酒吧和俱乐部寻求工作所采取的策略。斯蒂芬对"巧活儿"背后的经济逻辑进行了解释，这反映出对新资本主义运作的认识，对此乔丹这样表述：这是"我们更加廉价"以及"灵活性"的问题。这是一个非常有趣的挪用，新自由主义和全球经济话语（"灵活性"）的一个重要主题被可称作新自由主义策略受害者的人们挪用在他们对（打黑工）制度的解释（以及我称之为的合法化）当中；这一制度（黑市劳工制度）是非法的，遭到了负责制定和实施新自由主义策略的当局的正式谴责，而那些策略的实施却产生了广泛的影响。我们可以将斯蒂芬的说辞（暗示）看成"不应该说的"：如果你也像新自由主义一样需要"灵活性"，那么"巧活儿"会说得通。斯蒂芬解说经济逻辑时提出了将"领取失业救济金"的同时也干"巧活儿"这一提议合法化的论述："你不过是在等待工作机会"，因此"你需要一份失业救济金"，否则（由于"巧活儿"的偶然性）会面临失业并且难以生存的窘境。最后一个需要注意的问题就是，丹尼以当代谚语的形式总结了这一策略："去了酒吧就能去上班"。

我前面提到全球主义和新自由主义造成诸如失业这样的消极后果，这一案例展示的还不是对抗失业的策略，而是适应和顺应失业（以及我之前提及的生存）这些现实问题的策略，这些策略包括接受和采用新自由主义经济话语中的"灵活性"主题，以及将这一主题挪用在那些严格意义上讲不合法，但就工作和挣钱来说符合常理的策略之中。

全球图绘

第二个案例基于吉勒的民族志研究，目的之一如我前面提到的，就是通过分析她的语料的部分节选来表明对话语更系统和详细的处理可能会对她正在进行的"全球民族志"研究有所贡献。吉勒的研究涉及到围绕在匈牙利建设危险废弃物焚化炉的地方性政治斗争，双方都试图借助全球力量和全球资源。这是一个有趣的案例，地方社会活动者积极利用层级关系变化带来的新的可能因素来发展和实施自己的策略，以引发地区层级的变革。

1960年前后，位于匈牙利南部的一个叫高雷（Garé）的村庄引入合作化农业，之后便经历了一个衰退的过程。政府通过合并农业合作社和减少有地方委员会的村庄数量等措施，旨在"削减"小的乡村社区以促使人们前往劳动力缺乏的城市。在这种情况下，高雷村与和它临近的、在以前比它小也没有它重要的绍兰陶（Szalánta）村合并，并在行政上归绍兰陶村管理。1978年后，布达佩斯化工厂（BCW）开始在高雷村附近排放剧毒化学废弃物。1989年，高雷村重新获得独立的行政管理权，这时村庄内存在大量有害废物，破坏土壤并导致人身健康问题。

高雷村要求将这些废物进行处理，但政府却不能迫使布达佩斯化工厂处理这些废物。高雷村领导层主动与布达佩斯化工厂进行接洽并提出建立焚化炉的提案（这被很多当地居民认为是在经济上扭转局势，战胜绍兰陶村的一个行动）。与此同时，布达佩斯化工厂成为法国国企 EMC Services 的一个小股东，新成立了名为匈牙利石油化工总公司的合资公司。这样就形成了工业企业、大型西方公司和一个小村庄三者之间的伙伴关系，这在1989年以前是不可想象的。这个案例说明的一点就是，当今地方活动者可以绕过民族层级（国家层级）建立跨越国界的联系和网络。

　　这一案例更广阔的背景是全球废物焚化产业发生的改变。有害工业废物逐年增加，焚化不失为废物处理性价比较高的一种方式。但焚化本身会对健康和环境产生危害，各国在控制焚化业发展上会面临更多压力，特别是较发达的西方国家。为应对这一问题，许多公司不惜将废弃物运送到管理松散的地区，如欧洲中东部。绍兰陶村从健康和环境的角度考虑反对高雷村建焚化炉，因此成为反对力量联盟的中心，这个联盟包括当地的一些村镇，匈牙利绿色和平组织以及匈牙利石油化工总公司在废物焚化业的竞争者。

　　吉勒发现，"在市民社会注重环保的过程中，跨越国境的除了基金、人和信息以外，还有话语"。一定程度上，围绕在高雷村建焚化炉的政治斗争也是话语斗争。吉勒认为，这不仅仅是斗争双方从现有西方话语中进行选择的问题（尽管他们就是这么做的），而且是双方主动参与"认知图绘（cognitive cartography）"的过程，成为"认知绘图者（cognitive mapmakers）"，制作出各自再现世界、再现东方与西方之关系以及地区与全球之关系的图谱。她认为，这种话语过程是"政治行动的核心"。然而，如"全球民族志"的典型案例所示，尽管她认识到话语在政治斗争中的重要性，却没有进行任何形式的文本分析。我想说明，文本分析有助于阐明政治斗争的话语特征。

　　我们可以看到，"认知图绘"在匈牙利石油化工总公司制作的一个宣传手册中起到一个文本过程的作用。它的封面直观地传递出公司想要表述的内容（"我们对地方问题已有全球性的解决方案"）：这是一张鸟瞰图，EMC公司位于法国的焚化炉被叠映在一张高雷村废物成堆的区域地图上面。前两段内容如下（英文为吉勒所译）：

　　　　大量的工业废弃物被堆积在高雷村周围，堆积地点的指定和处置方法符合当局规定。这些废弃物长期堆放在此可能会危害土壤、动植物、农业生产、地表水及饮用水，并间接威胁到人的健康。因此，从长远来看，根除或中和该地区的废弃物，进而恢复环境的清洁是合理且必要的。

匈牙利，与其东部邻国一样，倾倒危险工业副产品现象非常典型；过去几十年间，错误的工业政策导致这个国家通常"将问题扫到地毯底下"。而在西欧那些工业发达、也更关注环境问题的国家里，最广为接受的办法就是用焚化炉解决工业废弃物的利用问题，这已经在多个人口稠密地区（瑞士、鲁尔、里昂周边地区及斯特拉斯堡等地）使用。

（Gille 2000: 252—253）

吉勒称之为"认知"的绘图过程同时也是话语过程，这是一个有关空间和层级关系的话语如何作为争论双方的策略要素被发展和利用的问题，这些话语被具体地展开或"编织"（Fairclough 2003）在这样的文本之中。本案例中的话语将东方和西方对立开来，将东方与过去及经济和生态方面的失败联系起来（"错误的工业政策""将问题（废弃物）扫到地毯底下"），将西方与经济和生态方面的成功联系起来（"工业发达""关注环境"，找到解决废弃物问题的"办法"）。这里的寓意是，西方国家可以解决东方历史上遗留的一些问题。具体而言，高雷村当地的问题可以用西方建焚化炉的办法解决，这也是西欧"最广为接受的方法"。

第一段是一个**论证**，为处理掉倾倒在高雷地区的废弃物提供合理性。第一句陈述事实（大前提），第二句声明废弃物具有潜在危险（小前提），第三句非常明显地从上述前提中得出结论（"因此，……是合理且必要的"）。第一句话对事实的陈述采用了被动句（以"被堆积"这样的动词形式出现的**被动语态**句子），但句中没有使用**施动者**，因此没有直接明确责任者（Fairclough 2003: 145—150）。但英文的介词短语**状语**包含了一个名词化结构（即"堆积地点的指定"），实际上这部分也能以单句的形式出现（如："当局指定了堆积地点，规定了处置方法"），这样"当局"就成了施动者，也就把责任间接地（模糊地）归咎于他们。考虑到布达佩斯化工厂自身参与倾倒废弃物并对此负有责任，考虑到这会对继任公司匈牙利石油化工总公司造成负面影响，那么，就很值得注意责任的直接归属不明确，"当局"一词的所指又很模糊，以及名词化的抽象和晦涩这些问题了。我们可以说，布达佩斯化工厂应承担的责任被这种模糊的语言掩盖了。如果看一下所做的关于对环境和健康造成实际破坏的说法，第二句话的**情态**表达也非常有意思（Fairclough 2003：165—171）。这是一个非常小心的说法（"可能会危害"），对未来可能的"长期""危害"（甚至不是"破坏"）在表达上使用了弱**认识情态**（"可能"）。

第二段由单一复合句组成，包含两个相互对应且相互关联的部分：时间连词"while"（这里汉译为"而"）具有"同时"和"另一方面"两个意思。这句话编织出东方（前半句）和西方（后半句）的对立，或者说这种对立由文本构成：一方是包括被再现为失败和毁灭性的倾倒废弃物的实践，一方是符合道德规范的成功"焚化"实践。正如这种表述所示，**评价**是这个段落的一个显著特征（Fairclough 2003：171—190）。该句对东方处理废弃物的描述部分包含了一些**暗含**（"倾倒""将问题扫到地毯底下"）或明指（"不正确"）的消极评价。与之相反，该句对西方处理废弃物的描述部分包含多处积极的**价值假设**，更为隐晦地传递出对政策的积极评价，例如"工业发达""更关注环境"、"利用"工业废弃物（而不是仅仅处置废弃物）、掌握废物处理的方法并广泛实施，这些都是未明示的"优势"（Fairclough 2003：55—58）。这里，我们能够看出一个价值转移的过程：将"焚化"置于积极评价的语境当中，作者也就暗示出它本身是一件"好事"；更具体地来看，作者暗示出它与"更关注环境"的表述非常匹配，即这是一个环境友好型的解决办法。当然，正如高雷村的案例表明的那样，这些论述是非常具有争议性的。

争论的双方都有选择性地将"西方"话语再情境化。在匈牙利石油化工总公司这一文本的案例中，我们可以发现第二段文字中有关于对以往经济及环境政策失误的叙述，这和"转型"的话语很相似，同时也有某种平淡的环保主义话语的痕迹("关注环境"一词用的相当低调)。另一方面,焚化炉方案的反对者将西方(包括欧盟在内)再现为向东方转嫁他们自己遇到的危险废弃物问题,他们鼓励发展焚化工业并将本国危险废弃物转至东方焚化。这一段文字没有将所提议的焚化炉方案再现为西方为解决东方历史遗留的地方问题所提供的方案,相反,却有一段叙述,描述过去的政策和现在的政策之间的延续,包括那个社会主义的政府在1980年做出的赞成在高雷村永久倾倒废弃物的决定:

> 1980年国家计划委员会所做的决定无法有效满足当地纳税人的意愿……已经出现过一次抛开我们做出糟糕决定的情况;让我们在共识的基础上做决定,不要再一次做出糟糕的决定。
>
> (Gille 2000:257)

这段引文出自匈牙利佩奇市(Pécs)的"绿圈"组织制作的小册子,其含意为:当前提案等同于实施1980年的决定,而当前的决策过程与1990年前并无太大出入,仍旧缺乏民主。一种对立由此产生:一方面是不民主的决策,另一方面是"当地纳税人的意愿"和"在共识的基础上做决定"。反对焚化炉的一方有选择性地挪用西方话语,包括与废弃物和焚化相关的西方绿色话语,这种话语将焚化本身再现为是对公共健康和环境的一种威胁,还包括"生态殖民化"和"环境种族主义"话语("环境种族主义"是与该地区多族裔人群有关的指控,包括克罗地亚人、德国人和罗马尼亚人)。该节选中还包括欧洲民主话语。在这方面,吉勒注意到,"民主,尤其是地方自治,是绿色组织的关键论点,[也是]他们认可的'欧洲'唯一的积极内涵。这种价值偏好甚至重于他们自己的环境原则"。

这个案例解释了"去疆域化"和"全球本土化"的含意。对高雷地区的居民来说,他们对过去的记忆和怨恨,对村庄地位的丧失,对"过去好时光"的怀念以及重现昨日辉煌的愿望,都与匈牙利石油化工总公司的入驻及其将公司描绘成"村庄的一分子"的努力,以及利用媒体(当地组织的展览会、公司发表的地方报纸等）宣传焚化炉计划混杂在一起。如此这般，这个小村庄居民的生活被"全球本土化"了，这在话语上被理性地表述为"融入欧洲血脉"。对于反对焚化炉方案的居民来说，他们对农业和旅游业的担忧，对"通过废弃物产业通往未来"的过渡路线和肮脏的焚化产业的厌恶（也指道德意义上的"肮脏"——他们认为高雷被"贿赂"了），都与（经媒介的）全球性联系以及国家、地区"绿色组织"用于抵制焚化炉方案的话语混杂在一起，包括从"环保主义"方面、从强调当地人的"意愿"应决定变革方向的民主价值观方面以及从抵制种族主义方面被理解为具有欧洲性的西方话语。

我们可以开始分析前文提到的特殊与普遍的辩证关系中的一些成分以及当代全球化对其形式的影响。下一个案例我也会对此做进一步介绍。特殊与普遍的辩证关系中有一个重要的话语"时刻"：当地方的特殊事件和斗争呈现在那些被再情境化的话语之中，而这些话语又处于主导地位或至少明显出现在"更高"层级时，这些事件和斗争趋于普遍化的步骤便被建构出来。例如，将具体和特殊的事件和斗争的行动呈现为"市民意愿"或"生态殖民化"的事例，本身就是一种绘图形式，因为它将特殊映射到普遍，同时将普遍也映射到特殊。具体来讲，将焚化炉建设这个特别工程呈现为"生态殖民化"中的"又一个实例"，即是将个别问题普遍化，而其方式则可给地方带来策略上的优势。

在这方面斗争双方各自的联盟呈现出的特点也很有趣。支持焚化炉建设的一方是一个新产生的、外表看上去不协调的联盟，包括仅有 300 多居民的一个小村庄，造成污染的匈牙利工业公司（布达佩斯化工厂），以及实力相对强大的西方公司（EMC）。在反对的一方，"参与高雷村事件的公众，其构成不同寻常。这是一个大型社会联盟，其重要组织者是一位当选市长，成员包括当地非政府组织、社区组织、经济组织（农业、旅游业以及其他地方及区域协会商会）、专业非政府间组织（如公益环境律师事务所和具有法律代理权的 EMLA），最后还有政党"（UNECE 2000）。这种由各类集团、组织和社会机构组成的网络逐渐成为此类斗争的特点，它们不只将各类地方组织和利益连接在一起，还将各个层级（如地方、区域、国家及欧盟层级）联系在一起，这种层级联系不仅 EMC 公司有，而且欧洲绿色组织也通过它们与地方和区域绿色组织的联系建立这种层级联系；此外，这种网络还是当前特殊与普遍辩证形式的一种重要机制。

地方环境主义运动的全球化：玛达朴

最后一个案例是关于泰国工业区玛达朴（Ma Ta Phut）反对燃煤发电站的运动。玛达朴是罗勇（Rayong）府的工业区，距首都曼谷 140 英里。玛达朴最初是一个以渔业和农业为主的社区，20 世纪 70 年代，政府将其定位为泰国石化业和重工业基地，如今已建成 100 多家工厂。这些工厂产生大量危险废弃物，其中大部分未得到妥善处理，而且工业事故和污染对环境和当地人的健康产生严重影响。2005 年 10 月，"东南亚绿色和平组织""替代工业网络运动"以及"全球社区检测"等机构联合召开新闻记者会，发布了一份它们共同起草的报告，题目为"泰国的空气：释放有毒混合物的不可持续工业及有知情权的社区案例"，声称"环境测试结果证明生活在罗勇府的人正呼吸着工业排放的有毒化学物，含量高于发达国家健康标准的 60 至 3000 倍之多，其中'玛达朴'的有毒混合物甚至威胁到了整个国家的健康"。

发电站建设始于 2003 年，预计 2006 年完工。整个工程由一家名为 BLCP Power 的国际财团承建。泰国万浦集团（Banpu）、洛士利集团（Loxley）及英国公共事业电力公司（UK utility PowerGen）均是该公司股东。三家公司分别持股 30%；剩余 10% 的股份属于矿业集团 RTZ-CRA，该集团为电厂提供澳洲原产煤。英国电力公司负责工厂的运营，日本国际协力银行、亚洲开发银行以及包括澳大利亚澳新银行在内的一系列泰国和外国私营银行为电站提供资金支持。

通过英语看到的大部分反对发电站建设的信息来自"绿色和平组织"。根据 2006 年 2 月 10 日在国际绿色和平组织网站看到的信息,这是一个"专注解决对生物多样性及人类环境造成全球性重大威胁"的"全球组织"。该绿色和平组织是如何再现其反对发电站运动的?对此,我将通过观察"绿色和平澳大利亚"2005 年 10 月发布的一份"简报"(由于篇幅所限,一些主要阐述澳大利亚煤炭出口的部分省略了,省略部分用"(……)"表示)进行思考。

玛达朴:一个澳大利亚煤炭的新兴市场

澳大利亚煤炭产业和银行如何加剧气候变化和影响泰国地方社区

澳大利亚不顾我们已经遭遇气候变化的现实,在诸如澳新等澳大利亚银行支持下,不断增加导致气候变化的煤炭出口量,使更多发展中国家沉溺于煤炭燃料之中。2006 年,澳大利亚煤炭将出口至泰国的新玛达朴电厂。这将是澳大利亚首次定期将煤炭运至泰国,为澳大利亚煤炭开采商开辟了新的市场,进一步稳固了东南亚地区对煤炭的依赖。绿色和平组织正与玛达朴及猎人谷地区的组织协力从两端着手反对这一项目,保护社区和气候。(……)

玛达朴燃煤发电站

曼谷南部正在建的玛达朴电厂是东南亚地区最大的独立电厂投资项目之一,也是泰国最大的电厂。预计在 2006 年 10 月,玛达朴电厂的两台 717 兆瓦的机组中的一台将开始发电,2007 年 2 月,第二台机组将投入使用。所用燃煤由力拓集团(Rio Tinto)提供,来源于猎人谷、昆士兰及印度尼西亚等地的矿场。电厂每年需消耗煤炭超过 400 万吨,造成超过 800 万吨温室气体污染。(……)

社区对煤炭的抵制及玛达朴

燃煤发电站在泰国遭到了来自社区的强烈反对。2002 年 5 月,两个规划中的大型电厂(Hin Krut 和 Bo Nok)被终止。玛达朴的电厂建设同样也遭到当地社区的强烈反对。发电厂项目使得当地人多年来所受的剥夺达到了顶峰。25 年前,当地社区成员拒绝售卖这片称作玛达朴的土地,但最终被强征,建成了工业区。社区成员在很长时间里反对这一决定，期间他们不断遭受骚扰。该地区现在有 60 多家工厂，其中包括泰国最大的石化工厂。

玛达朴电厂会使当地社区环境进一步恶化。

2005 年 4 月，中电集团（CLP）在香港召开年会时会场外发生了一起抗议活动，该地区的一位种植蔬果的农民乍龙·德坤（Charoen Detkhum），也是一位社区领导人说道："玛达朴电厂已经导致了水污染，填海造地也产生海岸侵蚀现象，破坏了海洋环境，严重影响到当地渔业、社区的生计和健康"。

泰国已经遭受气候变化的影响

泰国正遭受干旱，全国 76 个省份中的 63 个省份受到影响，研究气候变化的一些科学家也就此谴责泰国。

不断上升的海平面会影响到曼谷和其他一些沿海低海拔地区，受到气候变化影响的社区已经加入玛达朴社区，共同反对新的燃煤电厂建设。

比耶蓬·甘乍那乍龙（Piyaphum Kanchanacharoen）是生活在泰国东北部的农民，他也和乍龙·德坤一样参与了中电集团年会的抗议活动，期间他讲述了气候变化对自身生活造成的影响："农业产量明显降低……农业用水短缺。奶牛因缺少食用青草都不产牛奶"。

针对玛达朴的可持续的替代方案

尽管相比于其他工业国家，泰国的温室气体排放量相对较少，但从 1990 年至 2001 年，其二氧化碳排放量已经翻番。而且，泰国的能源密度和碳密度水平在过去 15 年也有所增加——创造一个单位的财富所耗费的能源更多。如果泰国继续依赖化石燃料，这种情况将继续恶化。

替代方案的确是有的。泰国能源部估测国家拥有可再生能源近 14,000 兆瓦，包括现代生物质能、太阳能、风能和小型水电资源，整个国家能源装机总量约为 23,000 兆瓦。当前仅有 622 兆瓦清洁能源被利用。

一场清洁能源革命

如果有政府和投资商的支持，包括风能、太阳能、生物能源在内的清洁能源资源和能源效率能够满足全球的供电需求，并可避免气候变化。清洁能源能够取代澳大利亚煤炭出口，同时推动泰国的生态和社会可持续发展。

（Greenpeace Australia 2005）

首先明确的一点是，绿色和平组织认为玛达朴电厂的问题与澳大利亚煤炭出口（澳大利亚是世界上最大的煤炭出口国）相关，且两者都与"气候变化"问题有关。如果访问国际绿色和平组织的网站，就会发现在"我们做什么"栏目里有一系列的活动（包括"拯救海洋""保护森林"和"制止气候变化"），而玛达朴抗议建电厂的运动就在"制止气候变化"的运动之列。从中可以看到，绿色和平组织和其他跨国运动团体的参与实际上促进了这一特定运动的普遍化；他们使用"气候变化"等环保主义话语来再现这一地方运动，其结果是这一特定案例的具体特征被弱化。在这个意义上，这场斗争也在各种全球环境问题中以及全球运动议程中得以"找到自身位置"。

与此相关的另一点是，绿色和平组织认为它自身作为联盟的一部分，与地方组织"通力合作"，并在各类活动中发挥协调的作用。例如在这个案例中，协调反对发电站运动和澳大利亚的反对煤炭出口运动（"绿色和平组织正与玛达朴及猎人谷地区的组织协力从两端着手反对这一项目，保护社区和气候"）。需要注意的是句末那几个被"协调"在一起的词语（"反对这一项目""保护社区""[保护]气候"）。它们被带入到一种**等价关系**之中，并被**归类成**绿色和平组织运动的多个共存成分：等价关系将特殊（反对发电站项目）与普遍（保护社区，保护气候）编织在一起。

第三点是一种关系在诸如绿色和平组织这样的跨国运动组织的两个目标之间被编织起来，即对环境的威胁（本案例中指的是气候变化）与暗指的全球资本主义之间的关系。这个简报重点指出澳大利亚工业和金融应该对地区气候变化负责（"澳大利亚煤炭及澳大利亚银行如何对气候变化产生负面影响"），同时借用毒品交易的**隐喻**来再现他们的活动，"使更多发展中国家沉溺于"煤炭并产生"对煤炭的依赖"。这个简报还将所消耗煤炭的数量与其直接造成的污染量相联系："电厂每年消耗煤炭超过400万吨，造成超过800万吨温室气体污染。"这里似乎是在通过互文性关联暗指经济话语中的常规表述，即原材料消耗与发电量之间存在等同关系，但又有一种环保主义的解读,将"产品"再现为污染。

第四点,发电站建设计划与当地的反对声音由一个**叙述**呈现出来,而这个叙述又将工业区的建立和发展与当地反对和抵制的历史联系起来,与该国其他地区对燃煤发电站的反对联系起来(见"社区对煤炭的抵制及玛达朴"这一部分的第一段)。这一段还包含有玛达朴地区的一位作为社区领导人的农民所做的关于工业区对经济、环境和健康的影响的再情景化陈述,紧随其后的那部分是一位农民所做的关于气候变化对农业的影响的再情景化陈述。两种陈述都是事实性陈述,就影响和后果给出具体和明确的信息。他们的关注点都在特殊性上,并未将其普遍化;但是,世界和平组织的简报却以社区政治话语(存在"社区抵制")和气候变化话语的架构将这些特定的抵制映射到普遍意义上面。

关于气候变化的部分还有一点值得注意,就是**情态**(modality)。标题("泰国已经遭受气候变化的影响")对泰国的气候变化做出了范畴化的断言,这与开头那句说"一些科学家"把干旱归咎于气候变化形成对照。第三句的主语("受到气候变化影响的社区")包含一个嵌入式非限定性从句("受到气候变化影响的"),这会引出已经有社区正在遭受气候变化影响这一**假设**。比耶蓬·甘乍那乍龙说的话被再现为关于"气候变化如何已经在影响个人生活"的陈述(尽管我已经指出他本人并没有提到气候变化),这再次暗示出气候变化对他的生活造成了影响,并认为气候变化已成为既定事实。这样便产生出一个矛盾:气候变化被断言或认为是既定事实的同时,"一些科学家"却提出一种假设性解释。这种矛盾在媒体关于环境问题的报道中经常出现,对于运动组织希望媒体传递的信息来说也非常典型,因为据此写成的新闻报道缺乏科学评估一般应具备的谨慎与慎重的特征(Solin 2001)。最后一点,该简报将地方问题和全球气候变化问题与发展"清洁能源资源"的替代策略的可能性联系在一起。

总的来说,该简报最引人注目的是它所建立的联系,用吉勒的隐喻来讲,就是它所做的"绘图"工作。用文本编织的图景体现出全球环境危机与全球资本主义的关系，体现出玛达朴发电站这个当地的具体问题与全球层级的气候变化的关系（"我们已经遭遇气候变化的现实"），不同地区（泰国和澳大利亚）运动之间的关系，以及现存能源策略导致的问题与替代策略提供的解决方案之间的关系。

玛达朴当地社区组织与区域及全球组织结成的联盟已经对当地抵制电厂运动的参与者提供了实用的援助，包括搜集污染的科学证据。在东南亚绿色和平组织和替代产业网运动（Campaign Alternative Industry Network）的支持下，通过全球社区监察组织的丹尼·拉森（Denny Larson）的协调，玛达朴举办了一次"泰国桶队工作坊（Thailand bucket brigade workshop）"（Global Community Monitor 2004）。"桶队"是全球社区监察组织1995年创立、由社区居民组成的组织，负责用"桶"这样的简易设备检测周边疑似产生污染的工业区的空气质量，确定并收集100种空气中的化学物质，同时也收集水土样本进行分析，进行健康调查或收集健康数据。建立一个地方"桶队"等于引入了新的技术及专业话语，将玛达朴与全球许多同样引入这些技术和话语的地区联系起来，并通过这种方式将这一特定的斗争普遍化。

绿色和平组织的参与还有可能通过全球媒体将特定的议题和斗争传递给全球公众，这样，地方议题会通过其备受关注的报道抗议活动的媒体风格成为全球议题，如对其"旗舰""彩虹勇士（Rainbow Warrior）"号的报道那样。下文是绿色和平组织关于玛达朴抗议活动的新闻稿（Greenpeace International 2005）：

> **关闭恶化气候的燃煤工厂：绿色和平组织**
>
> 泰国玛达朴地区：在旗舰"彩虹勇士"号的见证下，绿色和平组织的积极分子今天攀上位于玛达朴的BLCP煤电厂内的装载起重机，并打出横幅要求立即关闭工厂，同时他们还呼吁泰国政府逐步停止使用煤电，采用可再生能源。
>
> "今年发生的灾难性旱灾耗费国家1.93亿美元——气候变化已经对泰国

乃至整个东南亚地区造成了严重困难,而诸如 BLCP 之类的工厂则是罪魁祸首。"来自玛达朴的东南亚绿色和平组织能源发言人塔拉·布亚甘斯理(Tara Buakamsri)说道。

泰国政府曾承诺,到 2011 年可再生能源占比达到 8%,但绿色和平组织认为,只要泰国政府继续放行诸如 BLCP 这样新的燃煤电厂就不可能兑现这一承诺。

"气候变化虽是事实,但解决方案仍然存在。"来自国际绿色和平组织的让-弗朗索瓦·福科尼耶(Jean-François Fauconnier)在"彩虹勇士"号上讲道。"在欧洲甚至中国,风能、太阳能以及现代生物质发电都已成为巨大的产业。在泰国,新能源同样潜力巨大。"

"包括亚洲开发银行和日本国际协力银行在内的国际金融机构应停止对煤炭的金融支持。它们不时地谈论要支持可再生能源,但公众至今尚未发现对替代能源有任何形式的资金支持。无需更多谈论,是采取行动的时候了。"

此次活动是绿色和平组织在国际上抗议新建燃煤发电厂活动的一部分。在德国,激进分子周一开始就爬上莱茵能源公司(RWE)的冷却塔进行抗议,该公司是欧洲二氧化碳污染物的最大制造者。

绿色和平组织的旗舰"彩虹勇士"号正在曼谷进行为期十周的亚洲能源革命之旅,曝光气候变化的影响并推行风能和现代生物质发电等可再生能源。该活动从澳大利亚开始,到泰国收官。

绿色和平组织是一个独立的运动组织,以非暴力的创造性对抗形式揭露全球环境问题,从而推动落实有助于绿色和平发展的解决方案。

具体来讲,这是一项支援绿色和平组织的"诉求"("立即关闭工厂",以使"泰国政府逐步停止使用煤电,采用可再生能源")的绿色和平活动,被提及的参与者也只是绿色和平组织的积极分子。这个新闻稿再次以多种方式超越了对玛达朴发电站的争论和抵制的特殊性:它将该事件置于气候变化造成的后果这个更大的议题之中,(该后果被假设)不仅在泰国而且在"整个东南亚地区"都实际存在,它还将该事件置于与"可再生能源"这样的"替代方案"的联系之中;该抗议活动被再现为"绿色和平组织在国际上抗议新建燃煤发电厂活动的一部分",也是"彩虹勇士"

号举行的"亚洲能源革命之旅"的一部分。这一特定事件被用来为一幅更大的图画增色,为一场更大的运动增辉,但是在这个过程中,它被再现的方式却弱化了它的地方性特征和根源。这样,我们可以说,它仅是某种"类型"斗争的"象征"而已。

玛达朴案例显示出多个相互关联的趋势:各种各样的一般性议题和问题要聚集在特定的地方性议题和斗争周围;地方上的社区组织和运动组织正在加深区域层级的合作;一系列跨国运动团体正卷入到特定的地方斗争之中。所有这些趋势都和特殊与普遍之间的辩证关系相关,因为它们都有助于将特定斗争融进更为普遍的斗争之中,有助于获得追逐这些趋势的更普遍的话语和其他资源,同时也有助于削弱它们特定的带有地方特征的内容和力量。

我已经在某种程度上阐释了这些趋势,下面我将更为细致地解释一下。在区域层级加深合作的一个例子是"人民抵制煤炭宣言"。2005年12月,绿色和平组织和来自澳大利亚、菲律宾、印度尼西亚、泰国和中国香港的二十多个社区组织在泰国签订的这个宣言,第一句话就是:"我们的社区承载着亚洲的燃煤发电厂建设,同时也受其威胁。作为这些社区的成员,我们今天聚集起来,主张我们享有清洁空气、水、土壤及生活空间的权利。"宣言指出,"煤炭能源的使用产生了严重的环境、健康和社会问题,对贫困社区造成了最为严重的影响",尤其是产生了大量"被称为二氧化碳且造成气候变化的温室气体",而且,"气候变化是地球面临的当今最为严重的环境威胁"。区域合作的另一个例子是向亚洲开发银行的几位执行董事进行的游说。该银行为玛达朴发电站提供资金支持。2005年12月,泰国和菲律宾地区的社区领导人要求这几位执行董事"提升亚洲开发银行在燃煤发电站投入上的担忧",并要求他们停止这类资金支持。泰国社区领导人提到了已经在湄莫(Mae Moh)建成的发电站以及玛达朴在建的发电站。

除了绿色和平组织,参与玛达朴事件的跨国运动团体还有布莱克史密斯研究所（监测国际污染案例及其在环境、健康方面的影响）、银行监管会（监察银行及金融机构的活动）、替代产业网运动和全球社区监察组织。这些组织的介入本身就表明这一特定事件引申出一系列普遍议题，例如水资源的问题：在泰国有干旱引发的严重问题，人们既担心水资源短缺，也担忧水资源污染。这些问题全集中在发电站上，因为发电站会加剧水污染，还会使农业和家庭用水被挤占用于工业。全球新闻资讯亚非分部 2005 年 8 月发布的一份报告显示，泰国国家人权委员会"在收到当地居民投诉认为方案侵犯了他们享用自然资源的权利后"开始调查政府对东部水资源危机的解决方案。这里说的方案是政府提出的"主要河流和灌区的大量水资源供工业区使用"的方案。该机构对民众的主要"控诉"是这样表述的："该方案触发了农民及居民的关切，他们担心农业和家庭用水会短缺。"对水资源短缺的具体和特定的控诉被转换为人权话语中的对"自然资源享用权"的侵害，此为特定问题普遍化的另一个例子。

结　　语

本章讨论的案例涉及特定地区的地方活动者适应变化和利用变化的策略，以及他们规避变化带来的消极后果的策略，这些案例还涉及跨国活动者组织的活动和策略。从特定地区采取的策略过渡到跨国活动者组织采取的行动并非偶然，因为当代全球化影响着我所说的特殊与普遍的辩证关系。这种影响通过将地方具体活动可利用的资源全球化来实现，其中的手段是多种多样的，包括媒介、大众媒体及互联网，以及看似矛盾地将地方策略家和跨国活动者同时纳入"自下而上的全球化"进程当中。自下而上全球化的动力来自特定地方的具体活动，但是需要通过地方与该地方被"全球本土化"的空间二者之间的互动来实现。因此，具体活动所利用的资源越来越不具备地方特点，而是越来越具有全球化特征。

这些趋势在本章中变得越发清晰。第一个案例涉及地方对全球话语

（该话语的主题是"灵活性"）的挪用，民众接触这些全球话语的方式最有可能是通过大众媒体。第二个案例表明，围绕匈牙利建设危险废弃物焚化炉进行论战的双方均与不同层级的机构结成复杂的联盟，并以不同的方式有选择地从欧盟的话语中开发自己的策略。在第三个案例中，我们看到反对玛达朴电厂建设的地方维权人士与绿色和平组织这一跨国活动组织以及诸如东亚区域组织这样的地方运动组织结成联盟，在这一联盟中跨国组织明显在借用有关"气候变化"的争论这一普遍话语来阐释这场特定的斗争。

最后，我要总结一下我在分析节选文本时提到的主要特征：与话语相关联的各种主题、解释及合法化、情态、评价及价值假设、名词化、被动语态、分类及等价关系、隐喻、互文性暗示和叙述。

第七章

全球化、战争和恐怖主义

本章的重点有明显变化,要转向暴力、冲突和战争,尤其是"反恐战争"。在"导言"中,我简要交代了这本关于全球化的著作囊括这些主题的原因。2001年9月纽约世界贸易中心和华盛顿五角大楼遭受恐怖袭击,之后在其盟友的支持下,美国总统G. W. 布什宣布发动"反恐战争"。然而,与其说"反恐战争"是恐怖袭击的产物,不如说这些袭击及其后果是美国军事和安全战略长期变化过程中的一个重要时刻,是美国的军事和安全战略为了应对20世纪90年代中期以来"全球主义"遭遇的困境,从"软"实力(塑造对全球主义有利的观点、利益和身份的能力)到"硬"实力(大规模使用经济和军事力量来强制顺应全球化)的渐变(Steger 2005,Saul 2005,Pieterse 2004)。

"全球主义"面临的困境包括亚洲和拉丁美洲的经济危机,这些危机使人们普遍怀疑全球主义形式的经济全球化是否有效,人们越来越担心这种形式的全球化产生的负面影响(贫富差距扩大、国际债务危机以及世界贸易的不平等),同时反对全球化的运动也在世界各地兴起。从"软"实力到"硬"实力的转变在克林顿政府时期已经显现,但这一转变随着"新保守主义"力量在美国的增强而加剧,布什执政以后尤其如此。新保守主义持续坚守新自由主义和"全球主义",但也主张必要时可以单方面使用美国的经济和军事力量来维持其全球霸权地位,而这被视为有利于成功实现"全球主义"议程。美国军事和安全战略转变的最明确体现就是《美国国家安全战略（2002）》（Chomsky 2003）。这些发展的一个方面是，全球化意味着民族国家终结的观点在实践中遭到了坚决的反驳。

本章开头我将回述第三章讨论过的全球主义策略和话语中连续和变化的主题，我将把从"软"实力到"硬"实力的策略转变以及与此相关的"反恐战争"话语解释为策略和话语"结点"上的一个变化；全球主义是这个结点的一部分，因此，这种变化是全球主义自身发展轨迹的进一步转变。（关于"结点"的概念见 Scollon and Scollon 2004，尽管这里的用法与他们的用法不同。）之后，我将特别借鉴杰克逊（Jackson 2005）的观点，回顾"反恐战争"话语的一系列中心主题。接下来的部分集中分析美国国家安全战略，具体来讲，我将分析康多莉扎·赖斯（Condoleezza Rice）关于战略的一篇文章。赖斯是国家安全顾问，自 2005 年起担任布什政府的国务卿。最后，我将讨论英国首相托尼·布莱尔的演讲，他是另一位对安全和军事战略变化和"反恐战争"话语有举足轻重作用的人物。

全球主义、安全战略和"反恐战争"

在第三章，我通过观察全球主义应对 20 世纪 90 年代末经济危机的方式讨论了全球主义策略和话语的连续性及变化（或者变化中的连续性）问题，通过观察全球主义与"知识经济"话语和策略的融合或"联结"方式讨论了全球主义与新的发展话语和策略的融合问题。我们可以把从"软实力"到"硬实力"的转变以及"反恐战争"话语的出现看作是（经济、政治、发展和安全）战略与相关结点话语（许多其他话语环簇周围的话语）的一种更为复杂的重新集结。这些结点话语包括全球主义话语、知识经济话语、发展话语和"反恐战争"话语；而这种进一步集结涉及策略结点的具体传播与实施机制，必要时可以建立军事力量作为强制实施这些机制的手段。

在国内外强烈的反对声中，美国政府转向"硬实力"，而**选择**"反恐

第七章　全球化、战争和恐怖主义

战争"话语（可回顾第二章和第三章中关于话语的变化、选择和保留的内容）可以被看作是美国政府在很大程度上急需将这种转向合法化。这种选择也有效地将一系列削弱法律和民主权利的做法合法化，这些做法包括：违反《日内瓦公约》对囚犯的拘留和虐待（包括酷刑），未经审判延长拘留恐怖主义嫌疑人，对那些法定权利得不到尊重或者经常实行酷刑的国家秘密实行"非常规引渡"，剥夺言论自由，用新监测方法侵犯公民权利和隐私，以及在某些正在侵蚀人民生活的民主国家里或多或少存在永久紧急状态和戒备状态（Ali and Barsamian 2005，Giroux 2004，Todorov 2005）。

话语通过许多官方机制得以**保留**，或者实现机构化，包括反恐和安全立法、修改条例（如国际旅行管理规定）；话语自身在社会领域和机构之间以及国家之间的有效传播也对其得以保留有所帮助。军事、安全与情报机构和操作方式的变化，秘密监察、银行和国际旅行等领域的规程和规范的改变，都体现出话语已经被**操作**和实施。"反恐战争"话语的**传播**和**合法化**很大程度上依赖于大众媒体，尤其是全球媒体行业。我在第五章中已经谈及媒体对恐怖主义的报道问题，尤其探讨了"远方的苦难"，并提及朱利亚拉基关于纽约和华盛顿恐怖袭击的电视报道以及对那时刚出现的"反恐战争"进行的话语分析。

恐怖主义本身曾经被描述为是一种本质上属于交际的行为，在这种行为中"暴力的直接受害者是从目标人群中随机（称为'机会目标'）或有选择地（称为'象征性或代表性目标'）挑选出来，他们变成了要对外传递的信息"（Schmid 1983）。"产生""信息"并且增强认识和诱发恐惧，要借助于全球媒体网络。恐怖主义分子利用复杂的媒体策略进行活动："基地"组织对纽约和华盛顿的袭击时间正好赶得上晚间新闻公报可以对该事件进行报道（Lewis 2005）。同样，对抗恐怖主义以及"反恐战争"同样要借助于全球媒体网络来"产生信息"，同样利用和依靠复杂的媒体策略。

在第一章，基于对部分关于全球化的学术文献的述评，我区分出五种体现全球化过程的话语方式（可见该章结尾的总结）。上述我对"反恐战争"话语合法化效果的评论表明，选择该话语的动因之一便是其具有修辞效果。但我认为话语也有强大的意识形态效果，宣称的对抗和打击恐怖主义的目的可以为实现其他目标进行掩护，如以其他方式追求全球主义、维护和巩固美国霸权、为美国公司开辟新市场和实现美国对国际石油供应的控制。正如我所指出的那样，话语同样具有真正的构建效果——它在体系、机构和行动方式中被操作和实施。反恐战争**是**真实存在的。

当然，恐怖主义**也是**真实存在的，"反恐战争"出现之前就有恐怖主义了（Bjørgo 2005）。恐怖主义可以被认为只是其在暴力和战争特征上普遍和长期转向"非常规战争"的一部分，而"非常规战争"的出现与公开战争中大规模军队屡战屡胜有关，也与随之而产生的有些人希望采取非常规手段来抗击对手的需要有关。非常规战争包括恐怖主义，还包括游击战争、丛林战争、叛乱和反叛乱、间谍活动、地下部队和特种部队（Saul 2005）。如上所示，常规军事力量已经调整战略来应对非常规战争，他们利用日益成熟的尖端技术，亲自参与或资助非常规战争（包括可以称之为恐怖主义的战争，详情见下文）。

然而，尽管恐怖主义至今一直存在，我们仍可以说"反恐战争"话语的建构效果也体现在对"恐怖主义"的建构上面（Silke 2005）。这样说是因为：第一，"反恐战争"话语以特殊方式建构"恐怖主义"，涵盖和串联起某些形式迥异的"非常规"暴力，同时排除其他形式的暴力（下文将详细说明这一点）；第二，"反恐战争"话语的操作和实施是通过军事行动等多种活动来打击"恐怖主义"，这样便将"恐怖主义"视为实际发生的单一"事实"，对其中的多种差异忽略不见，其结果则将"恐怖主义"建构为客观存在；第三，可以这么说，有相当一部分当代"恐怖主义"正是反恐战争的产物，并成为反恐战争的结果。换一种说法，之所以发动反恐战争是因为，在"反恐战争"话语看来，恐怖主义是一个足够强大和危险的敌人，需要投入大量的金钱、努力和鲜血来对抗它。过去不是这样，但是,作为反恐战争的后果和对反恐战争的反应,越来越是如此。

人们不断扣问的一个问题是,这个策略上的变化是否表明帝国主义进入一个新阶段(Ali and Barsamian 2005,Chomsky 2003,Pieterse 2004,Roy 2004)。美国国家安全战略明确反对重返两极或多极世界,并坚决阻止发展任何挑战美国世界唯一"超级大国"地位的势力。这一战略是冷战结束不久之后在幕后发展起来的,是一项由保罗·沃尔福威茨(Paul Wolfowitz)(在第一届布什政府担任要职,现任世界银行行长)起草、1992 年为世人所知的"国防战略指导",包括"我们现在的战略重点在于阻止未来全球竞争对手的出现"这样的陈述(Pieterse 2005:18)。很明显,美国现在被世界各地的许多人看作是一个强大的帝国,它自身不断增强的军事主义和单边主义已经导致了反对力量的升级,其中一些反对力量采取了暴力,这不仅是针对其军事强势,而且也针对其经济强势和"全球主义"策略。2001 年 9 月 11 日的袭击行为只是这种反对力量升级的一个最明显的表现。

"反恐战争"话语在全世界范围内被广泛接受和实施,并被全面再情景化和制度化,这似乎说明其已经获得了全球霸权。但是,令人怀疑的入侵伊拉克的原因、美英未能履行其对伊拉克战后的承诺以及无法实现的一些基本目标(如稳定的民主政治制度),所有这些使得伊拉克战争给美国及其盟友的话语和策略带来了重大挑战。这些策略和话语已经受到其他替代策略(如恢复联合国在解决国际安全问题方面的作用)和替代话语的挑战,其霸权虽然没有被打破,但已经被严重动摇。

"反恐战争"话语的中心主题

现在,我借鉴杰克逊观点(Jackson 2005),对"反恐战争"话语的一般性特征加以描述,归纳出一些中心主题。每个主题都有一串与之相关的论据、叙述和话语。它们可以表述为主张,就像斯蒂格描述全球主义话语的主张一样(见第三章)。这些主题包括:

- 这是一个全新的时代，充满新威胁，需要全新的应对措施。
- 美国及其盟友（实际上的"文明国家"）面临前所未有的风险和危险，需要采取特殊措施。
- 造成这些风险和危险的人是"邪恶"力量。
- 美国及其盟友是"善"的力量，他们的行为体现了道德价值。

一个全新的时代

2001年9月纽约和华盛顿发生袭击事件之后，人们普遍认识到"再也不可能像从前那样了"。乍一看，这颇令人费解：恐怖袭击并不新鲜，无辜生命如此可怕地丧失也非首次，可为什么（用美国总检察长约翰·阿什克罗夫特（John Ashcroft）的话来说）"在9月11日，历史的车轮逆转了，世界再也不可能像从前那样了"（2001年10月25日）？人们可以（许多人已经）联想到一个事实，这是自珍珠港以来首次发生在美国本土的外部武装袭击事件，而这次袭击的象征意义则集中在世界贸易中心，这个作为全球主义的资本主义和美国主导地位标志的地方。对此，布什有一段描述（Bush 2001b）：

> 9月11日，与自由为敌的人向美国发起战争。美国人见识过战争，但在过去的136年中，除了1941年那个星期日的战争外，其他战争都发生在美国国土之外。美国人已经见识过战争的伤亡，但却未曾见过一个大城市的中心在宁静的清晨出现的伤亡。美国人已经见识过突袭，但从未见过对数以万计平民的袭击。所有这些都在一天之内落到我们头上，而在随后降临的夜幕里是一个与原来完全不同的世界，它的自由精神遭到攻击。（2001年9月20日）

这里，布什的推理似乎是从原因到结果：因为"战争行为"的本质（发生在美国本土、城市中心，突袭平民），所以现在"是一个与原来完全不同的世界"。然而这个**论点却是靠不住的**。这次袭击就其本质而言，是一个严重的恐怖主义行为,是一个在道义上受到谴责的对无辜平民的任意突袭,但是,袭击的本质或情形并不能使其从根本上开创或改变一个时代。之前有很多针对美国的恐怖袭击事件,基地组织自1991年以来就一直以美国为目标,所以尽管美国一再声称有"新威胁"和"新危险",但是,2001年9月的袭击完全可以被看作是一个在既定发展过程中的事件(尽管它格外引人注目和血腥)。这次袭击事件之所以改变了时代,唯一的原因就是它被有权势的政治家和官员刻意表述成这样,他们在一定程度上通过设定全球媒体议程使其成为现在的模样。这是一个重要的**合法化**举措:如果我们正处在一个新时代,一个"不同的世界",如果"历史的车轮"已经逆转,那么先前的道理和假设会不再适用,人们便可期待事情会发生根本的变化,而这种期望能够留给政治家标新立异的空间。

风险、危险和非常举措

这个时代之所以在军事和安全方面成为新时代,是因为"文明世界"面临前所未有的风险和危险,而这些风险和危险是由恐怖主义构建的。下面这段话引自美国司法部长约翰·阿什克罗夫特(Ashcroft 2001):

> 司法执法人员应该抗击恐怖主义威胁;这种威胁直接且巨大,就在这里,在国内,但其支持者、赞助者和同情者却形成了一个跨国邪恶网。"9·11"袭击事件是由身处我国境内的个人精心策划和实施的恐怖主义行为。如今的恐怖主义分子即便在致力于破坏我们的同时也享受着我们自由社会的福利。他们生活在我们的社区里,密谋着、计划着和等待着再次杀害美国人。他们在使用生物制剂的同时跨过了恐怖的边缘,……恐怖分子……正在用炭疽毒害我们的社区。

炭疽中毒引发的恐慌非常奏效,简单来说,它可以在美国造成公众恐慌的气氛,进而使在国外进行军事干预和在国内实施紧急状态合法化,包括使国内实施的《爱国者法案》(2001)中的"非常"措施合法化——"爱国者法案"这一标题就表明任何违反该法案的行为都不是爱国的。该法案加大了政府执法人员的监督权,包括查看个人(银行、医疗、教育等)记录、进行电子监视(包括电子邮件)、窃听电话、无需起诉就拘留涉嫌支持恐怖主义的移民、驱逐为确定或疑似恐怖组织筹集资金的移民,以及国务卿有权不经起诉就将任何外国或国内团体指定为"恐怖分子"(Giroux 2004:8—9)。这些权力被广泛视为对公民自由的侵犯。

然而,阿什克罗夫特使用的那种语言同样有助于引发恐慌气氛。阿什克罗夫特建构恐怖主义的**叙事**在美国并不新鲜:早在20世纪50年代的麦卡锡时代,描述共产主义的词汇就和描述伺机发动袭击的国内邪恶分子一样("内部的敌人"),他们从美国的"自由社会"获取福利,并由一个国际网络("一个跨国邪恶网")支持。阿什克罗夫特谈到"恐怖主义威胁直接且巨大",我认为这是一种惊人的**夸张**。相比较而言,来自恐怖主义的威胁并不"巨大"(例如,如果我们把在恐怖袭击中死亡或受伤的人数与在交通事故中遇害或死亡的人数相比较),而且也没有证据表明自2001年以来的四年中恐怖主义威胁对美国人来说是"直接的"。"他们生活在我们的社区里,密谋着、计划着和等待着再次杀害美国人。"这一言论也是夸大其词、危言耸听,偏执地夸大了"内部威胁"。而且少数几个被称为在邮件中发现炭疽痕迹的案例,无论如何想像也不可能达到"恐怖分子用炭疽毒害我们的社区"的程度。阿什克罗夫特的讲话是有影响力的公众人物夸大其辞的典型代表,人们可以这样解释,这是引发民众恐惧从而使许多美国人无法接受的政策和行动合法化的努力。

邪恶力量

布什总统在关于"9·11"恐怖袭击的最初的一个声明中说道:"今天,我们的国家遇见了邪恶,这是人性中最坏的一面",他把袭击称为"恶行"。布什还将那些声称或暗示支持恐怖主义的"无赖国家"命名为"邪恶轴心",以唤起人们对美国、英国及其同盟国在第二次世界大战中所反对的"轴心国"的记忆,同时也对罗纳德·里根(Ronald Regan)把苏联及其盟友视为"邪恶帝国"的说法有所照应。把敌人再现为"邪恶"这在美国是有前例的,但这也反映了原教旨主义基督教对布什政府的空前影响。宗教原教旨主义出现在当代绝不仅仅像经常再现的那样是一个伊斯兰现象。布什用圣经中的"恶魔"来代表本·拉登和恐怖分子("恶魔唤醒了一个强大的国家,他们将付出沉重的代价,"2001年11月29日),这其中"反恐战争"话语的宗教含义更加清晰。

给敌人贴上"恶魔"的标签是将极端措施合法化的有效途径。人们无法与"恶魔"进行谈判,只能设法消灭它。为"善"而采取的行动可以保证无论采取何种措施、无论措施多么令人难以接受以及无论会带来怎样不幸的后果,这些措施都是为了达到最好的目的。试图理解"邪恶"或寻求对其进行解释(如果不是辩护的话)都是毫无意义的。把"恶魔"视为理性的人在理性的基础上实现既定目标也是没有意义的(无论怎样与其意见不同)。政治和外交没有作用,暴力只能以暴力来应对,对恐怖主义的唯一可能的反应就是战争。历史分析也毫无意义,因为过去的错误或不公正行为并不能成为"邪恶"的借口(Jackson 2005:66—70)。

善的道德价值和力量

在科索沃战争时期,布莱尔称:"这是一场正义的战争,并非源于任何领土扩张,而是基于价值观"(1999年,对其演讲的分析见下文)。从1991年的海湾战争到1999年的科索沃战争,再到2001年的阿富汗战争和2003年的伊拉克战争,军事干预即是善的力量这一说法一直与这是基于道德价值的行动的说法捆绑在一起。布什(Bush 2003)确实把这些近期的干预描述为向善的道德驱动力量,并以此写入美国的长久叙事之中:

> 作为崇尚公民权利的民族,我们也努力捍卫他人的人权。我们这个民族解放了大陆和集中营;我们这个民族实施了马歇尔计划、参与了柏林空运、

组织了和平工作队；我们这个民族终结了阿富汗妇女遭受的压迫，我们这个民族还关闭了伊拉克的刑讯室。

（2003年5月21日）

这段话很典型，盟友（如在第二次世界大战中的盟国）被"遗忘了"，需要在此提及。

布莱尔提出在国际层级实施"第三条道路"的观点，即通过"国际社区"的行动来推动道德价值观的发展，进而最大限度地服务于追求国家利益和国际共同利益的行为。这一路径完整地体现在他将"价值观和利益合并"的主张上面。但是，特别在伊拉克战争之后，这种说法似乎是在为追求特定国家利益提供道义上的合法化。事实上，我们很难看到伊拉克战争在总体上导致善行的增加：一方面它使伊拉克摆脱了恶毒而野蛮的独裁者的统治，20多年前许多人反对这位独裁者当权，但美国人和英国人却支持他；而另一方面却导致许多伊拉克平民死亡、受伤和赤贫，"善的力量"给伊拉克人带来灾难，使伊拉克内战四起、国际恐怖主义加剧蔓延。

国家安全战略

《美国国家安全战略（2002）》在两个核心且相互关联的方面与全球化密切相关。第一个方面可称之为军事全球化：这一战略主张维护美国的全球军事霸权，同时还主张美国阻止任何国家进行可能挑战美国军事霸权的军备扩充。这实际上相当于美国想要获得永久性军事霸权。第二个方面是经济和政治全球化：美国将利用其"无可匹敌的军事力量"和"强大的经济和政治影响力"来"创造一种力量平衡，以弘扬人类自由，使所有国家和各种形态的社会都可以自主选择政治和经济自由带来的回报和挑战"。实现这一平衡需要"打击恐怖分子和暴君"。支持"人之自由"等于允许所有国家选择"经济自由"（这假定：如果他们被允许选择，所有国家都会做出这样的选择）。如同这种表述所要说明的以及该文件整体所要澄清的那样，该战略包括致力于实施全球主义议程，即在全球范围内传播新自由主义的"自由市场和自由贸易"，同时还包括假定自由市场和自由贸易必然产生民主。"反恐战争"被认为是一场没有期限的战争，是创造"力量平衡以弘扬人类自由"这一目标的必要结果，而这一目标的成功实现被认为需要美国持续享有霸权。

下面一段文字摘自是赖斯的一篇文章（Rice 2002，转载于 Stelzer 2004），"（……）"表示省略：

> 也许最重要的是，"9·11"暴露了我们的弱点，它也显露了我们今天面临的威胁的本质。今天的威胁来自于一群看不见摸不着的恐怖分子而不是大规模的军队，来自弱小或失败国家而不是大国。而"9·11"事件之后，不再有任何疑问的是，今天的美国面临着已经存在的安全威胁（……）
>
> 布什总统的新《国家安全战略》为保护国家提出了一个大胆的设想，它抓住了今天的新现实和新机遇。
>
> 该战略呼吁美国利用无可匹敌的力量和影响来创造一种力量平衡以弘扬自由精神（……），它有如下三大支柱：
>
> - 我们将通过反对和防止恐怖分子和非法政权的暴力来保护和平。
> - 我们将通过培育一个世界各大国彼此友好的时代来维护和平。
> - 我们将通过在全球拓展自由和繁荣的益处来扩大和平。
>
> 保护我们的国家免受敌人侵害是联邦政府的首要和根本使命。作为世界上最强大的国家，美国有让世界变得更加安全的特殊责任。（……）
>
> 我们将摧毁恐怖网络，追究那些窝藏恐怖分子的国家的责任，抗击持有或谋求持有核武器、化学武器或生物武器的侵略性暴君，而这些武器可能会被输送给其恐怖主义盟友。这些是同一邪恶的不同面孔（……）获得安全的唯一途径是抗击恐怖分子和暴君……
>
> （……）在威胁完全转变为现实之前，美国必须在必要时采取行动，这是常识。

抢占先机不是一个新概念，从来没有道德或法律要求一个国家在可以提前解决现存的威胁时还继续等待被攻击。(……)

为了支持所有这些捍卫和平的手段，美国将建设和维持在21世纪无人可以挑战的军事力量。

我们会试图阻止任何潜在对手寻求希望超越或匹敌美国及其盟国军事力量的军备扩充。(……)

今天，各大洲越来越认识到，已出现一个以政治和经济自由为基础的进步范式。美国、我们的北约盟友、我们在西半球的邻国、日本以及我们在亚洲和非洲的其他朋友和盟友，都对民主、法治、市场经济和开放贸易有着广泛的承诺。

此外，自9月11日以来，混乱的力量与秩序的力量形成巨大的分裂，而世界上所有的大国都认为自己倒向同样的一边，并正在采取相应的行动。(……)

共同利益和日益相同的价值观的融合创造了巨大的机遇。我们可以通过大国合作来解决冲突，而不是重复大国对抗加剧地方冲突的历史格局。(……)

美国将与贫困、疾病和压迫做斗争，因为这是正确的做法，同样也是明智的做法。我们知道贫穷的国家可能会变得弱小甚至失败，很容易被恐怖网络劫持。(……)

我们将不断扩大发展圈，以包括每一个国家。今年早些时候，总统提议美国的发展援助增长50%。但他也明确表示，新资金意味着新条件。新资源只能给予那些实施公正治理、对人民的健康和教育进行投资以及鼓励经济自由的国家。

(……)总统称之为人类尊严必不可少的需求包括言论自由、司法公正、尊重女性、宗教宽容和限制国家的权力。

这些原则是通用的(……)。从开罗和拉姆安拉到德黑兰和塔什干，总统已经明确表示，价值观必须是我们与其他国家关系的重要组成部分。(……)我们绝不会居高临下地认为自由不会在中东的土地上生长，或穆斯林不具有渴望自由的想法。我们在喀布尔的街道上看到的庆祝活动证明了这一点。(……)

我们并不是非要把民主强加给别人，我们只是想要创造条件，让人们可以获得更自由的未来。我们也承认没有"一码通用"的答案。(……)

德国、印度尼西亚、日本和菲律宾、南非、韩国、土耳其的实际情况说明，自由在世界各地表现不同，新的自由可以在古老的传统中找到受尊敬的位置。

赖斯认为，"'9·11'事件暴露了"美国的"弱点"，并且表明"已存在的安全威胁"并非来自"大规模的军队"或"大国"（现在大国间多为"合作"，而不是"对抗"），而是来自"恐怖分子""弱小或失败国家"（"容易被恐怖网络劫持"）以及"非法政权"和"暴君"。宣称美国的安全已经受到威胁，因此美国必须保护自己，这是赞成干预主义、单边主义和预防性的军事战略**论点**的重要**前提**。美国确实容易受到"非正规战争"攻击，这可以从多年来美国军方和官员在境外遭受的一系列袭击中看出。帝国权力一直都存在，但是，宣称目前世界上最强大国家"存在安全威胁"却是有点**夸张**（不过，在核武器和生物武器时代我们都受到"安全威胁"）。我们可以看到如此夸张的修辞的动机：确立美国面临严重且特殊的威胁，对于美国在海外实施侵略性军事行动和在国内维持紧急状态以及剥夺公民民主权利的合法化，至关重要。

"恐怖分子"和"暴君"是"同一邪恶的不同面孔"，都要遭到抗击。世界被分为善与恶（另一重叠的划分往往在"文明"与"野蛮"之间），这是一个建构（或"文本编织"）**分类**的重要文本过程的例子，具体来说就是二分法（Fairclough 2003）。美国理所当然的被认为处于善（和"文明"）的一边，因为美国承诺捍卫、维护和扩大"和平"，认识到自己的"特殊责任"，并在"价值观"和"理想"的基础上采取行动。这种摩尼教的（Manichean）划分不允许存在中间范畴或灰色地带，不承认世界的实际复杂性——人或国家或者善，或者恶，二者择其一。

正如我前面所说，一旦用宗教范畴（"善"与"恶"）代替政治范畴，便无须分析或解释这种划分，无须探究其历史，无须试图理解那些被再现为威胁美国的人持有的理由和目的，无须把他们当作理性的人（当然他们是），也无须考虑美国多年来的行为和政策是否与认识到的"现存的威胁"有关。众所周知，"基地"组织和其他恐怖主义组织的反美运动源自海湾战争时期美国在沙特建立的美军基地，这涉及其合理性问题。恐怖主义是弱者对付强敌的一种手段，自20世纪90年代初以来，对恐怖主义的支持大多来自那些看到美国人没能用自身影响实现中东公正和平的人，这些人看到美国追逐其帝国野心，并给予以色列无条件的支持。这些原因在人们看来并不能为恐怖主义辩护，但确实是恐怖主义兴起的原因。

把世界分为"我们"和"他们"（二分法），一边是美国的盟国，其或与美国有着相同的价值观和使命，或至少与美国有合作，另一边是"恐怖分子和暴君"。这种划分将使那些以政治而不是以暴力方式反对美国政策的人无处安身，也使那些对美国运用权力有正当不满情绪的人无处安身。确实存在真正的恐怖分子和暴君，哪个有理性的人不认为他们应该遭到反对呢？但是在简单的二元对立话语中，没有第三种（或第四种）范畴，那么所有使用"非常规"武力形式的人和那些反对美国战略和政策的人都有可能被归为"恐怖分子"或"暴君"，这些反对美国战略和政策的人并没有使用武力就莫名其妙地和"恐怖分子"或"暴君"混为一谈，而他们并没有准备好（或有勇气）来对抗甚至同情这些"恐怖分子"或"暴君"。在这种话语中，"支持我们"和"反对我们"的人之间存在危险的两极分化，且任何形式的贴有"反美主义"标签的人（"反美主义"的概念普遍混淆了反对美国政府政策与反对美国这个国家以及美国民族之间的界限，其中许多人反对的是政府）很快都会就被指控为"向恐怖主义示弱"。

然而，正如我所指出的那样，"恐怖主义"这个词现在正被别有用心地利用，除了那些确实可能构成恐怖主义的武力形式之外，它正作为一个全方位范畴被用来冠名和谴责多种形式的诉诸武力，而同时排除其他一些的确构成恐怖主义的形式。什么是"恐怖主义"？"恐怖主义"的定义本质上是有争议的，但为了便于论证，让我们暂且使用2000年英国《恐怖主义法案》中有关"恐怖主义"的定义,这个定义与目前通常使用的"恐怖主义"一词非常接近。恐怖主义是"采取行动或威胁采取行动"(包括对一个人或一个民族的严重暴行、对公众健康或安全造成严重风险,和对财产造成严重破坏),"以影响政府或恐吓公众,达到推广某个政治、宗教或意识形态目的"。这里的"政府"指英国政府,但我们可以用"各国政府"来代替它以对定义进行泛化。

关于这个定义有许多争议,下面我列举两例。第一,是否对"恐怖主义"和"反抗"进行了区分:被剥夺权利的人,尤其是那些处在殖民或种族政治和外国占领下的人,他们追求"《联合国宪章》赋予的自决权、自由权和独立权"(1987年联合国第42/159号决议)而进行的"非常规战争"是否构成"恐怖主义"?这些行动本质上可能与《恐怖主义法案》中提到的行动非常相似,而且,虽然它主要被"设计"用来破坏军事目标,它也可能"影响"政府,甚至"威胁"公共部门。南非反对种族隔离的军事行动就是如此,在联合国看来这显然是"反抗"而不是"恐怖主义"。而巴勒斯坦人在以色列占领其领土情况下采取的行动,伊拉克人反抗占领其国家而采取的针对美国军事目标(也有平民目标)的行动等,在反恐战争的话语体系中通常都被称为"恐怖主义"。这些行动都被暗指与"9·11"袭击或马德里及伦敦的爆炸事件"相同",而后者则毫无悬念地被称为"恐怖主义"。

第二,是否存在"国家恐怖主义"范畴。由于《恐怖主义法案》对恐怖主义的定义没有明确是机构还是个人对恐怖主义行为负责,因此,似乎有这样的可能,应该负责的是个体也可能是国家。在这方面,巴勒斯坦的情形又一次成为例子:以色列政府和军方的某些行动是否构成"恐怖主义"?他们的一些行动确实是针对人民(在许多情况下是平民)和财产的严重暴力行为,旨在胁迫巴勒斯坦政府和公众推进政治事业。那么美国自己呢?其对拉美和其他地区"反恐"活动的公开支持,对暴力推翻政府(如智利和尼加拉瓜)的公开支持,是否是政府对恐怖主义的资助呢?很多有力的论证表明答案是肯定的,美国对"非常规战争"的支持,特别是对那种抗击在阿富汗的俄罗斯人的"非常规战争"的支持,这本身在很大程度上促成了伊斯兰组织的建立,而美国现在又在反对这些组织,将其看作"恐怖主义"(Chomsky 2003, Honderich 2003)。尽管如此,国家在当下被普遍排除在所谓的"恐怖主义"之外。

现在我们回过头来分析赖斯的文章。"国家战略"包括赖斯所说的"先发制人(pre-emption)"策略。这一策略在某种程度上要了花招,因为"先发制人"首先被设置为等同于(与其处于一种**等价关系**之中),并被隐性定义为,"在威胁完全到来之前采取行动"。"先发制人"出现在前面一句中,然后它相当于一个国家没有等待"被攻击,而是提前解决了存在的威胁",这里的威胁则出现在后面一句里。因此,赖斯从尚未"完全出现"的威胁(这是否意味着威胁真的存在?)悄悄转向一个设想,假定真的"存在威胁"。

美国将"抗击持有或谋求持有核武器、化学武器或生物武器的侵略性暴君,而这些武器可能会被输送给其恐怖主义盟友"。这句话中有一个**假设**或预设,即这种情况确实存在(也就是存在持有或谋求持有这些武器的暴君,且他们会把武器输送给恐怖分子),这显然是有问题的。这种行为,或称威胁,留下了足够的阐释空间。例如,怎么样才算是"侵略性暴君",为什么?美国在应用这一描述时在多大程度上保持了一贯性?"持有"这些武器的证据又是什么?如何确定一个政府正在"谋求"持有这些武器,或者他们有"恐怖主义盟友"?如何确定这些武器"可能"被输送给这些"盟友"?关于伊拉克战争的争议以及为此政策辩解的声明(大部分被证明是虚假的、夸大的或者无根据的)都生动证明了这是一个多么危险的政策。问题的核心在于,谁来决定这些事情?人们如何知道美国公开的那些理由是否为真实原因,而不是地缘政治因素(如美国想要控制某些地区)和相关的经济因素(如美国想要控制主要的石油供应国)?

赖斯对"先发制人"这一策略的描述具有误导性:根据国际法,由明显出现的攻击性危险引发的"先发制人"的战争才是合理的，但美国采取的政策是"预防性（preventive）"战争（Chomsky 2003），这种战争的合理性依据官员的假设，对未来某个时间可能存在危险做出判断（无论动机是什么）和决定。这使美国可以自由地攻击任何其认为对自身安全或国际"和平"构成潜在威胁的国家，这是没有国际法依据的。这种咄咄逼人的单边主义战略是否真的帮助美国承担起"让世界变得更加安全的特殊责任"？许多评论家认为事实恰恰相反。

赖斯声称："为了支持所有这些捍卫和平的手段，美国将建设和维持在21世纪无人可以挑战的军事力量"。从表面上看，这一说法还挺合理：如果"恐怖分子和暴君"对"和平"构成潜在威胁，那么"和平"只能依靠那些具有绝对军事优势的国家通过抗击恐怖分子和暴君来捍卫。但事实上，这一论断十分荒谬：为什么只有一个国家的军事力量"无可匹敌"，还在事实上永久"无可匹敌"，而其他"任何潜在对手"（谁能决定一个国家是否是"潜在"对手，理由是什么？）都被阻止寻求军事平等或主导？为什么没有一个联合国控制的军事力量或"大国"联盟？此外，美国要求绝对军事优势本身是否在很大程度上就对"和平"构成了潜在威胁？并对那些受到美国霸权威胁的弱者诉诸包括恐怖主义在内的非正规战争负责？对一些国家认为其可能会被视为"潜在对手"因而诉诸防御性的军事扩张负责？确有证据表明，美国的侵略性单边主义正引起一场新的国际军备竞赛。

将恐怖主义和暴政混同于"邪恶的不同面孔"，这种观点以"反恐战争"的名义掩护美国及其盟友进攻别国（阿富汗，然后是伊拉克）和对他国（如伊朗和叙利亚）进行军事威胁。这也为他们部分地填充"反恐战争"的真空开了口子：战争何以应对像"恐怖""恐怖主义"或"恐怖分子"这样模糊而抽象的敌人？恐怖分子并不构成一个可以识别的群体，也不占领一个具体的区域，他们分散在世界各地，散落在社会之中，最重要的是，在计划或实施恐怖主义行为之前，他们基本上是无影无踪，也无法被察觉。"反恐战争"类似于"毒品战争"等其他隐喻性的"战争",就像"毒品战争"无法消除毒品一样,"反恐战争"也无法消除恐怖主义。消除恐怖主义需要其他手段,在某些情况下使用合法手段,而不是"战争",也可使用政治手段解决冲突和矛盾,如中东地区的冲突;长期的犹豫不决使该地区滋生了恐怖主义。另一方面,由"暴君"管理的国家必然是军事袭击的确定目标。然而,证明政治暴政或专政与恐怖主义具有内在联系的假设极其荒谬,伊拉克就是实例。同样荒谬的是,恐怖分子如果得到"大规模杀伤性武器"就会使用这一假设。这是因为,如果我们假设恐怖主义是一种用来达到政治目的的暴力形式,那么很难明白他们如何通过消灭所有人口来达到这种政治目的。

"国家战略"有两个相互联系的正在被合法化的目标:"安全"(首先是美国自身的安全,但也包括国际安全)和"自由"。这两个目标间的相互联系在开始时就已建立。《国家安全战略》"提出了一个大胆的构想,即抓住今天的新现实和新机遇来保护我们的国家。它呼吁美国利用其无可匹敌的力量和影响力来建立一个有利于自由的力量平衡"。该战略的"三大支柱"("捍卫""维护"和"扩大和平")将"反对和防止暴力"和"在全球拓展自由和繁荣的益处"联系在一起。这是一种**话语杂糅**,把军事和安全话语("保护我们的国家""权力平衡""反对和防止暴力")与政治经济话语("新机遇""自由""自由和繁荣的益处")混杂在一起,形成一个提出"大胆设想"的策略,从而引发了市场话语而不是防卫政策话语。"安全"和"自由"(新自由主义意义上的自由,即所有自由都基于市场自由)不可分割地结合在一起。赖斯认为,人们对"以政治和经济自由为基础的进步范式"和有关"民主、法治、市场经济和开放贸易的广泛承诺"的认识日益增强。选择"范式(paradigm)"一词值得特别注意:我们可以认为它暗指"全球主义"策略,虽然对该策略引发的批评和担忧有所承认和让步:该策略让我们"承认"没有"一码通用(one size fits all)"的答案,"自由在世界各地表现不同","新的自由可以在古老的传统中找到

第七章　全球化、战争和恐怖主义

受尊敬的位置"。但是，正如我在第三章讨论全球主义策略中时指出的那样，全球主义在其失败时做出的妥协，以及由此引发的对全球主义策略的恐慌和批评，并不等同于这一策略发生了根本变化。

赖斯说"我们不打算把民主强加给别人，我们只是想创造条件，让人们可以有一个更加自由的未来"。这一说法在"民主"和"更自由的未来"之间建立了一种隐性**等价关系**（Fairclough 2003）。全球主义话语认为"民主"是新自由主义意义中的"自由"的固有附属物，这就是说，它们是同一事物。看看伊拉克战争所带来的一系列问题，我们很难认同赖斯的说法：2003 年 9 月，在伊拉克当局组建之前，保罗·布雷默（Paul Bremer）（联盟临时管理当局行政长官）授权采取一系列措施以求将伊拉克变成"自由市场"经济，这些措施包括企业私有化、外国公司享有全部所有权、外国投资者回汇利润的权利以及消除贸易壁垒。涉及"重建"伊拉克的所有高利润合同都已经授予了包括哈利伯顿（Halliburton）在内的美国公司，而美国副总统切尼（Cheney）正是哈利伯顿的前任首席执行官。

赖斯称美国致力于"与贫困、疾病和压迫做斗争"，尽管这样做的动机部分地是出于道义（"这是正确的做法"），部分地是基于自身利益（也是"明智的做法"，因为"贫穷的国家可能会变得弱小甚至失败，很容易被恐怖网络劫持"）。然而，美国的援助也是有条件的（"新资金意味着新条件"），只有那些"实施公正治理，对人民的健康和教育进行投资，以及鼓励经济自由的国家"才能获得美国的援助。"实施公正治理""投资健康和教育""鼓励经济自由"被文本编织在一个**等价关系**之中，与"善"同处于一个等级，这样，我们便可以把"鼓励经济自由"视作一个要求坚持全球主义议程的语码表达方式。由此，对世界上贫穷国家在发展方面的援助已经不再基于需要，而是附带政治前提，基本上就是这些国家必须跟从美国的脚步。这解释了达菲尔德（Duffield 2001）识别出的发展战略和话语的变化（我在第三章对此也有所讨论），这种变化转向干预主义方式

(把做出改变作为提供援助的前提条件),同时也解释了发展政策和安全政策的相互融合,因为欠发达国家日益被视为危险国家。

托尼·布莱尔:国际安全和战争

"硬实力"策略和"反恐战争"话语的建构和合法化主要得益于美国,但也并非完全是美国一个国家的功劳。例如,英国首相布莱尔自1999年科索沃战争以来就在一系列演讲中讨论国际安全战略变化问题(Fairclough 2005c)。布莱尔在科索沃战争时期在芝加哥发表的极具影响力的演讲(Blair 1999)预示了我在前面讨论全球化主要维度分类时提到的策略结点:"但全球化不仅仅是经济,它也是一种政治和安全现象。"将"安全"提升到全球化的三个主要方面之一的这种分类方式不同于通常的分类(通常的分类包括"文化",但不包括"安全"),这也促进了安全战略与经济和政治战略的相互联系。

布莱尔关于这一策略结点的表述基于"国际社区"的一个新"信条":

> 我们正在见证国际社区新信条的开端。这意味着我们明确认识到,今天我们比以往任何时候都更加相互依赖,国家利益在很大程度上受到国际合作的支配,而且我们需要就这一信条在国际行动每一领域的引领方向进行明确的和一以贯之的讨论。正如在国内政治中一样,社区的概念——伙伴关系和合作对于自身利益的发展至关重要这样的共识——正在形成;所以国际社区需要适应这一新形式。全球金融市场、全球环境、全球安全和裁军问题,所有这些问题没有深度的国际合作是不能得到解决的。

而且,"国际社区适用的原则同样也适用于国际安全"。布莱尔简要总结了自冷战结束以来"我们"已经积累的"十年经验",强调"我们的武装部队比以往任何时候都要忙碌,他们忙着提供人道主义援助、遏制对平民的攻击、支持联合国的决议,偶尔也会参加一些重要战争,如1991年参与的海湾战争和目前在巴尔干地区的行动"。

但是，什么是"国际社区"呢？"我们"指的是谁？**代词"我们"**用其"广义上包容"的意义（意思是"我们所有人"），比如布莱尔在上面节选中提到的"我们是相互依赖的"，这里的"我们"似乎包括了所有民族国家。但在其他地方，当他提到人道主义和军事行动时，"我们"一词的使用限制性更强。"武装部队"不是"国际社区"的武装力量，而是指更为有限的几个参与行动的国家的武装力量，就像科索沃战争中的北约。

"我们"指谁这一问题在为干预主权国家内部事务提供理据时尤为重要。在这次讲话中，布莱尔给出的主要理据是道义，但具有典型的"第三条道路"的意味：以"我们的价值观"为基础行事也恰好是符合国家利益的最好行为方式（在赖斯的文章中也可以发现这种合并）。他认为现在"我们的行动"应该是：

> 在各自自身利益和道德目标的共同指导下，捍卫我们珍惜的价值观。最终，价值和利益会融合在一起。如果我们能够建立和传播关于自由（liberty）、法治、人权和开放社会的价值观，那么这也符合我们的国家利益。传播我们的价值观使我们更安全。

布莱尔将科索沃战争合法化的方式在于，一方面出于自身利益的考量（米洛舍维奇（Milosevic）的政策对安全和稳定造成威胁），一方面出于道德的考量（"种族清洗之罪恶"及侵犯人权），而且二者"结合"在一起。值得注意的是，价值观不仅要被"捍卫""建立"还要被"传播"，这让人们想起19世纪以传播文明的名义为帝国和帝国主义所做的辩护。布莱尔列举的价值包括"开放的社会"，这是暗指经济自由化和自由贸易的全球主义目标的一种语码方式。他所说的价值还包含了"人权"这个相对较新的概念，这个概念指的是人的普遍权利，它的优势在于可以超越以国家主权的名义强加的限制。然而，人权这个概念也越来越多地用来将诸如伊拉克战争等军事活动合法化。

这些价值观的地位如何？依据布莱尔，它们是"我们的价值观"，国际社区的价值观，而且，布莱尔在2003年1月的一次讲话（外交部会议上的发言）中坚称它们是"普世价值观"，为支撑这一说法他还宣称"一旦有机会，全世界的人们都会想要这些价值观"。对此，一种近乎苛求的反对意见认为，如果价值观是"普世的"，那么它们就不是"人们"（所有人？一些人？）"想要"的，而是全人类具有的。然而，主要问题在于，一点也看不出每个人都"想要"布莱尔列出的价值观，更不用说践行这些价值观。我们可以看到，很多人反对布莱尔在全球主义意义上使用"开放的社会"这一术语。或许人们在很大程度上都认同人权的价值，但许多人对其仍感到怀疑，因为它会被用来使某些行为合法化。毫无疑问，对法治的价值在全球都有实质的认同，虽然这并不意味着法治或任何其他价值总是以同样的方式得以解释。另外值得注意的是，布莱尔选择使用具有经济意义的"自由（liberty）"一词，而不是具有人身意义的"自由（freedom）"一词，因为前者与新自由主义者所倡导的"经济自由"联系更密切，由此可以引出新自由主义话语。对后一种人身自由的价值全球有着广泛的认同，但对前一种经济"自由"很多人会更有疑虑。因此，总的来说，布莱尔关于这些价值观具有普世性的托辞本身令人疑惑，特别是关于"开放的社会"的说法，这让我们再一次考虑"我们"在"我们的价值观"中到底指谁。

然而，对于那些倡导以道德为由干预他国内政的人来说，这是他们使其行为合法化的重要主张。布莱尔本人在2003年的一次演讲中承认这一主张的争议性（Blair 2003），他说，这些价值观：

> 必须同时与另一价值观同时追求：公平，即相信人人都有机会。没有公平，我所描述的价值观可能被理解为"西方的价值观"；全球化成为西方商业和文化的绊脚石；我们追求的秩序被世界上的许多人视为"他们的"秩序而不是"我们的"秩序。

布莱尔大方地承认其关于普世价值观的主张存在问题，但其解决方案并不能令人信服。诚然，上述价值观清单中遗漏了"公平"，但是布莱尔将其解释为机会均等（"人人都有机会"）再次表明，设想出来的一套表达共同价值观的术语与人们实际的共同价值观之间有多么大的差距。对于很多人和世界各国的政府来说，"公平"所具有的意义比机会均等要更多。它意味着对财富和资源进行再分配以实现资源平等，而资源平等实际上是机会均等的前提，它还意味着不仅为已经成功的人，也要为没有获得成功的人提供充足的社会福利，等等。

在2001年9月袭击事件和宣布进行反恐战争之后，布莱尔演讲中的道德话语和反恐战争话语实现了融合。2002年4月，布莱尔在华盛顿的老布什总统图书馆发表了讲话（Blair 2002），在讲话的开头部分，布莱尔再次倡导他称之为的"开明的自我利益"，把"为我们的价值观而战放在保护国家的必要政策的核心位置"。然后，他说道：

> 我的基本论点是，在当今这个相互依赖的世界中，我们需要一个综合方法，一个我以前讲过的国际社区的信条，一个基于我们相信的价值观的信条（……）我认为我们信仰的价值观是值得为之奋斗的；它们日升月恒，而捍卫它们也符合我们的共同利益。我们不应耻于在自身利益和道德的驱动下采取行动。
>
> 事实上，从某种意义上说，这些动因是相互融合的。当我们像9月11日之后那样保护我们的国家时，我们不仅仅是保卫领土。我们在捍卫我们国家所信奉的自由、民主、正义、宽容和对他人的尊重。

这个演讲在**词语搭配**（Fairclough 2003）方面与1999年的演讲形成一个对比，即在安全和价值观受到恐怖主义袭击威胁的时候，它强调"保卫"（而不是"扩大"或"扩展"）价值观（以上节选中的词汇如"奋斗""捍卫"和"保卫"）："本·拉登的人生观不仅威胁到我们的安全，也是对我们心灵和思想的一种突袭。"另一个对比是，虽然"道德"考量依然十分明显，但在实施干预的情况下对"稳定"的考量显得更为突出。第三个对比是，虽然"国际社区"这一新"信条"被再次提及，"国际联盟"和"国际联合"却被强调："一些在安全、贸易和稳定方面具有共同诉求的关系密切的联盟应该不再是对手"。国际"联盟"与国际"社区"非常不同，因为它们需要排除一些国家（有些国家被包括在内，有些国家则不包括在内）。

像美国领导人一样，布莱尔把恐怖主义和一些拥有或研发大规模杀伤性武器的国家都视为威胁，并倡导对其进行"政权更迭"：

> 我们必须准备好采取行动应对恐怖主义或"大规模杀伤性武器"带来的威胁。打击国际恐怖主义是正确的，我们应该大力实施。不仅在阿富汗也在其他地区。不仅要使用军事手段，而且要剪断恐怖主义的资金链（……）如果有必要，就该采取军事行动，再次重申，如果有必要且合理，可以进行政权更迭。

"恐怖主义和（或）大规模杀伤性武器"成为布莱尔话语中的**高频搭配**（Fairclough 2003），从这两个词（"恐怖主义"和"大规模杀伤性武器"）经常在一起使用的角度来看，"恐怖主义"很少再单独发生了。他这次还把基于共同价值观的国际社区表述为（尚未实现的）一个目标，而不是假设它确实存在："在所有这些领域我们致力于实现一个一体化的国际社区，这一社区拥有共同的价值观，努力实现同样的目标。"这让人想起在全球范围内传播新自由资本主义的全球主义策略。

国际安全战略建立在"价值观"基础上这一主张，以及对"普世原则"的寻求，也被美国领导人当作合法化手段使用，这可以在赖斯关于《国家安全战略》的文章中看到。但是，为战略向"硬实力"转变提供强有力道德例证的却是布莱尔。我们可以看到，作为支持干涉主义的国际安全战略道德案例的主要发言人，布莱尔在关于该战略的国际联盟中发挥了重要、独特、至今仍是成功的作用。

第七章 全球化、战争和恐怖主义

结　语

在本章中，我论证了"硬实力"策略已经取代了"软实力"策略，论证了"反恐战争"这个"结点"话语构成了日益复杂"结点网络"的一部分，其他部分包括全球主义、知识经济和新发展战略及其相关结点话语。这是全球化"经历变化而存续"过程中的又一个阶段。聚焦"反恐战争"话语，我发现四个体现反恐战争特征的重要"主题"：1）这是一个新时代，产生新的威胁，需要采取新的措施；2）美国及其盟国面临空前的风险和危险，需要采取非常措施；3）带来这些风险和危险的是"邪恶"力量；4）美国及其盟友是"善"的力量，他们的行动符合道德价值观。

我讨论和分析了关于"硬实力"策略和"反恐战争"话语的两个例子。第一个是美国国家安全顾问兼布什政府国务卿赖斯关于《美国国家安全战略》的一篇文章。第二个是英国首相布莱尔有关国际安全问题的演讲节选和在科索沃战争（1999 年 4 月）和伊拉克战争（2003 年 1 月）之间发表的关于新"国际社区信条"的讲话节选。我提到了各种各样的文本特征，包括议论、论证谬误、合法化、叙事、假设或预设、话语杂糅（话语的混合）、词汇选择、搭配形式、关键词的含义（如"恐怖主义"和"公平"）、夸张、分类（包括二分法，如"善"与"恶"）、等价关系以及代词"我们"的转换意义。

我对"反恐战争"话语持怀疑态度。在各个联盟中美国引发的战争在不断升级，这些战争在一定程度上针对的是大多数人称之为恐怖主义分子的人，但我和其他许多人认为这些战争的目的并不仅仅是打败恐怖分子、恐怖主义或支持和被认为支持恐怖分子的人。我认为他们的主要目的是维护、巩固和扩大"西方"的力量，尤其是美国的国际霸权，而这一目的可以从极力追求经济自由化、开放市场和在尽可能多的地方实行自由贸易这些全球主义目标中看出。"反恐战争"话语相当有效地掩盖了这些目的，并且将追求这些目的而采取的行动合法化。从道德层面看，这些战争有好的结果，如更替了野蛮和残暴的领导人和政权（如萨达姆·侯赛因、米洛舍维奇和塔利班），但这不是发起战争的主要目的。战争同样也产生了道德上的不良后果，如造成许多贫民的死亡和受伤，并给有关国家造成严重的物质损失。因此，"反恐战争"话语在道德上将这些战争合法化，往好处想，虽误导却可能坦诚，而往坏处想它就是一种障眼法。

"反恐战争"话语对"恐怖主义"的再现实属迎合上文所说的战略目标，虽然其再现方式高度令人质疑，但恐怖主义（包括国家支持的恐怖主义）却是真实存在的。恐怖主义以不道德的方式追求政治目的，应该受到惩罚，虽然我认为这种惩罚应该通过国家和国际法律机构实施，或在联合国支持下对其进行必要干预，同时我们应该尽可能防止恐怖主义的出现。"反恐战争"话语倡导者声称他们击败了真正的恐怖主义，然而事实正与此相反，最近的反恐战争实际上已经增强了恐怖主义。如果我们的主要目的是尽可能惩罚恐怖主义分子并减少恐怖主义，那就需要采用截然不同的手段，包括在法庭上起诉恐怖主义嫌疑人以及通过更多的外交努力和政治途径来解决巴勒斯坦问题。

结　语

　　社会科学领域的批判性研究在传统上聚焦那些被广泛视为人们在生活中所面对的重大问题和难题，以便了解现状，进而明确实现更美好未来的可能途径，并指导人们为实现这一目标而奋斗。在我选择全球化作为主题以及选择我所采取的研究路径的过程中，我一直沿着这一研究传统展开工作。当代"全球化"的过程与当今许多被认识的问题和难题相关，其原因我在书中已经指出。例如，全球主义这一对全球化话语来说最具影响的策略，被广泛认为对社会有许多破坏作用，造成许多最紧迫的当代社会问题，其中包括二十多年来不断扩大的贫富差距，以及世界许多地区人民从国家获得的支持和社会福利不断减少。全球主义和新自由主义形式的全球化为一些人带来了新的机遇和收益，但也使许多其他人的生活更加艰难。

　　在探讨全球化这个话题时，我的目标是通过对话语的关注来扩展现有的理解。我在第一章提到，话语的重要性在有关全球化的文献中得到广泛认可，但大多数研究都缺乏对话语的系统性关注或系统性分析。然而，正如我所说，话语对于理解全球化至关重要，因而更好地理解话语的作用也很重要。我一方面从话语分析的角度强调全球主义是有缺陷和矛盾的，它的主导地位取决于可变化的偶然因素，另一方面将全球主义呈现为仅是许多策略中的一种，尽管它目前是最强大的一种。借此，我力求将了解现状与实现更美好未来的可能途径及其策略联系起来。全球化的某些方面可能是不可避免和不可逆转的，但全球化的策略并不是不可避免或不可逆转的。全球化可以朝着更少损害、更为民主和更具社会公正和公平的方向发展。

在本书的结尾,我现在对本书的主要论点进行总结。

全球化与话语

我认为全球化是一个现实:一套影响社会生活许多方面(经济、政治、社会、文化、环境、军事等)的过程,复杂、相互联系但又部分地自行其是,这一过程充满了社会活动和互动、社会关系和权力关系在空间组织上的变化,使其在全球层级以及全球层级与其他层级(泛地区层级、国家层级、地区层级等)之间产生更为密集,更为广泛,更为迅速的相互联系、相互依存和流动。全球化并不像它经常被再现成的样子,它不是20世纪最后几十年发展起来的一种现象。它有着更为久远的历史,但在当代,全球化浪潮有着显著上升,尤其是在与通信和信息技术创新相关的方面。

我认为,如果不将语言——话语——考虑在内,我们就无法对全球化这一现实进行充分的理解或分析。如果我们想一下,是什么被全球化了,"流动的东西"都包括什么,就会知道,话语、再现方式、对社会过程的建构和想像,都在其列。如果我们再想一下与全球化相关的社会活动、互动、相互联系方面发生的变化,这些都需要新的交流形式或语体。所以,我们可以(以一种现有的粗略区分方法)说,全球化的内容和形式都在一定程度上具有话语的特征。

全球化策略与全球化话语

人类在一个基本上不受自己控制的、预先建构的社会世界中从事社会活动。他们必须接受这一点,并承认他们的行动受到一定的限制和约束。然而,人类是具有能动性、策略性和反思性的动物,而预先建构的社会世

结　语

界是一个由社会和人构建的世界,是过去和现在仍然持续的人类能动性、策略性和反思性的产物。无论人们在哪里从事社会活动,他们都会通过反思生成对社会活动以及自身在社会活动中所处地位的表述;这些表述(给定某些社会条件)可以被固化为稳定的、多样的、共享的话语,它们可以包括对社会活动某些可替代形式的想象,并且可以(总是受制于特定的社会条件)成为社会变革策略的一部分。简而言之,在分析任何社会活动或社会过程时,我们都需要注意它的预先构建的**结构**特征,以及群体改变其特定方向的**策略**行动,这些在本质上都包括以特定方式再现、想象和叙述相关社会活动或过程的话语。

这也适用于全球化。我们面临着一个预先建构的社会世界,它具有某些已经被全球化的特性和正在全球化的趋势,我们必须在总体上接受这一现实。我在上述对全球化的描述中,将其视作一套真实的过程,它已经造成了并将继续生成我们生活的世界的结构特征。但是,我们面临的社会世界也包括各种机构和社会活动者的策略行动,影响并使现有的全球化过程朝着特定的方向转变,其中涉及的各种策略就包括有关全球化的话语(如我在书中重点谈到的"全球主义"话语)。

现实的全球化与话语呈现的全球化经常被混为一谈,这可以理解,因为这两者都是我们面对的世界的组成部分,而且不同的全球化话语在认识全球化真正特征方面存在竞争性差异。但是,尽管将现实与策略驱动的话语彼此区分困难重重,如果我们要更好地理解和分析全球化就必须进行这种区分。正如我在"导言"中建议的那样,作出这种区分相当于确定不同话语的相对"实际充分性",即它们对现实全球化的再现是否合理,同时,这种区分也相当于探究某个特定的话语暗示的要发生的事情,是否当我们以它所要求的方式行动时它就会实际发生。

我们必须将现实与策略驱动的话语彼此区分的另一个具体原因是,它们之间的关系对于分析全球化至关重要——而且我们显然无法探究两个我们无法区分的实体之间的关系。这种关系之所以重要,是因为全球化的发展方式取决于现有结构与趋势和成功策略之间的辩证关系，而成功话语也是成功策略的一部分。这正是社会世界（重新）构建的方式，以及话语如何对社会世界（非话语成分或时刻）进行构建的方式，即对社会世界产生的因果影响。然而，我所说的现实的全球化太过复杂，任何策略都无法完全掌握它的方方面面，策略只是针对了它特定的方面。本书的重点之一便是识别和分析与成功的策略或霸权主义策略相关的话语，这些话语以特定的方式影响和引导全球化的多个方面，特别是关注全球化的全球主义话语和它所融合的其他话语（知识经济话语、发展话语和"反恐战争"话语）。

话语与全球化其他"时刻"的关系

在第一章中，我讨论了学术文献中关于话语作为全球化成分或时刻的各种立场，区分了四个主要立场：客观主义立场、修辞主义立场、意识形态主义立场和社会建构主义立场。基于这些立场，我认为我们可以区分关于话语与全球化其他成分或"时刻"之间关系的五个主要主张：

- 话语可以再现全球化，给人们提供有关全球化的信息，有助于人们理解全球化。
- 话语可能歪曲全球化或掩饰全球化，使人们对全球化的认识产生误解或感到迷惑。
- 话语可以用来修辞性地表达一种特定的全球化观点，这种观点可以使特定（通常是强大的）机构和社会活动者的行动、政策或策略正当或合法。
- 话语有助于意识形态的构成、传播和复制，意识形态也可被视为迷惑的形式，但在维持特定形式的全球化和其中所包含的（不平等和不公正的）权力关系方面，话语具有重要的系统功能。

- 话语可以对世界在变革的策略作用下会是什么样子或应该是什么样子生成想象性的再现,而且,如果这些策略获得霸权,就会被操作使这些想象变成现实。

这五点通常被看作是相互替代的选项,需要选择一种来实现话语作用;但并非如此:话语的这些作用可以在特定文本和文本的节选中单独产生,也可以以复合的方式产生。现有的关于全球化的文献缺少一种系统地将话语作为全球化的一个时刻进行理论分析的路径,这种路径可以展示话语的各种作用以及它们之间的关系,并有助于对其进行解释。

文化政治经济学与话语

我的理论和分析框架基于我在第二章中概述过的批评话语分析的一个特定版本,但我采取了"超学科"的路径,将这一版本的批评话语分析嵌入到"文化"政治经济学的一种形式之中。我认为,采取"超学科"的路径一方面能够以一种确保系统地关注作为全球化一个方面的话语的方式来研究全球化这一主题,另一方面也有助于避免脱离语境地关注话语,因为这种关注忽视了话语只有在特定条件下才能在全球化的社会建构中发挥有效作用的事实。

文化政治经济学与传统政治经济学一样,主张与经济有关的过程和系统镶嵌在政治之中,并受制于政治条件,但也主张这些过程和系统存在于文化之中,受文化条件的制约。它强调经济、国家、政府形式和管理形式以及其他经济和政治"客体"具有社会建构特征,认为它们的社会建构过程本身具有一定的话语特征。在研究社会构建的过程时,文化政治经济学与我前面提到的结构与策略之间存在辩证关系的观点相符,它认为策略包括了话语和叙事,如对经济活动和系统的再现、对过去和现在的问题与失败的叙述以及对可能的替代方案的构想和规定。文化政治经济学关注的议题是，哪些机制和条件对选择这个而不是那个策略驱动的话语起支配作用，哪些机制和条件对保留已选择的话语并将其制度化起支配作用，以及哪些机制和条件在以社会活动和互动、体制、治理形式、文化价值和身份、物质现实等形式方面操作已选择的话语并实现变化起支配作用。如果我们把全球化看作是层级上的变化和层级之间关系的变化（如我在第四章建议的那样），那么它的策略维度就包括构建新层级和新的层级关系的策略，以及特定空间实体（如民族国家或城市地区）"再层级化"的策略。这些策略可看作是在资本积累制度和社会监管模式之间寻求新的"解决方案"的一部分。关于这一点，我在第三章中结合"知识经济"和新自由主义社会监管形式之间出现的"解决方案"进行过讨论。

这种文化政治经济学的研究路径，和批评话语分析一样，是学科和理论之间超学科对话的结果，而且，在我主要借鉴的杰索普发展起来的文化政治经济学理论中（Jessop 2002, 2004, Jessop and Sum 2001），批评话语分析的范畴也被综合进其理论框架。我在本书中所做的部分工作是将一个更为详尽的批评话语分析的版本融入文化性政治经济学的路径，并以此延续这一超学科对话。

批评话语分析

这个版本的批评话语分析区分出社会分析中的三个抽象程度不同的层次（社会事件、社会实践和社会结构），每个层次都有一个符号时刻与其他时刻存在辩证关系。社会事件的符号时刻是文本；社会实践的符号时刻是话语秩序；社会结构的符号时刻是语言。或多或少比较稳定的话语秩序（在最抽象的层次上还有语言）具有因果力量，社会活动者利用给定资源并在特定约束条件下开展活动并生产出具有创新潜质的"客体"（即文本），这也具有因果力量，而文本则是这两种因果力量之间辩证关系的产物。话语秩序的构成是不同话语、不同语体、不同文体形成的相对稳定的

结　语

结构。社会活动者在生产文本时不是简单地将话语秩序实例化，而是要利用话语秩序，但方式要具有创新的潜质，产出的结果也有潜在的创新性。分析文本，乃至分析话语秩序，涉及"话语""语体""文体"这些范畴，因为分析文本就要分析文本是以何种方式（如常规的方式还是创新的方式）将不同的话语、语体和文体组合在一起。只要文本以创新的方式将话语、语体和文体组合在一起，文本就具有"话语杂糅"的特性。文本的创新性生产是话语、语体和文体变异的源泉，它可以产生新的混杂性话语、语体和文体，这些话语、语体和文体（在我前面提到的条件制约下）被选择和保留，并被归进话语秩序之中。

　　这种路径强调彼此之间的紧密关系：已存在的话语、语体和文体集结在新的关系之中，便在文本中创造出新的话语、语体和文体；而新的话语秩序也把已有的和新的话语、语体和文体集结在新的关系之中。话语秩序的这种变化是社会实践、社会机构和组织、社会领域和社会层级之间关系变化的符号时刻。例如，我在第四章中提到，全球化是层级上的变化和层级之间关系上的变化。构建新的层级的符号时刻即是构建新的符号秩序，这要通过特定空间（无论是全球、欧洲、民族国家还是城市地区）内特定关系的话语秩序的新组合构成。层级间关系变化的符号时刻是构建一种新的符号秩序，它将不同层级上的话语秩序，特别是地方层级、国家层级和欧洲层级上的话语秩序组合在特定的关系之中。某一空间实体再层级化的符号时刻是构建一种新的符号秩序，在这种秩序中，该实体的话语秩序与其他层级的话语秩序（如罗马尼亚话语秩序与欧洲话语秩序）被以特定的关系集合起来。

　　民族国家这样的空间实体实施再层级化（我在第四章中讨论了罗马尼亚的案例）涉及到社会实践、机构和组织的形式、治理形式、策略、话语秩序、话语、语体和文体在该实体内的再情景化问题，这些也在别的国家被制度化并被实施。再情景化通常由话语"引导"，也就是说，人们最初接触的是对新实践、新机构和新身份的再现和想象。再情景化过程是在新语境下的一个积极的挪用过程,在这一过程中,新语境中的环境、历史、轨迹、策略地位和斗争塑造那些被再情景化进来的成分被挪用的方式和再情景化的结果。被再情景化进来的话语能不能被实施(如在新的实践和社会活动形式中体现,附加新的身份,在实际变化中具体化),或者它们可能以多种多样的、很大程度上不可预测和不可管理的方式被实施,这取决于情景化语境的属性。被实施的过程(体现、附加、具体化)是话语被内化到其他社会要素中的辩证过程,这在一定程度上是"符内(intra-semiotic)"过程,因为话语同时也体现为语体,也被附加为文体。

文本分析

我认为,在从社会角度研究全球化(实际上是全方位研究社会变革)方面,批评话语分析有着重要贡献,其中一个便是文本分析,因而此书对很多文本进行了分析。我在第二章已说明,本书不涉及介绍文本分析的方法,读者可以参考费尔克劳(Fairclough 2003)的著作,那里有相关的介绍。我所进行的文本分析涉及到文本的各种特征,但我无法以方法论导向的专著或期刊文章所期望的深度来分析特定的语言或语用特征(如名词化、情态或"语体链")。

但读者可能会发现,对我所提到的文本主要特征进行总结很有用。我将把这些特征分成两组。首先,我提到过一系列与文本互文性和话语杂糅普遍相关的特征:

- 文本中的语体、话语和文体;
- 语体、话语或文体的"混杂",话语杂糅;
- 语体链;
- 结点话语和围绕它们的其他话语;
- 与特定话语相关的主题;

结　语

- 互文性与互文性暗示。

其次，下面在广义上简单列出文本的语言特征，按英文字母顺序分组排列，相关特征列入同一组：

- 论证，特定的论证语体，谬误论证，解释和合法化；
- 假设，预设和含义；
- 作为文本过程的分类，等价关系；
- 矛盾；
- 互动过程中对发言权的控制；
- 对话和论战；
- 直接向听众发言；
- 文本的评估，价值假设；
- 推论；
- 比喻；
- 情态；
- 叙述和特定的叙述形式，如会话叙述；
- 名词化；
- 夸张；
- 副语言特征与肢体语言；
- 被动语态；
- 代词：包含义与排他义的"我们"，以及"我们"的移位意义；正式或非正式的第二人称代词；
- 社会活动者及其行为（过程类型）的再现，以及时空关系的再现；
- 文本的修辞性和说服性特征；
- 词汇，词汇的选择，搭配方式，关键词的含义；
- 文字游戏。

全球化的话语

我认为,与全球化各种话语相关的全球化策略是多种多样的。这些策略和话语的选择是在全球层级、宏观区域层级(如欧洲层级)、国家层级、地方层级、城市和地区层级以及特定机构和组织层级内发生霸权斗争的结果。全球主义是全球范围内占主导的策略和话语,它在其他层级上取得了统治地位(尽管不是普遍的),但它的霸权地位并没有得到保证。全球主义仍需要不断调整策略和话语,以适应不断变化的环境,并随时接受其他策略和话语的挑战。霸权地位总是暂时的。

我认为,全球主义话语是一种"结点"话语,许多其他话语围绕着它聚集在一起。尽管全球主义话语在相当长的一段时间内保持了连续性,但这是通过适应不断变化的环境和挑战实现的,而这些环境和挑战涉及到一系列话语的变化。除了"结点"话语(或"主"话语,Jessop 2004)的范畴之外,我还对"话语间的联结"进行了研究。也许把两者联系起来的最好办法是将一个联结看作结点话语之间的关系,我特别提到了全球主义、知识经济、发展和"反恐战争"等结点话语之间正在显现和发展的联结。对于特定的话语来说,话语之间的联结会产生一系列同样的问题。那就是,这些话语的联结是如何以及在什么条件下在不同的层级被选择,进而被保留或制度化,不仅被操作成为现实世界的变化,而且被操作为以活动和互动、行为、机构、身份等形式出现的变化?

再情景化与再层级化

第四章重点讨论了罗马尼亚这个民族国家的"再层级化"过程。这个案例研究表明,民族国家这样的空间实体,其再层级化可能是一个复杂的过程,可能产生不均衡、矛盾以及不可预测的结果。这是因为再层级化涉及策略和话语的再情景化，而再情景化是一个积极的挪用过程，在这个过程中，策略和话语的选择、保留（制度化）、操作和实施的程度及性质取决于发生再情景化的语境，它的经济、政治、社会和/或文化特征。

我重点讨论了罗马尼亚国家层级与欧洲（欧盟）层级关系发生变化的两个案例，一个是博洛尼亚高等教育改革策略的案例，另一个是欧盟抗击社会排斥并实现更大社会包容的案例。在这两个案例中，罗马尼亚作为未来的欧盟成员国，这一地位意味着在国家层级上选择这些欧盟的策略和相关话语是顺理成章的，不是被动的。在社会排斥性/包容性策略这个案例中，我认为这个策略的基础是对罗马尼亚社会现实的多个错误假设。这导致官方文件中那些操作和实施方面的政策出现明显的矛盾和混乱。在博洛尼亚的策略和话语案例中，其预设的机构、行为、社会关系、专业和学院关系与罗马尼亚实际存在的机构、行为、社会关系、专业和学院关系之间存在严重的紧张状态，导致很难准确预测或管理变革带来的实际后果。罗马尼亚正进行着再层级化，但其方式相当混乱，存在着各种障碍，极具复杂性和矛盾性。结构、制度、行为、人和话语（秩序）正发生变化，但变化的方式不均衡，也不稳定。

媒　　介

我在第五章讨论了大众媒体和媒介对全球化进程的影响。例如，讨论了政治和政治品牌构建的媒体化问题，讨论了罗马尼亚版本《大都会》中性别身份的媒介问题；这些讨论在一定程度上延伸了第四章中有关罗马尼亚再层级化的内容。除此之外，我还讨论了大众媒体对"远方灾难"特别是对2001年9月纽约和华盛顿遇袭事件的报道，借此说明大众媒体对建构全球层级的贡献，特别是对构建全球公众的贡献。

我关于大众媒体和媒介的观点可以归纳为五个要点。第一，大众媒体是信息和新闻以及对这些信息和新闻的反应和解读在全球传播中的重要成分,其传播对象还包括新的策略、话语、思想和行为,经济活动、政治体系和进程、社会机构、组织及日常生活方式中的新规范和新价值,还包括态度、情感和身份等方面的变化。几乎关于社会生活所有方面的媒体"消息"目前都在全球范围内传播。第二,这些"消息"是经过调节的,也就是说,大众媒体所再现的社会生活的任何方面都是通过具体媒体的特定符号代码、惯例、规范和实践传播的,并在此过程中实现其形式和意义的转换。批评话语分析有助于分析这些代码、惯例、规范和实践。第三,跨国媒体公司在全球范围内占主导地位,它们与政治、政府和商业领域中的权力中心有密切联系,这意味着后者可以利用大众媒体作为传播自己"消息"的工具,并借此推进自身的策略。第四,大众媒体和媒介的影响不能被认为是理所当然的,这是因为媒体"消息"被再情景化到许多不同的发生再情景化的语境之中,而这些语境具体的结构、历史、体制、社会和文化环境及体现其中的特征决定着媒体"消息"是否被接受,是否具有影响。第五,大众媒体的全球化有助于构建一个全球公众群体和某种全球公众意见,甚至有可能开创一个全球性的"世界公共领域",包括延续下来的国家层级上的新闻广播中心,以生成全球性的辩论、活动和动员。然而,因各种原因,这仍然是一种有限的新生现象。批评话语分析可被有效地用以展示大众媒体是如何将某些事件解读和构建成全球新闻的,以及如何将受众发展成全球公众的。

自下而上的全球化

全球化的实际轨迹可以看作是"自上而下的全球化"和"自下而上的全球化"这两种策略力量辩证作用的结果。自上而下的全球化是由权威的社会活动者和机构的策略推动发生,例如那些采取全球主义策略的活动者和机构。自下而上的全球化则是由具体地方的个体或群体,或为适应变革,或为从中受益,抑或为保护自身免受其害而采取的策略推动发生。

在群体和个体使用的这些具体策略中，特殊和普遍之间存在辩证关系，其所采取的形式受到当代全球化的影响。这些影响包括媒体和媒介将一般或普遍资源（和话语）引入特定斗争的后果，以及围绕跨越不同层级的地方斗争形成的联盟和联合的新形式，这在某些案例中还会涉及跨国运动的新形式。当地社会活动者在具体的地方行动和斗争中的策略和话语越来越多地依赖在其他"更高"层级（全球、宏观区域、国家等）上已确立的和成功的策略和话语，而且，这种"全球本土化"所采取的组织形式在某些案例中也是地方社会活动者与区域、国家、宏观区域甚至全球机构组成的联盟，并以这种组织形式进行地方行动和斗争。在第六章中，我以反对在泰国玛达朴兴建燃煤电站为例，对此进行了说明。该案例中绿色和平组织这个跨国活动组织与当地的活动人士结成联盟，他们用诸如有关"气候变化"的环境话语这样的全球话语来解释具有地方性和特殊性的问题和斗争，这可以在策略上具有权威性；但在另一方面，这也模糊了问题和斗争的特殊性和地方性。

全球化与"反恐战争"

我对"反恐战争"话语持怀疑态度，对已实际采取的军事行动持明确的反对态度；我认为，"反恐战争"话语是一个将带有其他目的的军事行动合法化的有效方式，是掩饰这些目的的烟幕。我还认为，军事行动并没有削弱恐怖主义，而是强化了真正的（而不是为投机取巧而说成的）恐怖主义。

我认为，"反恐战争"话语最好被理解为美国国际安全战略转变的一部分，这一转变与全球主义策略相关。从"软实力"到"硬实力"策略转变的发生，一方面是为了应对20世纪90年代末出现的对全球主义的挑战，另一方面也是为了以其他一些手段推行全球主义策略。结点话语使安全策略与全球主义策略、发展策略与知识经济策略更加紧密地联系在一起，并把全球主义、知识经济、发展和"反恐战争"的话语汇集在一起。从"软实力"转到"硬实力"体现出策略和结点话语联结方式的变化。从这个角度来说,"反恐战争"是全球主义"通过变化来存续"过程中的又一阶段。

全球化与语言

在本书开头我曾说到本书具有一定的局限,在本书的结尾,我想重申这一点。"全球化与语言"是一个非常大的话题,可以通过多种方式来探讨。我的讨论完全没有穷尽这个话题。相反,我只选择了一种特别的路径,它非常有选择性地集中讨论了作为全球化一部分的语言的几个方面。除了偶然的因素(碰巧读过的书和见过的人)之外,以下几个因素都是我选择此方法的原因。首先是我对批判性社会研究的执着,这使我倾向于关注那些将全球化策略性地导向或引入特定方向的权力关系,由此我的关注点放在了全球主义上面。其次是我的批评话语分析背景,这使我已经倾向于我一贯主张的关于话语与全球化其他要素之间关系的特定观点。第三是我长期致力于在超学科的社会研究中应用批评话语分析。在本书中,批评话语分析采用了一种特殊的路径形式,即将批评话语分析嵌入一种文化政治经济学的形式之中。关于全球化这一主题的著作或许有许多,但我希望您能喜欢这本书。

参考文献

Ali, T. and Barsamian, D. (2005) *Speaking of Empire and Resistance. Conversations with Tariq Ali,* New York: The New Press.

Anăstăsoaie, V., Könczei, C., Magyari-Vincze, E. and Pecican, O. (2003) *Breaking the Wall, Representing Anthropology and Anthropological Representations in Postcommunist Eastern Europe,* Cluj-Napoca: EFES.

Ashcroft, John (2001) Prepared remarks for the US mayors' conference, October 25, reprinted in R. Jackson *Writing the War on Terrorism. Language, Politics and Counter-Terrorism,* Manchester; Manchester University Press (2005).

Barnett, C. (2003) *Culture and Democracy. Media, Space and Representation,* Edinburgh: Edinburgh University Press.

Bauman, Z. (1998) *Globalization: The Human Consequences,* Cambridge: Polity.

bin Mohamad, Mahathir *Renewing Asia's Foundations of Growth.* East Asia Economic Summit (2002). Online. Available HTTP:http:www.larouchpub.com/other/2002/2940.mahathir.html (accessed 3 October 2005).

Bjørgo, T. (2005) *Root Causes of Terrorism, Myths, Reality and Ways Forward,* London: Routledge.

Blair, Tony (1999) *Doctrine of the International Community,* Chicago, 22 April, Online. Available HTTP:http: www.number-10.gov.uk/output/Page1297.asp (accessed 10 October 1999).

Blair, Tony (2002) Speech in the George Bush Senior Presidential Library, Washington, April 10. Online. Available HTTP:http:www.number-10.gov.uk/output/Page1712.asp (accessed 7 December 2003).

Blair, Tony (2003) Speech at the Foreign Office Conference, London, 21 January. Online. Available HTTP:http:www.number-10.gov.uk/output/Page1765.asp (accessed 7 December 2003).

Blumler, J. and Gurevitch, M. (1995) *The Crisis of Public Communication,* London: Routledge.

Boltanski, L. (1999) *Distant Suffering. Politics, Morality and the Media,* Cambridge:

Cambridge University Press.

Bourdieu, P. and Wacquant, L. (1992) *An Invitation to Reflexive Sociology,* Cambridge: Polity Press.

Bourdieu, P. and Wacquant, L. (2001) 'NewLiberal speak: notes on the new planetary vulgate', *Radical Philosophy* 105: 2—5.

Boyer, R. (1990) *The Regulation School. A Critical Introduction,* New York: Columbia University Press.

Boyer, R. and Hollingsworth, R. (1997) 'From national embeddedness to spatial and institutional nestedness', in R. Hollingsworth and R. Boyer (eds) *Contemporary Capitalism: the Embeddedness of Capitalist Institutions,* Cambridge: Cambridge University Press, 433—484.

Burawoy, M., Blum, J., George, S., Gille, Z., Gowan, T., Haney, L., Klawiter, M., Lopez, S., O'Riain, S. and Thayer, M. (2000) *Global Ethnography: Forces, Connections and Imaginations in a Postmodern World,* Berkeley: University of California Press.

Burawoy, M. and Verdery, K. (1999) *Uncertain Transition: Ethnographies of Change in the Postsocialist World,* New York: Rowan and Littlefield.

Bush, G. W. (2001a) *Address to the Nation, 11 September 2001.* Online. Available HTTP:http://www.whitehouse.gov/news/releases/2001/09/20010911-16.html (accessed 16 September 2005).

Bush, G. W. (2001b) *Address to a Joint Session of Congress and to the American People.* Online. Available HTTP:http://www.whitehouse.gov/news/releases/2001/09/20010920-8.html (accessed 16 September 2005).

Bush, G. W. (2003) Remarks in Commencement Address to US Coast Guard Academy. Online. Available HTTP:http://www.whitehouse.gov/news/releases/2003/o5/20030521-2.html (accessed 16 September 2005).

Butler J. (1996) 'Gender as performance', in P. Osborne (ed.) *A Critical Sense: Interviews with Intellectuals,* London: Routledge, 102—124.

Callinicos, A. (2003) An *Anti-Capitalist Manifesto.* Cambridge: Polity Press.

Cameron, A. and Palan, R. (2004) *The Imagined Economies of Globalization,* London: Sage.

Chelcea, L. and Mateescu, O. (eds) (2004) *Economia informală în România,* Bucharest: Paidela.

Chiribucă, D. (2004) *Tranziția postcomunista și reconstrucția moderniății în România,* Iași: Editura Dacia.

Chomsky, N. (2003) *Hegemony or Survival: America's Quest for Global Dominance,*

New York: Metropolitan Books.

Chouliaraki, L. (2004) 'Watching September 11. The politics of pity', *Discourse & Society* 15. 2—3: 185—198.

Chouliaraki, L. (2005) 'Spectacular ethics: on the television footage of the Iraq war', *Journal of Language and Politics* 4. 1: 143—159.

Chouliaraki, L. (2006) *The Spectatorship of Suffering*, London: Sage.

Chouliaraki, L. and Fairclough, N. (1999) *Discourse in Late Modernity*, Edinburgh: Edinburgh University Press.

Clutterbuck, D. and Megginson, D. (1999) *Mentoring Executives and Directors*, London: Butterworth.

Coaching and Mentoring Website (2005) *What are Coaching and Mentoring?* Online. Available HTTP:http:www.coachingnetwork.org.uk/ResourceCentre/ WhatAreCoachingAndMentoring.htm (accessed 5 December 2005).

Collinge, C. (1999) 'Self-organization of society by scale: a spatial reworking of regulation theory', *Environment and Planning* 17(5): 557—574.

Comisia Anti-Sărăcie si Promovare a Incluziunii Sociale (Romanian Commission against Poverty and for Promotion of Social Inclusion) (2001) *National Action Plan Against Poverty and for Social Inclusion*. Online. Available HTTP:http://www.capsis. ro/pagini/ro/pnainc.php (accessed 6 February 2005).

Commission of the European Communities (2005) *Communication from the European Commission on the Social Agenda*. Online. Available HTTP:http://europa.eu.int/ comm/employment_social_policy_agenda/spa-en. pdf (accessed 4 December 2005).

Cosmopolitan (2005) 'Ghidul Cosmo al marilor decizii (Cosmo guide to big decisions)', *Cosmopolitan (Romanian edition)* April 2005: 90—94.

Council of the European Union (2000) *Presidency Conclusions, Lisbon Council Meeting*. Online. Available HTTP:http://ue.eu.int/ueDocs/cms_Data/docs/pressData/ en/ec/00100-r1. eno. htm (accessed 4 November 2005).

Cruse, A. (2000) *Meaning in Language. An Introduction to Semantics and Pragmatics*, Oxford: Oxford University Press.

Dăianu, D. (2000) *Încotro se îndreaptă țarile postcomuniste?* Bucharest: Polirom.

Dăianu, D. (2004) *Pariul României. Economia noastră: reformă și integrare*, Bucharest: Compania.

Dale, R. (2005) *Knowledge Economy and Lifelong Learning (KnELL) as a New Social/Educational Sector in Europe,* paper delivered at the Workshop on Critical Semiotic Analysis of the Knowledge-Based Economy, Institute of Advanced Studies,

University of Lancaster.

Delanty, G. (2000) *Citizenship in a Global Age. Society, Culture and Politics,* Buckingham: Open University Press.

Delanty, G. and Rumford, C. (2005) *Rethinking Europe. Social Theory and the Implications of Europeanization,* London: Routledge.

DeMartino, G. (2000) *Global Economy, Global Justice. Theoretical Objections and Polity Alternatives to Neoliberalism,* London: Routledge.

Department of Trade and Industry (1998) *Our Competitive Future (UK Competitiveness White Paper).* Online. Available HTTP:http://www.dti.gov.uk/comp/competitive/ (accessed 24 September 2005).

Driver, S. and Martell, L. (1998) *New Labour: Politics after Thatcherism,* Cambridge: Polity Press.

Duffield, M. (2001) *Global Governance and the New Wars. The Merging of Development and Security,* London: Zed Books.

Eagleton, T. (1991) *Ideology,* London: Verso.

ECLAC (2002) *Globalization and Development.* Online. Available HTTP:http://www.eclac.cl/cgi-bin/getProd.asp?xml=/publicaciones/xml/5/10035/P10035.xml&xsi=/tpi-i/p9f.xslebase=/tpl/top-bottom.xslt (accessed 12 October 2005).

Edwards, J. and Martin, J. (2004) 'Introduction: approaches to tragedy'. *Discourse & Society* 15: 2–3 (Special issue, 'Interpreting tragedy: the language of September 11 2001'): 147—154.

Eizenstat, S. (1999) The threat to a more open global system. Online. Available HTTP:http://bogota.usembassy.gov/wwwse909.shtml (accessed 23 September 2005).

ENQA (2005) *Standards and Guidelines for Quality Assurance in the European Higher Education Area,* report to meeting of Ministers of Education at Bergen. Online. Available HTTP:http://www.enqa.net/files/BergenReport210205.pdf (accessed 7 September 2005).

Fairclough, N. (1992) *Discourse and Social Change,* Cambridge: Polity Press.

Fairclough, N. (1995) *Media Discourse,* London: Edward Arnold.

Fairclough, N. (2000a) 'Discourse, social theory and social research: the discourse of welfare reform', *Journal of Sociolinguistics* 4. 2: 163—195.

Fairclough, N. (2000b) New *Labour, New Language?* London: Routledge.

Fairclough, N. (2001) 'The dialectics of discourse', *Textus* 14, 231—242.

Fairclough, N. (2003) *Analysing Discourse: Textual Analysis for Social Research,* London: Routledge.

Fairclough, N. (2005a) 'Critical discourse analysis, organizational discourse, and organizational change'. *Organization Studies* 26: 915—939.

Fairclough, N. (2005b) 'Critical discourse analysis', *Marges Linguistiques* 9: 76—94.

Fairclough, N. (2005c) 'Blair's contribution to elaborating a new doctrine of "international community"', *Journal of Language and Politics* 4. 1: 41—63.

Fairclough, N. (forthcoming) 'Discourse in processes of social change: "transition" in Central and Eastern Europe', to appear in Shi-xu (ed.) *Multiculturalism and Discourse Research*, Hong Kong: Hong Kong University Press.

Fairclough, N., Jessop, B. and Sayer, A. (2004) 'Critical realism and semiosis', in J. Joseph and J. Roberts (eds) *Realism, Discourse and Deconstruction*, London: Routledge, 23—42.

Fairclough, N. and Thomas, P. (2004) 'The globalization of discourse and the discourse of globalization', in D. Grant, C. Harvey, C. Oswick and L. Putnam (eds) *The Sage Handbook of Organizational Discourse*, London: Sage.

Fairclough, N. and Wodak, R. (1997) 'Critical discourse analysis', in T. van Dijk (ed.) *Discourse as Social Interaction*, London: Sage, 258—284.

Fairclough, N. and Wodak, R. (Working paper) 'Higher education and the knowledge-based economy: recontextualizing the Bologna strategy in Austria and Romania'.

Falk, R. (1999) *Predatory Globalization. A Critique*, Cambridge: Polity Press.

Flowerdew, J. (2004) 'The discursive construction of a world-class city', *Discourse & Society* 15. 5: 579—605.

Franklin, B. (1994) *Packaging Politics. Political Communications In Britain's Media Democracy*, London: Edward Arnold.

Friedman, T. (2000) *The Lexus and the Olive Tree*, New York: First Anchor Books.

Gallagher, T. (2004) *Theft of a Nation. Romania since Communism*, London: C. Hurst & Co.

Gergen, K. (1999) *An Invitation to Social Construction*, London: Sage.

Giddens, A. (1981) *A Contemporary Critique of Historical Materialism*, volume 1, 'Power, property and the state', London: Macmillan.

Giddens, A. (1991) *Modernity and Self-Identity. Self and Society in the Late Modern Age*, Cambridge: Polity Press.

Gille, Z. (2000) 'Cognitive cartography in a European wasteland: multinational capital and Greens vie for village alliance', in M. Burawoy *et al.*

Giroux, H. (2004) *The Terror of Neoliberalism. Authoritarianism and the Eclipse of Democracy*, Boulder, CO: Paradigm Publishers.

Global Community Monitor (2004) *Thailand Bucket Brigade Workshop Summary.* Online. Available HTTP:http://www.gcmonitor.org/workshop_map_ta_phut.html (accessed 16 February 2006).

Gould, P. (1998) *The Unfinished Revolution: How the Modemisers saved the Labour Party,* London: Little, Brown and Co.

Gramsci, A. (1971) *Selections from the Prison Notebooks,* London: Lawrence & Wishart.

Gray, J. (1999) *False Dawn: The Delusions of Global Capitalism,* London: Granta Books.

Greenpeace Australia (2005) *Map Ta Phut: A New Market for Australian Coal.* Online. Available HTTP:http://www.greenpeace.org.au/climate/pdfs/MapTaPhut.briefing.pdf (accessed 16 February 2006).

Greenpeace International (2005) *Stop Climate Killing Coal Plants in Thailand.* Online. Available HTTP:http:www.greenpeace.org/intemational/press/releases/stop-climate-killing-coal-plan (accessed 16 February 2006).

Halliday, M. (1994) *Introduction to Functional Grammar,* second edition, London: Edward Arnold.

Hamelink, C. (1994) *The Politics of World Communication. A Human Rights Perspective,* London: Sage.

Harvey, D. (1990) *The Condition of Postmodernity. An Enquiry into the Origins of Cultural Change,* Oxford: Blackwell.

Harvey, D. (1996) *Justice, Nature and the Geography of Difference,* Oxford: Blackwell.

Harvey, D. (2001) *Spaces of Capital,* Edinburgh: Edinburgh University Press.

Harvey, D. (2003) *The New Imperialism.* Oxford; Oxford University Press.

Harvey, D. (2005) *A Brief History of Neoliberalism,* Oxford: Oxford University Press.

Hável, Vaclav (1997) Fulbright Prize Address. Online. Available HTTP:http://www.fulbrightalumni.org/olc/pub/FBA/fulbright_prize/havel_address.html (accessed 4 November 2005).

Hay, C. and Marsh, D. (2000) 'Introduction: demystifying globalization', in C. Hay and D. Marsh (eds) *Demystifying Globalization,* London: Palgrave, 1—17.

Hay, C. and Rosamond, B. (2002) 'Globalization, European integration and the discursive construction of economic imperatives', *Journal of European Public Policy* 9. 2: 147—167.

Heintz, M. (2005) *Etica muncii la Românii de azi,* Bucharest: Curtea Veche.

Held, D., McGrew, A., Goldblatt, D. and Perraton, J. (1999) *Global Transformations:*

Politics, Economics and Culture, Cambridge: Polity Press.

Holmes, L. (1997) *Post-communism. An Introduction,* Cambridge: Polity Press.

Honderich, T. (2003) *After the Terror,* expanded, revised edition, Edinburgh: Edinburgh University Press.

Iețcu, I. (2004) *Dialogicality and Ethical Perspective in Romanian Intellectual Discourse after 1989. A Study of H. R. Patapievici,* PhD Thesis, Lancaster University.

Jackson, R. (2005) *Writing the War on Terrorism. Language, Politics and Counter-terrorism,* Manchester: Manchester University Press.

Jessop B. (1999) 'Reflections on the (il) logics of globalization', in K. Olds, P. Dicken, P. F. Kelly, L. Kong and H. W. C. Yeung (eds) *Globalization and the Asia Pacific: Contested Territories,* New York: Sage, 81—100.

Jessop, B. (2002) *The Future of the Capitalist State.* Cambridge: Polity Press.

Jessop, B. (2004) 'Critical semiotic analysis and cultural political economy', *Critical Discourse Studies* 1. 2: 159—174.

Jessop, B. and Sum, N-L. (2001) 'Pre-disciplinary and post-disciplinary perspectives in political economy', *New Political Economy* 6: 89—101.

Jordan, B. (1996) *A Theory of Poverty and Social Exclusion,* Cambridge: Polity Press.

Larrain, J. (1979) *The Concept of Ideology,* London: Hutchinson.

Lavigne, M. (1999) *The Economics of Transition,* second edition, New York: St Martin's Press.

Levitas, R. (1998) *The Inclusive Society? Social Exclusion and New Labour,* London: Macmillan.

Lewis, G. (2005) *Language Wars. The Role of Media and Culture in Global Terror and Political Violence,* London: Pluto Press.

McChesney R., Wood, E. M. and Foster, J. B. (1998) *Capitalism and the Information Age. The Political Economy of the Global Communication Revolution,* New York: Monthly Review Press.

McLuhan, M. and Fiore, Q. (1967) *The Medium is the Message,* Harmondsworth: Penguin.

MacDonald, R. (1994) 'Fiddly jobs, undeclared working and the something for nothing society', *Work Employment and Society* 8. 4: 84—106.

Machin, D. and Thornborrow, J. (2003) 'Branding and discourse: the case of Cosmopolitan', *Discourse and Society* 14. 4: 453—471.

Matei, S, (2004) *Boierii mintii,* Bucharest: Compania.

Meadows, D. H., Meadows, D. L., Rauders, J. and Behrens, W. (1972) *The Limits to*

Growth, New York: University Books.

Ministerul Integrării Europene (Romanian Ministry for European Integration) (2002) Planul National de Dezvoltare 2004—2006 (National Development Plan 2004—2006). Online. Available HTTP:http://www.mie.ro/Pdr/Romana/mdp_ro/dezvoltare/pnd2004/download/cuprins.htm (accessed 14 February 2005).

Ministry of Communications and Information Technology (Romania) '*Outsourcingul*' (2005) Press release, 22 November.

Miroiu, M. (1999) *Societatea Retro*, Bucharest: Editura Trei.

Miroiu, M. (2004) *Drumul către autonomie*, Bucharest: Polirom.

Mouffe, C. (2005) *On the Political*, London: Routledge.

Mungiu-Pippidi, A. (2002) *Politica după comunism. Structură, cultură și psihologie politică*, Bucharest: Humanitas.

Mungiu-Pippidi, A. and Ioniță, S. (2002) *Politici publice. Teorie și practică*, Bucharest: Polirom.

Muntigl, P., Weiss, G. and Wodak, R. (2000) *European Union Discourses on Un / employment. An Interdisciplinary Approach to Employment Policy-making and Organizational Change*, Amsterdam: John Benjamins.

Mureşan, L. (2004) *Monitoring Professional Development in an Educational NGO*, Bucharest: Punct.

Negrine, R. (1996) *The Communication of Politics*, London: Sage.

Newman, B. (1999) *The Mass Marketing of Politics: Democracy in an Age Manufactured Images*, London: Sage.

Ong, A. and Collier, S. (2005) *Global Assemblages. Technology, Politics and Ethics as Anthropological Problems*, Oxford: Blackwell.

Outhwaite, W. and Ray, L. (2005) *Social Theory and Postcommunism*, Oxford: Blackwell.

Pasti, V. (2003) *Ultima inegalitate. Relațiile de gen în România*, Bucharest: Polirom.

Pickles, J. and Smith, A. (1998) *The Political Economy of Transition*, London: Routledge.

Pieterse, J. (2004) *Globalization or Empire?* London: Routledge.

Polanyi, K. (1944) *The Great Transformation. The Political and Economic Origins of our Time*, Boston: Beacon Press.

Preoteasa, I. (2002) 'Intellectuals and the public sphere in post-communist Romania: a discourse analytical perspective', *Discourse and Society* 13: 269—292.

Przeworski, A. (1992) 'The neoliberal fallacy', *Journal of Democracy* 3. 3: 67—84.

Pride, R. (2001) 'Wales: can a country be a brand?', in F. Gilmore (ed.) *Warriors on the High Wire. The Balancing Act of Brand Leadership in the Twenty-First Century,* London: Harper Collins, 163—175.

Ramonet, I. (1999) *La Tyrannie de la communication,* Paris: Galilée.

Rice, Condoleeza (2002) 'The president's national security strategy', Walter Wristin Lecture for the Manhattan Institute, 1 October 2002, reprinted in I. Stelzer (ed.) *Neoconservatism,* London: Atlantic Books, 81—87.

Ricoeur, P. (1981) *Hermeneutics and the Human Sciences. Essays on Language, Action and Interpretation,* edited and translated by J. B. Thompson, Cambridge: Cambridge University Press.

Ricoeur, P. (1986) *Lectures on Ideology and Utopia,* New York: Columbia University Press.

Robertson, R, (1992) *Globalization,* London: Sage.

Robertson, S. (2002) 'Changing governance/changing equality? Understanding the politics of public-private-partherships in education in Europe', Working Paper, Bristol: Department of Education, University of Bristol.

Room, G. (ed.) (1995) *Beyond the Threshold: The Measurement and Analysis of Social Exclusion,* Bristol: The Policy Press.

Roper, S. (2000) *Romania. The Unfinished Revolution,* Amsterdam: Harwood Academic Publishers.

Rose, N. (1999) *The Powers of Freedom: Reframing Political Thought,* Cambridge: Cambridge University Press.

Roy, A. (2004) *The Ordinary Person's Guide to Empire,* London: Harper Perennial.

Saul, J. R. (2005) *The Collapse of Globalism and the Reinvention of the World,* London: Atlantic Books.

Sayer, A. (2000) *Realism and Social Science,* London: Sage.

Schiller, H. (1969) *Mass Communications and American Empire,* New York: Augustus M. Kelley.

Schmid, A. (1983) *Political Terrorism,* New Brunswick, NJ: Transaction Press.

Scollon, R. and Scollon, S. (2004) *Nexus Analysis. Discourse and the Emerging Internet,* London: Routledge.

Sen, A. (1999) *Development as Freedom,* Oxford: Oxford University Press.

Shore, C. and Wright, S. (2000) 'Coercive accountability: the rise of audit culture in higher education', in Strathern (ed.) 2000: 57—89.

Silke, A. (2005) 'Fire of Iolaus: the role of state countermeasures in causing terrorism

and what needs to be done', in Bjørgo 2005: 241—255.
Silver, H. and Miller, S. (2002) 'Social exclusion: the European approach to social disadvantage', *Indicators* 2. 2: 5—21.
Silverstone, R. (1999) *Why Study the Media?* London: Sage.
Simai, M. (2001) *The Age of Global Transformations: The Human Dimension,* Budapest: Akadémia Kiadó.
Smith, N. (1992) 'Geography, difference and the politics of scale', in J. Doherty, E. Graham and M. Maleic (eds) *Postmodernism and the Social Sciences,* London: Macmillan, 57—79.
Solin, A. (2001) *Tracing Texts: Intertextuality in Environmental Discourse (Pragmatics, Ideology and Contacts Monographs 2),* Helsinki: Department of English, University of Helsinki.
Sparks, C. (1998) *Communism, Capitalism and the Mass Media,* London: Sage.
Stănculescu, M. and Berevoescu, I. (2004) *Sărac lipit, caut altă viaţăl Fenomenul sărăciei extreme şi alzonelor sărace în România 2001,* Bucharest: Nemira.
Stark, D. and Bruszt, L. (1998) *Postsocialist Pathways. Transforming Politics and Property in East Central Europe,* Cambridge: Cambridge University Press.
Steger. M. (2005) *Globalism: Market Ideology meets Terrorism,* Lanham: Rowman and Littlefield.
Stelzer, I. (ed.) (2004) *Neo-Conservatism,* London: Atlantic Books.
Stiglitz, J. (2002) *Globalization and its Discontents,* London: Penguin Books.
Strathern, M. (ed.) (2000) *Audit Cultures. Anthropological Studies in Accountability, Ethics and the Academy,* London: Routledge.
Swyngedouw, E. (1997) 'Neither global nor local: glocalization and the politics of scale', in K. R. Cox (ed.) *Spaces of Globalization,* New York: Guildford, 137—166.
Szacki, J. (1994) *Liberalism after Communism,* translated by C. A. Kisiel, Budapest: Central European University Press.
Tarrow, S. (2005) *The New Transnational Activism,* Cambridge: Cambridge University Press.
Thompson, J. (1984) *Studies in the Theory of Ideology,* Cambridge: Polity Press.
Thompson, J. (1995) *The Media and Modernity,* Cambridge: Polity Press.
Todorov, T. (2005) *The New World Disorder,* translated by Andrew Brown, Cambridge: Polity Press.
Tomlinson, J. (1999) *Globalization and Culture,* Cambridge; Polity Press.
UNECE (United Nations Economic Commission for Europe) (2000) *Public Participation*

in *Making Local Environmental Decisions: Good Practice Handbook* (http://www.unece.org).

University of Bucharest (2004) Manual of Quality Control. Online. Available HTTP:http://www.unibuc.ro/ro/ (accessed 6 February 2005).

van Eemeren, F. and Grootendorst, R. (1992) *Argumentation, Communication and Fallacies,* Hillsdale, NJ: Lawrence Erlbaum Associates.

van Eemeren, F. and Grootendorst, R. (2004) *A Systemic Theory of Argumentation. The Pragma-Dialectical Approach,* Cambridge: Cambridge University Press.

van Ginneken, J. (1998) *Understanding Global News. A Critical Introduction,* London: Sage.

van Leeuwen, T. (1995) 'Representing social action', *Discourse and Society* 6. 1: 81—106.

Verschueren, J. (1999) *Understanding Pragmatics,* London: Arnold.

Virilio, P. (1997) *Open Sky,* London: Verso.

Wapner, P. (1996) *Environmental Activism and World Civic Politics,* Albany NY: State University of New York Press.

Wernick, A. (1991) *Promotional Culture,* London: Sage.

Wilkin, P. (2001) *The Political Economy of Global Communication: An Introduction,* London: Pluto Press.

Williams, R. (1977) *Marxism and Literature,* Oxford: Oxford University Press.

Williams, R. (1989) *Resources of Hope,* London: Verso.

Wodak, R. (2000) 'From conflict to consensus? The co-construction of a policy paper', in P. Muntigl *et al.* 73—114.

Zamfir, C. (2004) *O analiză critică a tranziției,* Bucharest: Polirom.

索 引

索引所标页码为英文版页码，即本汉译版的边码。

A

agency 机构 44

agents and actions, representations of 社会活动者和活动的再现 53

analytics of mediation 媒介分析 112—115; and globalization 与全球化 113

argumentation 论证 41—43, 56—57, 59, 128, 150;

    argumentative chain 论证链 59; dialogical 对话的 43, 56, 60; epistemic 认识的 41, 56; fallacies 谬论 43, 145, 154; narratives in 的叙事 104; normative 规范的 42, 56

Ashcroft, John 阿什克罗夫特 145—146

assumptions 假设 40, 57, 78, 117, 153; and implications 与暗含 118; and presuppositions 与预设 40, 57

B

Băsescu, Traian 巴塞斯库 102—108

Bauman, Z. 鲍曼 25, 122

Berevoescu, I. 贝雷沃埃斯库 35

Blair, Tony 布莱尔 102, 141, 147, 156—161

body language 肢体语言 105

Bologna process 博洛尼亚进程 36, 64, 72—86;

    Bologna Declaration《博洛尼亚宣言》73—74

Boltanski, L. 博尔坦斯基 111

Bourdieu, P. 布尔迪厄 11

Branding, political 政治品牌构建 97, 101—108, 171; Tony Blair in Britain 英国的托尼·布莱尔 102; Traian Băsescu in Romania 罗马尼亚的崔安·巴塞斯库 102—108; 另见 small practices

Britain: competitiveness policy 英国：竞争政策 48—49; Green Party 绿党 58—62; quality assurance and appraisal 质量保证与评估 83—84; social exclusion and inclusion 社会排斥与包容 87; unemployment 失业 122—124

Burawoy, M. 布拉沃伊 121

Bush, George 布什 116—119, 140—141, 144—156, 160—161

C

Cameron, A. 卡梅伦 19—20, 35, 87

causality 因果关系 19

Chouliaraki, L. 朱利亚拉基 111—115

classification 分类 42, 56, 134, 151

Clutterbuck, D. 克拉特巴克 71

Coaching and Mentoring website 培训与辅导网站 71

cognitive cartography 认知图绘 127, 135; and textual analysis 与文本分析 127—130

collocations 词语搭配 159—160

colloquial language in political discourse 政治话语中的俗语 103—105
competitiveness 竞争力 48—49, 74
connotation 暗含意义 128
contradictions 矛盾 22, 51; textual 文本的 91, 93
coordination 协调 134
Cosmopolitan《大都会》108—111
cosmopolitanism 世界主义 119; civil cosmopolitanism 公民世界主义 119; cosmopolitan public sphere 世界公共领域 119
critical discourse analysis 批评话语分析 9—13, 29—36, 166—169, 173
critical realism 批判现实主义 12, 18
critical social research 批判性社会研究 162, 173
cultural imperialism 文化帝国主义 100—101
cultural political economy 文化政治经济学 12, 27—29, 66, 165

D

Delanty, G. 德朗蒂 119
Denmark 丹麦 111—115
deterritorialization 去疆域化 24, 123, 130; and cultural hybridity 及文化混杂 24; and discourse 及话语 24—25; and reterritorialization 与再疆域化 25
dialectical relations 辩证关系 11, 22—23, 28, 30, 34, 168
dialectic between 'militant particularism' and universalism "激进的特殊"与普遍之间的辩证关系 121, 130, 134—138; discursive moment 话语时刻 130, 134, 138, 172
dialectics of space and place 空间与地方的辩证关系 121
direct address 直接提及 110

discourse 话语 11, 22, 27, 162; dialectics of 的辩证法 22—23, 30; and social change 与社会变革 32—36
discourses 话语 3, 10, 41; and genres and styles 与语体及文体 31, 167; and themes 与主题 46, 53, 61, 67, 125, 144; 另见 nodal discourses
distant suffering 远方的苦难 98, 111—119, 170
Duffield, M. 达菲尔德 156

E

economic growth 经济增长 58, 61
economies: offshore, private and 'anti' 经济：离岸、私有和"反"（经济）20, 35
Eizenstat, Stuart 艾森施塔特 41—47
equivalence, relations of 等价关系 42, 134, 153, 155—156
European Social Model 欧洲社会模式 69
European Union 欧盟 41, 66, 68; European Area of Higher Education 高等教育的欧洲领域 73; and KBE 与知识经济 47—48; Lisbon Declaration《里斯本宣言》69, 73; open method of coordination 开放式协调方法 84, 87—88; and social exclusion 与社会排斥 35
europeanization 欧洲化 36, 68
evaluation 评价 45, 128; value assumptions 价值假设 129
expert systems 专家系统 70
explanations 解释 44, 125

F

Falk, R. 福尔克 121
Friedman, T. 弗里德曼 9

G

gender identities, recontextualization of 性别身

份的再情景化 108—111
general and particular, dialectic of 普遍与特殊的辩证关系 37
genre chains 语体链 83—85
genres 语体 3, 10, 28, 41, 56; and discourses and styles 与话语及文体 31
Giddens, A. 吉登斯 70, 98
Gille, Z. 吉勒 124, 126—131, 135
global communications industry 全球通信行业 37, 99—101, 119; global channels 全球频道 100; and global economy 与全球经济 99; global ethnographies 全球民族志 124, 126—131; global news agenda 全球新闻议程 100, 119; and transnational corporations 与跨国公司 99
globalism 全球主义 7—8, 18, 20, 29, 35—38, 148, 162; central claims 中心主张 40; convergence with other strategies/discourses 与其他策略/话语的汇集 39—40, 47—50; and the war on terror 与反恐战争 140—161, 172
globalist discourse 全球主义话语 9—10, 39—50, 169; as a nodal discourse 作为一个结点话语 39
globalization 全球化 3, 162; from 'above' and 'below' 自"上"和自"下" 37, 121—139, 171—172; academic analysis 学术分析 5—7; discourses of 的话语 4—5, 36, 39—63, 169; governmental agencies 政府机构 5—7; hyperglobalist, sceptical and transformationalist views 超全球主义的、怀疑论的和转型主义的观点 14—15, 20; media 媒体 5—7, 37, 97—120; mediation 媒介 111; narratives of 的叙事 19—20, 53; non-governmental agencies 非政府机构 5—7; of news values 的新闻价值 113; people in everyday life 日常生活中的人 5—7; scales and rescaling 层级和再层级化 64; voices on 的声音 5—7; and the war on terror 与反恐战争 7—8
globalization and language 全球化与语言 3—5, 142, 163, 165; ideologist position 意识形态主义立场 14, 17—18; objectivist position 客观主义立场 14—16, 20; rhetoricist position 修辞主义立场 14, 16—17; social constructivist position 社会建构主义立场 14, 18—23
globals and locals 全球人士与地方人士 25, 122
glocalization 全球本土化 123, 130, 172
Gould, P. 古尔德 102
Governance: changes in technology of 管理：技术方面的变化 83—85
governmental agencies 政府机构 5—7, 40—54
Gramsci, A. 葛兰西 18
Green Party of England and Wales 英格兰和威尔士绿党 58—62
Greenpeace 绿色和平组织 122, 131—139

H

Harvey, D. 哈维 11, 22—23, 30, 34, 65, 121
Havel, Václav 哈维尔 62
Hay, C. 海 16—17
hegemony 霸权 29, 143—144, 148, 169
Held, D. 赫尔德 3, 14, 16
higher education reform 高等教育改革 72—86; Austria 奥地利 80; Britain 英国 80—81, 83—84; European Union 欧盟 72—74, 80—86; Romania 罗马尼亚 74—86; 另见 Bologna process
holding the floor 拖延 104
Hungary: hazardous waste 匈牙利：危险废物 126—131

I

ideologies 意识形态 5, 17—18, 38, 41
Ieţcu, I. 耶特库 66
imperative sentences 祈使句 56
imperialism 帝国主义 143
inference 推理 45—46
interdiscursive hybridity 话语杂糅 25, 32, 46, 61, 77, 85, 93, 124, 155, 167; and political branding 与政治品牌构建 103
intertextuality 互文性 118, 134
irregular warfare 非常规战争 143

J

Jackson, R. 杰克逊 116—119, 141, 144—148
Jessop, B. 杰索普 12, 20—22, 29, 34—35, 50, 65—66
Jordan, B. 乔丹 125

K

knowledge-based economy (KBE) 知识经济 36, 47—50; (nodal) discourse of 的（结点）话语 39, 47—50; strategy for 的策略 47—48

L

legitimization 合法化 78—79, 125, 128, 142, 145—146, 151, 154, 157, 160
Levitas, R. 莱维塔斯 88
Limits to Growth《增长的局限》57—58
local: global resources for local strategies 地方：全球资源服务于地方策略 126—139

M

Machin, D. 梅钦 108, 110
Make Poverty History《让贫穷成为历史》55—57
Malaysia 马来西亚 51—54
Mahathir bin Mohamad 马哈蒂尔 51—54
media 媒体 5—7, 37, 97—120, 170—171; and re-scaling 与再层级化 97; semiotic codes 符码 98, 112
mediation 媒介 6, 37, 97—99, 170—171; of distant suffering 远方苦难的 98, 111—119; mediated and un-mediated experience 经媒介的和未经媒介的经历 112, 124
mediatization of politics 政治的媒体化 97, 101—108, 171; 'spin-doctoring' in Britain 英国的"舆论导向" 101
Megginson, D. 梅金森 71
mentoring 导师制 70—72, 81; discourse of 的话语 71; genres of 的语体 71; styles of 的文体 72; 另见 small practices
metaphor 隐喻 134
methodology 方法论 11—13
Miroiu, M. 米罗尤 111
modality 情态 135; deontic 道义的 46; epistemic 认识的 56, 128
moral values 道德价值 147, 156—161; and moral discourse 与道德话语 158—159
Mureşan, L. 72 穆雷尚

N

narratives 叙事 44, 67, 129, 135; conversational 会话的 104
neo-liberalism 新自由主义 7—8, 18, 29, 40, 106, 119; and branding 与品牌构建 106; narratives 叙事 67; neo-liberal economic discourse 新自由主义经济话语 67
new public management 新公共管理 33, 83
nexus (convergence) of strategies and discourses 策略和话语的结点（联结）39—40, 47—50, 62—63, 141, 156, 158—160,

217

169, 172
nodal discourses 结点话语 21, 36, 45, 48, 94, 141, 169, 172
nominalization 名词化 44, 128
non-governmental agencies 非政府机构 55—62

O

objective and subjective 客观与主观 15—16, 27
objects of research 研究目标 11
operationalization of strategies and discourses 策略和话语的操作 28, 142, 168—169
orders of discourse 话语秩序 29, 31, 166—167
overstatement 夸张 146, 150

P

Palan, R. 帕兰 19—20, 35, 87
paralinguistic features 副语言特征 105
passive sentences 被动句 54, 128
Patriot Act《爱国者法案》145
places 地方 121, 123
Polanyi, K. 波拉尼 27, 50
polemic 辩论 56, 60, 78—79
political economy 政治经济 27
politics: and neo-liberalism 政治：与新自由主义 106; branding 品牌构建 97, 102—108; mediatization 媒体化 97, 101—108; personalization 个体化 106
power: 'soft' and 'hard' 实力："软的"和"硬的" 8, 140—141, 172
practical adequacy 实用充分性 5, 164
privatization 私有化 67
process types 过程类型 45
pronouns: formal and informal second person 代词：正式和非正式的第二人称 105, 110
proverb 谚语 125

public, global 全球公众 111, 119—120, 136, 171; public opinion 舆论 115; public spheres 公共领域 112

Q

quality 质量 82
quality assurance 质量保证 81—86; appraisal 评估 83—84; and the Bologna process 与博洛尼亚进程 81; internal and external 内部和外部 82; 另见 mentoring

R

Ramonet, I. 拉莫内特 106
recontextualization 再情景化 33—37, 67—68, 99—101, 108, 129, 167—169
regulation theory 监管理论 50
relational approach 关系路径 33
rhetoric 修辞 16—17, 21, 151
Rice, Condoleeza 赖斯 141, 148—156
Ricoeur, P. 里克尔 18
Robertson, R. 罗伯逊 15—16
Romania 罗马尼亚 64—96, 101—111; Barometer of public opinion 舆论的"晴雨表" 93; Bologna process 博洛尼亚进程 36, 74—86; clientelism and 'status groups' 附庸和"地位群体" 69, 76; 'mentalities' "心态" 86; mentoring 导师制 70—72; political branding 政治品牌构建 97, 102—108; political parties 政党 107; poverty 贫穷 87—96; quality assurance 质量保证 86; 're-branding' Romania 罗马尼亚品牌重建 106; re-scaling 再层级化 36—37, 64—96; social exclusion and inclusion 社会排斥与包容 35—36, 87—96; transition 转型 66—70
Rosamond, B. 罗莎蒙德 16—17
Rose, N. 罗斯 83

S

Saul, J. R. 索尔 54

Sayer, A. 塞耶 5

scales 层级 21—22, 65—66, 167; and re-scaling 与再层级化 22, 35, 64—96, 73, 107, 167, 170; and strategies 与策略 66

semantic incongruity 语义上的不协调 93

Sen, A. 森 61

September 11 2001: 2011年9月11日: global public 全球公众 113; global story 全球故事 113; mediation of 的报道（媒介）113—119; official narrative of 的官方叙事 116—119; 'war on terror' "反恐战争" 113

Silverstone, R. 西尔弗斯通 98

small practices 小微实践 64, 70—72, 81, 106

Smith, N. 史密斯 65

social exclusion and inclusion 社会排斥与包容 20, 36, 64, 87—96, 125; discourses of social exclusion 社会排斥话语 88; European Union strategy 欧盟策略 88—89; 'moral underclass' discourse "道德底层"话语 88, 95

social practices 社会实践 30—31; networks of 的网络 31

social structures, practices and events 社会结构、实践和事件 30—31, 166

space-time distanciation 时-空分离 98

space-times 时-空 22

Stănculescu, M. 斯滕库列斯库 35

Steger, M. 斯蒂格 7—8, 17—18, 40—41, 54, 144

Stiglitz, J. 斯蒂格利茨 54

strategies 策略 20—21, 28, 34, 38; and discourses and narratives 与话语及叙事 21, 28; and structures 与结构 20—21, 163

Strathern, M. 斯特拉森 83

styles 文体 29; and genres and discourses 与语体及话语 31

Sum, N.-L. 萨姆 12

Swyngedouw, E. 斯威格德 65

syncretism 融合 35

syntactic parallelism 平行句法 56

T

terrorism 恐怖主义 8, 142; and 'evil' 与"邪恶" 119, 146—147, 151—152, 161; narrative of 的叙事 146; and resistance 与反抗 152; social construction of 的社会建构 143; state terrorism 国家恐怖主义 152

texts 文本 30—31, 166

textual analysis 文本分析 9—10, 32, 41, 168—169

texturing（文本）编织 77, 128, 151; and re-scaling 与再层级化 77

Thailand: Ma Ta Phut 泰国：玛达朴 122, 131—138

Thompson, J. 汤普森 98, 101

Thornborrow, J. 索恩博罗 108, 110

time: representation of 时间：再现 79

Tomlinson, J. 汤姆林森 3, 24, 119, 123

transdisciplinary research 超学科研究 12, 165, 173

transition 转型 66—70; and globalism 与全球主义 67—68

transitive and intransitive verbs 及物和不及物动词 44

transnational activism 跨国激进主义 38, 122

U

unemployment 失业 124—125; survival strategies 生存策略 124—125

United Nations: Economic Committee for Latin

America and the Caribbean 联合国：拉丁美洲及加勒比地区经济委员会 51; UNESCO Lisbon Convention 联合国教科文组织《里斯本公约》73

United States of America: globalist discourse 美国：全球主义话语 41—47; narrative of events of September 11 2001 "9·11"事件的叙事 116—119; National Security Strategy《国家安全战略》140—141, 148—156; war on terror 反恐战争 140—161

University of Bucharest 布加勒斯特大学 77—80

V

variation, selection and retention of discourses 话语的变异、选择和保留（制度化）28, 39, 49, 141—142, 170

W

war on terror 反恐战争 7—8, 38, 116—119, 140—161; (themes in) discourse of 的话语（中的主题）141, 144—148, 160, 172

Washington Consensus 华盛顿共识 67

'we': exclusive and inclusive "我们"：排除的和包含的 56, 157—158

Weber, M. 韦伯 76

Williams, R. 威廉姆斯 23, 121

Wodak, R. 沃达克 9

World Bank: Rural Education Project 世界银行：农村教育项目 71, 95

wordplay 文字游戏 104, 120

图书在版编目(CIP)数据

语言与全球化/(英)诺曼·费尔克劳(Norman Fairclough)著;田海龙译.—北京:商务印书馆,2020 (2022.4重印)
(语言学及应用语言学名著译丛)
ISBN 978-7-100-18539-4

Ⅰ.①语… Ⅱ.①诺… ②田… Ⅲ.①话语语言学—研究 Ⅳ.①H0

中国版本图书馆 CIP 数据核字(2020)第 088848 号

权利保留,侵权必究。

语言学及应用语言学名著译丛
语言与全球化
〔英〕诺曼·费尔克劳 著
田海龙 译

商 务 印 书 馆 出 版
(北京王府井大街36号 邮政编码100710)
商 务 印 书 馆 发 行
北京中科印刷有限公司印刷
ISBN 978-7-100-18539-4

2020年8月第1版　　　　开本 880×1230 1/32
2022年4月北京第3次印刷　印张 7⅞
定价:45.00元